KATJA SCHÖNHERR

18!

KATJA SCHÖNHERR

18!

WAS DU **DARFST**
WAS DU **MUSST**
WAS DU **KANNST**

eichborn

Co-Autor: Florian Steglich
Mitarbeit: Jürgen Demacker, Julia Müller, Thomas Trappe, Anke Wolf

Die in diesem Buch enthaltenen Hinweise und Tipps zu rechtlichen, finanziellen und sonstigen Fragen (Stand: Mai 2022) sind von den Autoren und dem Verlag mit größter Sorgfalt recherchiert und erarbeitet worden. Die Richtigkeit und Vollständigkeit der Informationen in diesem Buch kann jedoch nicht garantiert werden. Die Bastei Lübbe AG und ihre Beauftragten übernehmen keine Haftung für eventuelle Nachteile im Zusammenhang mit den in diesem Buch gegebenen Ratschlägen und Informationen. Bitte beachten Sie auch, dass die hier ausgesprochenen Empfehlungen lediglich allgemeine Angaben darstellen. Sie ersetzen nicht rechtliche Beratung durch einen Rechtsanwalt im Einzelfall.

Dieser Titel ist auch als Hörbuch und E-Book erschienen

Die Bastei Lübbe AG verfolgt eine nachhaltige Buchproduktion.
Wir verwenden Papiere aus nachhaltiger Forstwirtschaft und verzichten darauf, Bücher einzeln in Folie zu verpacken. Wir stellen unsere Bücher in Deutschland und Europa (EU) her und arbeiten mit den Druckereien kontinuierlich an einer positiven Ökobilanz.

MIX
Papier | Fördert gute Waldnutzung
FSC® C014496
FSC www.fsc.org

Eichborn Verlag

Aktualisierte und erweiterte Neuausgabe der 2006
bei Eichborn erschienenen Erstausgabe

Lektorat: Dr. Matthias Auer, Ludwigshafen
Umschlaggestaltung: Kristin Pang
Einband-/Umschlagmotiv: © Art Stocker/shutterstock.com
Satz: two-up, Düsseldorf
Gesetzt aus der Chaparral
Druck und Einband: GGP Media GmbH, Pößneck

Printed in Germany
ISBN 978-3-8479-0123-5

1 3 5 4 2

Sie finden uns im Internet unter eichborn.de

Inhalt

Vorwort

Familienfeier. Kaffee, Torte, Kuchen – das übliche Trallala. Aber ein bisschen anders ist es diesmal irgendwie doch, heute, an eurem 18. Geburtstag. Denn noch mehr als sonst prasseln Anekdoten aus eurer Kindheit auf euch ein.

Oma (legt eine Hand aufs Dekolleté): »Wie süß du als Baby warst!«

Opa (lächelt): »Du hast früher immer ›Einhörnchen‹ gesagt, statt ›Eichhörnchen‹ …«

Mama (wischt eine Träne beiseite): »Ich konnte mich gar nicht so schnell umschauen, wie du groß geworden bist. Und jetzt bist du schon 18.«

Papa (bleibt tapfer): »Du hast mal zu einem Verkäufer gesagt: ›Dein Hosenstall steht offen.‹ Da warst du zehn, und der ganze Laden hat gebrüllt vor Lachen.«

Tante (legt eine Hand auf Mamas Schulter, um sie zu trösten): »Erinnert ihr euch noch an das Piratenkostüm, das ich mal für Fasching genäht habe?«

Und so weiter und so fort.

Eure gesamte Verwandtschaft guckt irgendwie wehmütig drein an diesem Tag, während ihr nichts anderes im Kopf habt als die Geburtstagsparty am Abend mit euren Freundinnen und Freunden. Das »richtige« Feiern also. Bier, Chips etc. statt Kaffee und Kuchen.

Ihr seid jetzt endlich 18. Wahrscheinlich ist es gar nicht so lange her, da habt ihr genervt eure Zimmertür zugeknallt, die Musik lauter gedreht und gedacht: »Ich will endlich 18 sein. Ich will machen können, was ich will!«

Hey! Es ist so weit! Freiheit!

Für euch fängt jetzt ein neues Leben an: Ihr werdet von zu Hause ausziehen, vielleicht in eine andere Stadt gehen, eventuell studieren, den Führerschein machen oder einen Auslandsaufenthalt in Angriff nehmen. Natürlich wird mit dem Tag eures 18. Geburtstags nicht prompt alles anders. Aber doch vieles.

Dieses Buch soll euch einen Überblick geben über die wichtigsten Schritte, die ihr als Nächstes gehen könnt. Leider werden in der Erwachsenenwelt immer wieder Fallen auf euch lauern. Und ihr werdet euch zunehmend mit bürokratischen Dingen herumschlagen müssen, Versicherungen etwa oder Steuererklärungen, um nur zwei der unangenehmen Beispiele zu nennen.

Dieses Buch kann euch die Entscheidungen, die mit der neuen Situation verbunden sind, leider nicht abnehmen. Was es stattdessen leistet: Es sagt euch, worauf ihr achten müsst, welche Rechte ihr habt und welche Fakten genau zu prüfen sind – bevor ihr diese oder jene Versicherung abschließt, bevor ihr dieses oder jenes Auto kauft oder ein Praktikum im Ausland macht.

Je nachdem, welches Thema euch gerade beschäftigt, lohnt sich ein Blick auf die entsprechenden Seiten. Keine Angst: Mit langen, ausschweifenden Texten werdet ihr nicht bombardiert, dafür kurz und knapp mit dem wichtigsten Wissen versorgt. Zahlreiche Links erleichtern euch zudem die Suche nach weiterführenden Infos im Netz. Und zwischendrin geben ein paar interessante Personen ihre (Lebens-)Erfahrungen in Interviews preis.

In diesem Sinne: Feiert euch, feiert das Leben! Herzlichen Glückwunsch zum 18. Geburtstag!

TEIL 1

ENDLICH FREI!

Kapitel 1

Raus von zu Haus

Dass es Zeit wird auszuziehen, ist oft keine Erkenntnis, die in häuslicher Harmonie reift. Abgesehen von den Fällen, in denen der Job oder die Ausbildung jemanden in eine andere Gegend verschlagen, ist es häufig auch Streit – Streit um eure (Un-)Ordnung, Streit um eure Schlaf- und Wachzeiten, Streit um eure Wäsche, Streit um alles –, der den Entschluss reifen lässt: Jetzt aber raus hier! Euren Eltern geht es dabei keinen Deut anders.

Im Grunde genommen ist die Sache ganz einfach: Eure Eltern können nicht mehr, und ihr wollt nicht mehr. Mütter und Väter beanspruchen im gleichen Maße Ruhe für sich wie ihr Freiraum für euren Spaß. Es geht nun mal nicht, mit dem gesamten Deutsch-Leistungskurs um Mitternacht in der Familienküche aufzukreuzen, Spaghetti für alle zu kochen, dabei lautstark Musik zu hören und mitzugrölen – und so euren Eltern den ersten Sex seit Monaten zu verderben.

Aber ihr werdet sehen: Einige Zeit nach dem Auszug ist es dann wieder ganz nett, mal daheim vorbeizuschauen. Abstand tut gut. Und das Essen am Familientisch, das schmeckt dann plötzlich besser als je zuvor.

EINE EIGENE WOHNUNG SUCHEN

Die Suche beginnt, wie so oft, im Internet: Einfach in einem der gängigen Immobilienportale die Wunschregion, Wohnungsgröße und den für euch bezahlbaren Mietpreis eingeben – und schon bekommt ihr einen Überblick darüber, was für euer Budget zu haben ist. Zudem lohnt sich eine Recherche auf der Website der lokalen Tageszeitung oder des Stadtmagazins. Gefällt euch ein Angebot: mailen oder anrufen, um einen Besichtigungstermin zu vereinbaren.

Zur Besichtigung nehmt ihr am besten jemanden mit, der Erfahrung hat. Ihr solltet gründlich in jede Ecke gucken und darauf achten, wie laut die Umgebung ist. Falls es Mängel (undichte Fenster, Risse in den Fliesen, schimmelige Stellen im Bad) gibt: unbedingt darauf hinweisen (und möglichst schriftlich festhalten)! So kann man bisweilen sogar den Mietpreis drücken oder die Beseitigung der Mängel auf Kosten des Vermieters erreichen.

Auf jeden Fall aber werden euch dann beim Auszug die Mängel, die bereits von Anfang an bestanden, nicht angelastet.

Der Wohnungsmarkt ist vielerorts, vor allem in Großstädten, sehr angespannt. Oft ist bei der Wohnungssuche deshalb langer Atem vonnöten. In besonders gefragten Gegenden kann es helfen, eine Bewerbungsmappe zu erstellen, samt seriösem Foto, der Selbstauskunft (mehr dazu unter »Kurz & knapp«), einer Bürgschaft eurer Eltern (siehe »Tipp«) sowie einem höflichen Anschreiben, in dem ihr darlegt, dass ihr zuverlässige Mieter wärt und euch gut in die Hausgemeinschaft einfügen würdet.

TIPP

Viele Vermieter sind skeptisch, ob ein junger Mensch auch in der Lage ist, seine Miete regelmäßig zu zahlen. Als Schülerin, Studierender oder Azubi kriegt man deshalb schnell eine Absage. Gut gekleidet zur Besichtigung zu erscheinen ist deshalb von Vorteil. Außerdem hilft oft eine formlose Bürgschaft eurer Eltern. Darin wird bestätigt, dass sie (notfalls) für Miete, die Kaution und eventuelle Schadensersatzansprüche aufkommen.

Bis vor einigen Jahren konnten **Makler**, wenn sie eine Wohnung vermittelt haben, eine saftige Provision (»Courtage«) von den neuen Mietern einstreichen. Das hat sich geändert. Inzwischen gilt das »Bestellerprinzip bei der Vermittlung«. Demzufolge müsst ihr einen Makler nur dann bezahlen, wenn ihr selbst ihn mit der Wohnungssuche beauftragt habt. Sonst nicht! Zahlt also auf keinen Fall irgendwem eine Vermittlungsgebühr!

Ein Geldbetrag, den ihr aber entrichten müsst, ist die **Kaution**. Sie beträgt in der Regel zwei bis drei Kaltmieten, geht an den Vermieter und dient ihm als Sicherheit für eventuell von euch verursachte Schäden. Spätestens sechs Monate nach Auszug aus der Wohnung solltet ihr den Großteil der Kaution (bis auf einen Restbetrag für noch nicht vorliegende aktuelle Nebenkostenabrechnungen) zurückbekommen, sofern ihr keine Schulden beim Vermieter habt (zum Beispiel Außenstände bei den Nebenkosten). In der Zwischenzeit muss der Vermieter das Geld für euch anlegen.

Bei der Wohnungswahl solltet ihr auch die **Lage** und die **Infrastruktur** gründlich bedenken! Kurze Wege sind das Geheimnis. Wenn ihr kein Auto besitzt, darf die nächste Haltestelle öffentlicher Verkehrsmittel nicht weit entfernt liegen. Komfortabel und ruhig im Grünen zu logieren mag großartig sein. Kartoffeln und Bier vier Kilometer vom nächsten Supermarkt bis nach Hause zu schleppen macht dann aber schnell keinen Spaß mehr. Ganz schlecht wohnt es sich übrigens über Imbissbuden, unter Fitnessstudios, an Autobahnzubringern, in Industriegebieten und neben einem frisch verliebten Pärchen ...

Und noch etwas: Betretet ihr bei der Wohnungsbesichtigung einen Hausflur, in dem vier Kinderwagen, sechs Dreiräder und ein Bobbycar stehen, muss euch klar sein: Hier ist ab 19 Uhr Schluss mit lustigem Lärm und dafür ab 6 Uhr morgens Remmidemmi! Für Partys und nachfolgendes Ausschlafen sind WG-Häuser dann doch besser geeignet.

KURZ & KNAPP

Von Mietinteressenten verlangen Vermieter meist eine Selbstauskunft, um deren Zahlungsfähigkeit einschätzen zu können. Fragen nach dem Nettogehalt oder dem Arbeitgeber sind dabei erlaubt. Wenn der Vermieter aber Dinge wissen will, die über das Mietverhältnis hinausgehen, so müsst ihr nicht wahrheitsgemäß antworten. Daraus entstehen euch dann auch keine Nachteile. Unzulässig sind beispielsweise Fragen danach, ob ihr Mitglied in einem Mieterverein seid, Nachwuchs plant oder einer Religionsgemeinschaft angehört. Wer einen guten Eindruck machen will, bringt schon zur Besichtigung eine ausgefüllte Selbstauskunft mit. Vorlagen dafür gibt's im Netz, beispielsweise unter: www.wohnungsboerse.net/mieterselbstauskunft.

Gängige Immobilienbörsen:
www.immobilienscout24.de
www.immonet.de
www.immowelt.de
www.wohnungsmarkt24.de
www.wohnungsboerse.net

MIETE UND MIETVERTRAG

Der Regelfall dürfte sein, dass ihr in eine Mietwohnung zieht. Das heißt, ihr müsst jeden Monat Miete an einen Vermieter zahlen. Auf der Webseite der meisten Städte findet ihr einen **Mietspiegel**, der die Durchschnittspreise je nach Wohnlage und Ausstattung auflistet. So könnt ihr beurteilen, ob die verlangte Miete für eine bestimmte Wohnung auch angemessen ist.

In Mietverträgen ist von **Kaltmiete** und **Warmmiete** die Rede: Die Kaltmiete ist der Preis, den man für die Nutzung der nackten Räume zahlt. Die Warmmiete enthält zusätzlich die **Nebenkosten** wie Heizung, Hausmeister, Straßenreinigung, Wasser, Müllabfuhr, Fahrstuhl. Dazu kommt noch die Rechnung für den Strom, den ihr in der Wohnung verbraucht. Die mit der Miete im Voraus zu zahlenden Nebenkosten werden geschätzt oder einfach in der Höhe des Vorjahres angesetzt. Sind die Nebenkosten zu niedrig kalkuliert – möglicherweise sogar absichtlich, um die Miete auf den ersten Blick günstig erscheinen zu lassen –, wird euch irgendwann eine deftige Nachzahlung ins Haus stehen. Versucht deshalb, vor Abschluss des Mietvertrags die realistischen »Warmpreise« pro Quadratmeter in dieser Gegend herauszufinden. Es nutzt ja nichts, ein Jahr lang eine scheinbar spottbillige Miete zu zahlen, dann aber eine erschreckend hohe Nachzahlung überweisen zu müssen. Wichtig: Die Höhe der Nebenkosten liegt in eurem Einflussbereich. Wer viel heizt (und dabei womöglich noch das Fenster sperrangelweit offen lässt), zahlt auch mehr.

In jedem Fall ist es wichtig, der Nebenkostenabrechnung große Aufmerksamkeit zu widmen und beispielsweise eure Rechnung mit der jener Nachbarn zu vergleichen, die mit der gleichen Anzahl von Leuten in einer etwa gleich großen Wohnung leben. Sind die Unterschiede im Rechnungsbetrag auffällig, dürft ihr misstrauisch sein. Vielleicht sind Kosten in die Rechnung eingeflossen, die ihr laut Mietrecht gar nicht zahlen müsst? Also aufpassen! Bei Unklarheiten das Mietrecht lesen oder den örtlichen Mieterschutzbund fragen.

In manchen Mietverträgen ist auch eine sogenannte Staffelmiete festgeschrieben. Das bedeutet, dass sich die Miete automatisch jedes Jahr um einen bestimmten Betrag erhöht. Bei eurer ersten Wohnung, zumal wenn eure finanzielle Zukunft noch in den Sternen steht, solltet ihr von solchen Verträgen die Finger lassen.

Lest euch, bevor ihr den Mietvertrag schließlich unterschreibt, wirklich alles genau durch. Absurde Vorschriften wie »Duschen nach 18 Uhr verboten!« sind nicht zulässig und sollten im Vertrag geändert bzw. gestrichen werden. Geht es hingegen um das Halten von Haustieren, Schlagzeugspielen um Mitternacht oder die Anzahl eurer Untermieter, dann hat der Vermieter sehr wohl das Recht mitzureden.

TIPP

Verlasst euch nicht auf die im Mietvertrag angegebene Wohnungsgröße, sondern messt selbst einmal nach. Dachschrägen, die niedriger als ein Meter sind, gelten beispielsweise gar nicht als Wohnfläche. Vielleicht hat der Vermieter ein paar Quadratmeter zu viel veranschlagt? Weitere Infos zum richtigen Ausmessen findet ihr im Netz unter dem Schlagwort »Wohnflächenverordnung«.

Was ihr auch wissen müsst: Streicht ihr die Wände knallig pink oder schwarz, dürft ihr davon ausgehen, sie in ihren Urzustand zurückversetzen zu müssen, wenn ihr auszieht.

Die Kündigungsfrist beträgt übrigens in der Regel drei Monate.

Beim Einzug wird immer ein **Übergabeprotokoll** erstellt. Sorgt dafür, dass akribisch jeder noch so kleine Mangel der Wohnung darin aufgenommen wird. Damit verhindert ihr, später schuldlos für den Riss in einer Fliese oder Ähnliches verantwortlich gemacht zu werden. Machen sich im Laufe der Mietzeit noch Mängel bemerkbar, habt ihr unter Umständen Anspruch auf deren Beseitigung oder auch auf eine Mietminderung. Etwa, wenn eure Heizung wochenlang ausfällt.

KURZ & KNAPP

Als 18-Jährige dürft ihr frei wählen, wo und mit wem ihr wohnt. Bleibt die Frage: **Wer zahlt?** In der Regel sind eure Eltern bis zur Beendigung eurer ersten Ausbildung oder eures Erststudiums verpflichtet, Unterhalt zu zahlen. Das können sie tun, indem sie euch weiter daheim wohnen lassen und für euer Essen aufkommen. Das nennt sich »Naturalunterhalt«. Alternativ ist auch ein »Barunterhalt« möglich: Ihr bekommt also Geld, mit dem ihr eure Miet- und sämtliche anderen Kosten (hoffentlich) bestreiten könnt. Wie viel Unterhalt euch rechtlich zusteht, steht in der sogenannten **Düsseldorfer Tabelle:** www.unterhalt.net/duesseldorfer-tabelle.html

Und noch etwas: Teilt euch der Vermieter eine **Mieterhöhung** mit, solltet ihr schnell prüfen bzw. prüfen lassen, ob diese überhaupt legal ist. Eine Mieterhöhung ist frühestens fünfzehn Monate nach Einzug und auch dann nur in begrenzter Höhe zulässig.

Mietrecht und juristische Beratung:
www.mietrecht.org
www.mieterbund.de/mietrecht.html
www.mieterschutzbund.de (Website des Mieterschutzbunds)

DAS WG-LEBEN

In einer WG zu wohnen ist meist günstiger, als eine eigene Wohnung zu beziehen. Denn man teilt sich die Kosten für den High-Speed-Internetanschluss und die gemeinsam genutzten Räume (Küche, Bad, Flur). Weiterer Vorteil: Man lernt schnell neue Leute kennen.

Der Aufnahme geht meist ein »WG-Casting« voraus. Mitunter eine skurrile Situation: Da hocken dann etwa vier Leute auf einem durchgesessenen Sofa und wollen wissen, ob ihr euch vegan ernährt und Haare im Duschabfluss hinterlasst. Vielleicht seid ihr vor diesem ersten Kennenlernen ein wenig aufgeregt. Dann denkt daran: Auch euch muss es dort gefallen! Beide Seiten sollten das Gefühl haben: Ja, das passt.

KURZ & KNAPP

Wichtige Fragen fürs WG-Casting:
- Nach der Miethöhe möglichst nur noch mal zur Bestätigung fragen, denn die habt ihr schon vorher erfahren und notiert.
- Wie hoch ist die Kaution?
- Aus welchem Grund zieht der Vormieter aus?
- Was machen die Mitbewohnerinnen und Mitbewohner tagsüber? (Ist man die einzige Studentin unter Leuten, die von früh bis spät arbeiten gehen, wird's vielleicht schnell langweilig. Und umgekehrt anstrengend.)
- Wird ab und an gemeinsam etwas unternommen?
- Welche Haushaltsgeräte gibt es?
- Was solltet ihr noch beisteuern?

- Wie sieht es aus mit Telefon- und Internetanschluss?
- Gibt es einen Putzplan?
- Gibt es einen Putzplan, der eingehalten wird?
- Kocht jeder für sich oder jeder für alle?
- Welche Kosten werden geteilt?
- Gibt es Haustiere? (Wichtig für Allergiker.)
- Wann könnt ihr mit einer Rückmeldung rechnen?

Findet ihr keine passende WG, besteht die Möglichkeit, selbst eine zu gründen. Schaltet einfach ein Online-Inserat! Das WG-Leben gehört nämlich zu den Erfahrungen, die ihr unbedingt einmal machen solltet. So dicht auf dicht mit anderen Menschen zu leben wird euch massenhaft neue Erfahrungen bescheren. Und mit Sicherheit werden Ereignisse dabei sein, von denen ihr auch in 30 Jahren noch mitreißend erzählen könnt.

Wichtig ist: Stört euch irgendetwas am Zusammenleben, sprecht es an – anstatt jeden Morgen wütend mit der Stoppuhr vorm Bad zu stehen, während sich der Mitbewohner wieder 45 Minuten lang stylt, obwohl ihr dringend pinkeln müsst. Nerven gleich mehrere Dinge, ist es gut, abends mal alle zusammenzutrommeln und gemeinsam zu kochen. »Störfaktoren« bei einem entspannten Essen anzusprechen ist besser, als folgendes Post-it an die Mitbewohnertür zu kleben: »Mach endlich die Küche sauber!« Solche Nachrichten bewirken ohnehin meist das Gegenteil. Wer freut sich schon, beim Heimkommen gleich einen Anschiss lesen zu müssen?

Gängige WG-Börsen:

www.wg-gesucht.de
www.immobilienscout24.de/wohnen/wg-zimmer.html
www.immowelt.de/suche/wg
www.wg-suche.de

EINZIEHEN

Der Mietvertrag ist unterschrieben, und das Einzugsdatum steht fest – jetzt wird's stressig:

Zeitplan

Klärt, wann genau die Wohnung frei wird. Mitunter kann man schon ein paar Tage vor Beginn des Mietverhältnisses rein. Kümmert euch auch rechtzeitig um Transportmittel und Helfer. Erstellt eine Umzugs-Checkliste. Vorlagen dafür findet ihr im Netz.

Überlegt euch zunächst, bis wann alles gepackt sein muss. Für Umzugskartons könnt ihr viel Geld ausgeben. Oder ihr sucht nach Online-Inseraten von günstigen gebrauchten Kartons. Wenn ihr nett fragt, bekommt ihr leere Kartons auch kostenlos vom Supermarktpersonal. Besonders gut eignen sich stabile Bananenkisten – vor allem für Bücher. Achtet beim Einpacken darauf, die Kisten klug zu füllen: Also nicht ausschließlich Bücher in eine Kiste packen! Verteilt schwere Dinge auf mehrere Kartons, und füllt mit leichteren Sachen auf. Denn der Weg vom Auto bis in die neue Dachgeschosswohnung kann sehr weit sein. Stopft eure Umzugskartons reichlich mit weichen Dingen wie Kleidung oder Bettlaken aus. Und schreibt anschließend oben drauf, was drin ist.

Transport

Da euer Hausstand sicher noch recht überschaubar ist, müsst ihr nicht gleich eine teure Umzugsfirma engagieren. Fragt lieber einmal herum, ob euch jemand ein großes Auto leiht und vielleicht sogar selbst mit anpackt. Ziemlich teuer wird's nämlich bei Autovermietungen. Außerdem: Manche Vermietungen verlangen, dass man mindestens 21 Jahre alt und seit mindestens einem Jahr Führerscheininhaber ist. Beachtet auch, dass ihr mit dem Führerschein der Klasse B – dem üblichen Pkw-Führerschein – nur Fahrzeuge bis 3,5 Tonnen Gesamtgewicht fahren dürft (mehr zum Thema Führerschein ab Seite 73). Für Studierende gilt: Fragt gezielt nach Rabattangeboten. In einigen Städten gibt es auch Car-Sharing-Anbieter, die mit preiswerten »Studitransportern« werben.

Renovieren

Bei der Vermietung präsentieren sich Wohnungen gewöhnlich in strahlendem, aber langweiligem Weiß. Wenn ihr es lieber bunt mögt, muss gestrichen werden. Wahrscheinlich hängt noch keine Lampe in eurem neuen Zimmer. Eine kleine Tischlampe (besser: eine Arbeitsleuchte aus dem Baumarkt oder eine schnell eingeklemmte Fassung mit heller Glühbirne) erleichtert das Renovieren, wenn es in die Abendstunden geht.

Zum Streichen braucht ihr eine standfeste Leiter, alte Klamotten, Zeitungen oder eine Folie, um den Boden zu bedecken, sowie Malerkrepp, um Fenster- und Türrahmen, Fußleisten, Lichtschalter, Steckdosen usw. abzukleben. Außerdem: Große und kleine Malerrollen, einen Besenstiel als Verlängerung, Pinsel (besonders praktisch: Heizungspinsel) für Feinheiten, ein Abtropfgitter und natürlich Wandfarbe. Das alles gibt's im Baumarkt, steht aber bestimmt auch im Keller irgendeines Bekannten herum. Leiht euch die Sachen aus, und gebt sie einfach sauber und zusammen mit einer Flasche Wein wieder zurück.

Wie viel Farbe ihr braucht? Auf dem Eimer steht, mit wie viel Farbe ihr pro Quadratmeter rechnen müsst. Also: Vorher die zu streichenden Flächen ausmessen! Eure Wunschfarbe könnt ihr euch im Baumarkt aus Farbmustern aussuchen und entsprechend Abtönfarbe mitkaufen. Oder ihr lasst euch die streichfertige Farbe gegen einen kleinen Aufpreis gleich beim Kauf mischen.

TIPP

Denkt schon bei der Farbwahl daran: Wenn ihr irgendwann wieder auszieht, wird euer Vermieter auf einer »konsensfähigen« Farbe wie Hellgrau oder Weiß bestehen. Dann kommt das Streichen noch einmal auf euch zu. Und wenn ihr vorher beispielsweise Dunkelblau an der Wand hattet, müsst ihr wahrscheinlich mehrfach streichen, bis die neue Farbe richtig deckt.

Grundriss

Zeichnet euch vor dem Einzug einen Grundriss – auch wenn es nur ein Raum ist –, und markiert, wo was stehen soll. Wenn ihr den Plan vor dem Einräumen in der neuen Bleibe aufhängt, stehen eure Helfer später nicht rauchend in der Gegend herum, weil sie nicht wissen, wohin mit dem großen Schrank. Profis nummerieren zusätzlich die Gegenstände auf dem Plan und schreiben die Nummern passend auf Möbel, Kram und Kisten.

Be- und Entladen

Ist der ganze Krempel in den Kisten verstaut? Sind Auto und eure helfenden Hände endlich da? Dann räumt zuerst Kisten und Kleinkram in den Wagen, dann die Möbel. Schließlich werden die Möbel sinnvollerweise als Erstes in der Wohnung platziert. Die stabilen Sachen kommen nach unten, nach oben könnt ihr bis unter die Decke Kleidersäcke und Kuscheltiere stapeln. Auf jeden Fall gilt: Je mehr Leute beim Schleppen helfen, desto schneller ist das Ganze überstanden, und die Pizza kann bestellt werden.

Umbauten und Wohnungspflege

Hierzu sei gesagt: Eine Mietwohnung gehört euch nicht. Das letzte Wort hat also der Vermieter. Für jeden größeren Eingriff in die Bausubstanz (Wände, Boden, Türen etc.) braucht ihr eine schriftliche Erlaubnis. Zudem müsst ihr bei Auszug den »Urzustand« vom Einzug wiederherstellen. Reißt ihr ohne Einwilligung eine Wand heraus, riskiert ihr erhebliche Schadensersatzforderungen und den fristlosen Rauswurf. Die gezahlte Kaution seht ihr dann auch nie wieder. Da die erste eigene Wohnung aber ohnehin meist nur für eine begrenzte Zeit gemietet wird, dürften sich größere Umbauten auch finanziell kaum lohnen.

Außerdem wichtig zu wissen: Ihr seid dafür verantwortlich, die Wohnung richtig zu heizen und zu lüften, damit kein Schimmel entsteht. Ideal: zwei- bis viermal täglich für fünf bis zehn Minuten für Durchzug sorgen, damit die Feuchtigkeit entweicht. In Bad und Küche ist das besonders wichtig. Wenn das Fenster geöffnet ist – Heizung abdrehen! Ganz falsch und ineffektiv ist das Dauerlüften bei gekipptem Fenster. Vor allem im Winter kühlt dadurch die Wohnung aus, man muss mehr heizen, und das verschwendet Energie. Ihr wisst schon: Klimawandel und so. Habt ihr Möbel an einer Außenwand stehen, so solltet ihr einen Mindestabstand von zehn Zentimetern lassen, damit die Luft auch dort zirkulieren und sich kein Schimmel bilden kann. Feucht, kalt und dunkel – so sieht der ideale Nährboden für diese Pilze aus.

Bohren und Nageln

Wenn ihr wisst, dass ihr nicht lange in der Wohnung bleiben werdet, beschränkt die Zahl der Bohrlöcher auf das Nötigste. Der Vermieter und/oder der Nachmieter werden bei eurem Auszug nämlich verlangen, dass ihr die Löcher wieder verschließt. Falls ihr die neue Bohrmaschine trotzdem ausprobieren und ein großes Porträt eurer Oma an die Wand hängen wollt: Unbedingt erst prüfen, wo die Elektroleitungen in der Wand versteckt sind! Besonders riskante Zonen: senkrecht oberhalb und unterhalb von Steckdosen und Schaltern sowie waagerecht links und rechts davon. Bei Altbauten ist das aber nicht immer so. Besorgt euch lieber für ein paar Euro einen Leitungsfinder aus dem Baumarkt. Wenn man damit die Wand abtastet, zeigt er durch Piepsen und Blinken die Leitungen an. Das macht Spaß, und man fühlt sich wie ein Kinderdetektiv mit Kinderdetektiv-Set.

> **TIPP**
> Es gibt viele gute Heimwerker-Ratgeber. Einer davon: »Reparaturen zu Hause«, herausgegeben von der Stiftung Warentest. Kostet rund 25 Euro.

Nicht vergessen: Unbedingt vor dem Bohren und Nageln den Strom abstellen, indem ihr die entsprechende Sicherung ausschaltet. Den Strom für die Bohrmaschine kriegt ihr per Verlängerungskabel aus einem anderen Raum. Sind umfangreichere Arbeiten nötig, lohnt sich die Anschaffung eines Heimwerkerbuchs. Und zu beinahe jedem Do-it-yourself-Thema findet ihr Tutorials auf YouTube.

Strom und Telefon

Den Wasserverbrauch decken zum Glück meist die Nebenkosten ab. Beim Stromversorger müsst ihr euch aber selbst anmelden. Weil Strom teuer ist: Informiert euch, welche Stromanbieter vor Ort zur Auswahl stehen, und vergleicht die Preise. Übrigens kostet »Ökostrom« (auch als »Naturstrom« oder »Grünstrom« bezeichnet) meist nicht viel mehr als »normaler« Strom. Konventionell erzeugter Strom stammt aus Atomkraftwerken oder von Kohle, Erdöl und Erdgas. Ökostrom hingegen wird aus erneuerbaren Energien wie Windkraft oder Solarenergie gewonnen. Wer sich für Letzteres entscheidet, trägt dazu bei, dass mehr in umweltfreund-

TIPP

Ist der Internetanschluss in der Wohnung, die ihr bezieht, bereits freigeschaltet, müsst ihr keine »Neuanschlussgebühr« bezahlen. Denn dann geltet ihr als Tarifwechsler.

liche Techniken investiert wird. Einen Ökostrom-Tarifrechner findet ihr unter https://stromvergleich.utopia.de.

Bleibt noch, sich zu überlegen, ob all euer Internet-Konsum ausschließlich übers Smartphone laufen oder die neueste Netflix-Serie nicht doch besser über den Großbildschirm flimmern soll. Am interessantesten für euch sind sicherlich Internet-Flatrates. Die günstigsten laufen übers TV-Kabel oder als DSL-Tarif über die Telefonleitung. Beim TV-Kabel könnt ihr nur den Anbieter wählen, der die Leitung in eurem Haus betreibt. Bei DSL ist die Auswahl größer, und es lohnt sich zu schauen, welche Provider es neben der Telekom noch so gibt. Vertragslaufzeiten von 24 Monaten sind übrigens der Standard. Flexiblere Verträge kosten mehr.

Richtwerte für das nötige **Datentempo einer Home-Flatrate:** Wer wenig online ist, kommt mit 16 Megabit pro Sekunde (Mbit/s) aus. Vielsurfende brauchen 50 Mbit/s. Dauer-Gamer, Netflix-Addicts und Wohngemeinschaften sollten 200 Mbit/s veranschlagen.

Strom- und Internet-Preisvergleiche:
www.verivox.de
www.check24.de

Feiern

Der neue Lebensabschnitt muss gefeiert, und alle, die beim Umzug geholfen haben, sollen belohnt werden. Am besten, ihr schmeißt eure Einzugsparty, noch bevor der Teppich verlegt und die Glaselefanten-Sammlung sorgsam in der Vitrine aufgereiht ist! Einige Kisten Bier habt ihr hoffentlich gleich beim Einzug mit hochgeschleppt. Wein und Schüsseln mit Nudelsalat und den einen oder anderen Käseigel könnt ihr auch eure Gäste noch mitbringen lassen. Um von Anfang an ein gutes Verhältnis sicherzustellen: Auch die **Nachbarn** einladen und im Hausflur eine höfliche Vorwarnung anbringen, dass es »etwas lauter« werden könnte.

Kochen

Wer frisch von zu Hause ausgezogen ist, schlägt sich in der neuen Küche oft erst mal mit Spaghetti und Tiefkühlpizza durch. Dabei muss man vor dem Kochen wirklich keine Angst haben. Hier sechs Tipps für mehr Geschmack:

- Suppen, Eintöpfe und Aufläufe schmecken am nächsten Tag doppelt so gut. Also macht einfach so viel davon, dass es für mehrere Mahlzeiten reicht. Friert überschüssige Portionen ein.
- Zu Aufbackbrötchen immer eine (hitzefeste) Tasse Wasser in den Ofen stellen. Sie schmecken dann gleich viel frischer.
- Die immer gleiche Tomatensauce könnt ihr mit einem Löffel Kapern, kleingehackten Oliven oder Sardellen pimpen. Pesto sorgt auch für etwas Abwechslung.
- Rührt in Saucen zum Schluss etwas kalte Butter hinein – das bindet und schmeckt!
- Frisch geriebener Parmesan und frische Kräuter machen aus schlichten Pastagerichten kleine Festessen.
- Getrocknete Kräuter sollen während des Kochens hinzugefügt werden, damit sie Zeit haben, ihr Aroma zu entfalten. Frische Kräuter hingegen erst am Schluss.

> **TIPP**
> Das Kochbuch »Basic Cooking: Alles, was man braucht, um schnell gut zu kochen« von Sabine Sälzer und Sebastian Dickhaut ist ein Klassiker und beinhaltet zahlreiche Rezepte, die man auch ohne viel Kocherfahrung hinbekommt. Erschienen im Verlag Gräfe und Unzer.

> **TIPP**
> Wer statt herumfliegender Einkaufszettel sein Smartphone nutzen möchte, kann sich eine App wie »Pon«, »Bring!« oder »Out of Milk« herunterladen. Die lässt sich dann auch mit allen WG-Mitgliedern synchronisieren, sodass immer rechtzeitig für Klopapier-Nachschub gesorgt ist.

Wäsche waschen

Wenn ihr eure Wäsche bislang nicht selbst waschen musstet, flößt euch die Waschmaschine wahrscheinlich erst einmal ein wenig Respekt ein. Mit der Zeit wird das Waschen aber Routine, versprochen. Irritieren euch die Knöpfe und Drehschalter am Gerät allzu sehr, geniert euch nicht, euch die Bedienung von einem Mitbewohner (oder auch euren Eltern) erklären zu lassen. Das ist besser, als wochenlang dieselbe Unterhose zu tragen.

Sollte euch das bislang nicht aufgefallen sein: Auf einem der zig Etiketten in euren Kleidungsstücken findet ihr jeweils die Waschhinweise.

Wichtig vor dem Waschen: Die Wäsche nach **Farbe** und **Material** sortieren. Helles zusammen, Dunkles zusammen, Buntes zusammen. Das gerade gekaufte rote T-Shirt wascht ihr beim ersten Mal am besten separat; Neues färbt nämlich häufig ab. Aus euren nach Farben sortierten Häufchen entfernt ihr dann die Klamotten, die aus empfindlichen Materialen bestehen, also Wollpullis, Seidenblusen, Spitzendeckchen. Die bilden wieder ein eigenes Häufchen.

Bettwäsche und Handtücher wascht ihr bei 60 Grad im **Koch- oder Buntwäsche-Programm**. Die normalen Alltagsklamotten reinigt ihr mit 30 bis 40 Grad unter der Option **»Pflegeleicht«**. Für den Haufen mit den empfindlichen Kleidungsstücken nehmt ihr das **Woll- oder Handwäsche-Programm** und benutzt dafür auch ein spezielles Woll- und Feinwaschmittel. Für die anderen Sachen tut's ein stinknormales Vollwaschmittel. Und zum Thema »Weichspüler«: Das Geld könnt ihr euch sparen.

> **TIPP**
>
> Vor dem Waschen immer kontrollieren, ob Hosen- und Jackentaschen leer sind. Nicht dass ihr einen Hundert-Euro-Schein einweicht. Genauso blöd: das Papiertaschentuch, das in tausend Flöckchen zerbröselt, die dann an all euren Klamotten kleben.

Waschmaschine einschalten, und los geht's! Und nun bitte nicht zum Wochenendtrip aufbrechen! Die Wäsche müsst ihr zeitnah nach Beendigung des Waschgangs wieder herausholen und zum Trocknen aufhängen, denn nach ein paar feuchten Stunden in der dunklen Waschtrommel fängt sie sonst an zu müffeln.

https://de.wikipedia.org/wiki/Textilpflegesymbol
(Erklärung sämtlicher Waschsymbole)

© Mona Weingart

»Ich wusste nicht einmal, wie man Salzkartoffeln kocht.«

INTERVIEW MIT BERNHARD FINKBEINER

Zu seinem 16. Geburtstag gratulierte ihm seine Mutter erst und sagte dann: »Ab jetzt musst du deine Wäsche selber waschen!« Wenige Jahre später, bei seinem Auszug von zu Hause, wusste Bernhard Finkbeiner deshalb schon, was mit Wollpullovern passiert, die man in einen 60-Grad-Waschgang steckt. Von allem anderen, wie kochen, backen und putzen, hatte er aber keine Ahnung. Also rief er die Website www.frag-mutti.de ins Leben. Dort gibt es unzählige Rezepte sowie Tipps zur Haushaltsführung.

Bernhard, wie genau ist die Idee zu www.frag-mutti.de entstanden?

Ich war gerade von zu Hause ausgezogen und wollte mit einem Kumpel Salzkartoffeln und Würstchen kochen. Aber keiner von uns beiden wusste, wie man Salzkartoffeln macht: Wie lange müssen Kartoffeln kochen? Schält man sie vorher oder hinterher? Was sind Pellkartoffeln im Unterschied zu Salzkartoffeln? Wir hatten schlichtweg keine Ahnung.

Und dann?
Dann hat mein Kumpel seine Mutter angerufen. Die hat ihm alles erklärt. Nach dem Auflegen sagte er, weil er damals die Angewohnheit hatte, an alles ein ».de« ranzuhängen: »Frag-mutti.de« Damit war die Idee geboren. Ich habe dann angefangen, die Seite zu programmieren. Nach und nach füllten wir sie mit sämtlichen Tipps unserer Mütter (und übrigens auch unserer Väter). Mit der Zeit kamen die Ratschläge der Leserschaft hinzu.

Verrätst du uns einen deiner liebsten Haushaltstipps?
Es gibt Schmutzradierer, auch »Zauberschwämme« genannt, in der Drogerie. Viele kennen die gar nicht, dabei sind sie wirkliche Alleskönner: Damit kriegt man zum Beispiel die Sohlen von Sneakern wieder weiß. Auch viele Flecken von Wänden lassen sich damit entfernen.

Hast du noch einen?
Statt Weichspüler kann man auch Haushaltsessig verwenden. Das ist billiger und besser für die Umwelt.

Und welches ist dein Lieblingsrezept?
Das ist ganz klar: Lachs aus der Spülmaschine.

Lachs aus der Spülmaschine?
Ja! Man legt die Lachsscheiben zusammen mit einigen Gewürzen in einem Ziplock-Beutel ins oberste Fach der Maschine und überlässt alles Weitere dem Spülprogramm. Als Beilage eignen sich übrigens Salzkartoffeln.

Das Spülmaschinen-Fisch-Rezept:
www.frag-mutti.de/lachs-aus-der-spuelmaschine-frag-mutti-tv-a1458/

VERSICHERT WOHNEN

Unter Umständen kommen selbst bei eurer überschaubaren Einrichtung schon ansehnliche Werte zusammen. Falls also in eurer neuen Bleibe wirklich »was zu holen ist«, solltet ihr über den Abschluss einer **Hausratversicherung** nachdenken. Die ersetzt den Schaden, wenn Einbrecher, Feuersbrünste oder Wassermassen eure Wohnung verwüsten. Diese Versicherung zahlt allerdings nur, wenn der Schaden nicht selbst verursacht wurde.

Für Schäden, die ihr selbst (ungewollt) an fremdem Eigentum anrichtet, ist eine **Privathaftpflichtversicherung** vonnöten. Diese Versicherung ist kein Kann, sondern ein Muss. Viele Vermieter fordern ohnehin den Abschluss einer solchen als Voraussetzung dafür, dass man einziehen darf. Und in der Tat kann einem die Privathaftpflichtversicherung viele Unannehmlichkeiten ersparen: Zum Beispiel, wenn eure Waschmaschine ausläuft und das auch die Mieterin unter euch zu spüren bekommt, weil es aus ihrer Decke tropft. Genaueres zur Privathaftpflicht und anderen Versicherungen findet ihr ab Seite 204.

> **TIPP**
> Ein Buch, das alles rund um das Thema »Raus von zu Haus« bündelt, ist: »Dein Überlebensguide für die erste eigene Wohnung«. Verfasst von Eva Dotterweich und Clara Sophie Klein. Erschienen im Dorling Kindersley Verlag. Kostet knapp 15 Euro. Schenken lassen!

IN EINER NEUEN STADT ANMELDEN

Egal, ob eigene Wohnung, WG oder ein Zimmer im Wohnheim – innerhalb von ein bis zwei Wochen müsst ihr dem **Einwohnermeldeamt** (manchmal auch »Bürgeramt« oder »Bürgerservice« genannt) eure neue Adresse mitteilen. Wenn nicht, begeht ihr eine Ordnungswidrigkeit, die euch um einige Euro ärmer machen kann. Wenn möglich, bucht vorab online einen Termin bei dem Amt. In einer Großstadt mit vielbesuchtem Bürgerservice kann es mitunter etwas dauern, bis ihr einen Termin bekommt. Dann müsst ihr aber nicht ins Schwitzen geraten: Was zählt, ist das Datum, an dem ihr den Termin für die Anmeldung gebucht habt.

Noch zum Verständnis: Zieht ihr in eine andere Stadt und wohnt nicht mehr in der, in der ihr bislang (bei euren Eltern) gelebt habt, müsst ihr euch **anmelden**. Zieht ihr innerhalb derselben Stadt oder Gemeinde um, müsst ihr euch **ummelden**.

Steht das An- oder Ummeldeformular auf der Website der Stadt zum Download zur Verfügung, druckt es aus, und bringt es ausgefüllt zum Termin mit. Das spart Zeit. Außerdem mitnehmen: den Ausweis, ein paar Euro für die Verwaltungsgebühr (wird zum Glück nicht überall verlangt) sowie den Mietvertrag oder eine sogenannte Wohnungsgeberbestätigung als Nachweis, dass ihr an der Adresse, die ihr angebt, auch tatsächlich wohnt. Auf dem Amt wird dann euer Ausweis aktualisiert. Manchmal gibt's auch ein kleines Willkommenspaket mit Stadtplan und ein paar Gutscheinen.

Bevor ihr euch aufmacht, gilt es, noch ein paar Dinge abzuwägen: Ihr habt die Möglichkeit, den sogenannten **Hauptwohnsitz** (mitunter auch als »Erstwohnsitz« bezeichnet) bei euren Eltern zu behalten und in der neuen Stadt lediglich einen **Zweitwohnsitz** (auch: »Nebenwohnsitz«) zu beantragen. Oder andersherum: Hauptwohnsitz am neuen Ort, Zweitwohnsitz daheim. In den meisten Fällen dürfte es günstiger sein, den neuen Wohnort als offiziellen Hauptwohnsitz zu wählen. Denn erstens locken einige Städte mit Boni oder anderen Vergünstigungen. Und zweitens erheben die meisten Orte eine Zweitwohnungssteuer. Das heißt, wenn ihr euch für die Variante »Hauptwohnsitz in der neuen Stadt, Zweitwohnsitz bei den Eltern« entscheidet, kann es passieren, dass ihr für das Zimmer bei euren Eltern zusätzlich Geld abdrücken müsst. In einigen Fällen ist es zwar möglich, sich von dieser Zweitwohnungssteuer befreien zu lassen, aber am besten, ihr erkundigt euch beim Einwohnermeldeamt eurer alten Heimatstadt, ob eine Zweitwohnungssteuer erhoben wird – und ob diese auch für die Wohnung der Eltern gilt. Wenn das so ist, dann solltet ihr das Geld besser sparen, euren neuen Wohnort gleich als Hauptwohnsitz anmelden und auf den offiziellen Zweitwohnsitz bei den Eltern verzichten.

Übrigens: Da, wo ihr euren Hauptwohnsitz habt, geht ihr auch wählen und habt so beispielsweise bei der Bürgermeisterwahl ein Mitspracherecht. Mehr zum Thema »Wählen und wählen lassen« findet ihr ab Seite 183.

KURZ & KNAPP

Lasst euch von all dem nicht verwirren! Im Grunde geht eine Anmeldung in einer neuen Stadt schnell und unbürokratisch über die Bühne. Und wenn ihr im Vorfeld die folgenden Fragen klärt, müsst ihr euch später nicht darüber ärgern, der Stadt Geld geschenkt zu haben. **Folgende Punkte gilt es, in Erfahrung zu bringen:**

» Welche Vergünstigungen bietet mir mein neuer Wohnort, wenn ich meinen Hauptwohnsitz dorthin verlege? (Für Studierende etwa gibt es vielerorts ein »Begrüßungsgeld«.)

» Wird dort, wo mein Zweitwohnsitz wäre, eine Steuer dafür erhoben? Gilt diese Steuer auch für Studierende oder Azubis? Und gilt sie auch, wenn es sich nur um ein Zimmer bei den Eltern handelt?

Rechnet aus, was am günstigsten ist, und entscheidet dann.

DER RUNDFUNKBEITRAG

Bis auf wenige Ausnahmen muss jeder Haushalt in Deutschland einen Rundfunkbeitrag zahlen. Damit werden die öffentlich-rechtlichen Fernseh- und Hörfunksender finanziert, wozu die ARD inklusive ihrer Radioprogramme wie SWR3 oder 1Live, das ZDF, Arte, der Kinderkanal, 3sat oder der Deutschlandfunk zählen. Der Gedanke, der dahintersteckt: Die Gebühren sollen sicherstellen, dass es in Deutschland ein gewisses Maß an seriösen Nachrichten, Kultur- und Unterhaltungssendungen gibt. Die öffentlich-rechtlichen Sender haben die Aufgabe, die Bürgerinnen und Bürger mit nützlichen Informationen zu versorgen – etwas, das man von Privatkanälen wie ProSieben, Sat.1 oder RTL nicht erwartet; diese finanzieren sich ausschließlich über die Wer-

TIPP

Wenn ihr BAföG oder Berufsausbildungsbeihilfe (BAB) bekommt, könnt ihr einen Antrag auf Befreiung vom Rundfunkbeitrag stellen. Das zugehörige Formular findet ihr auf der Website. Wie auch das für die Anmeldung.

bung, die sie ausstrahlen. Deshalb werden die Shows und Filme dort auch immer an den spannendsten Stellen unterbrochen.

Für den Rundfunkbeitrag gilt die einfache Regel: Eine Wohnung – ein Beitrag. Dabei spielt es keine Rolle, wie viele Personen in einer Wohnung leben oder wie viele TV-Geräte, Radios oder Computer dort herumstehen. Die Kosten belaufen sich auf knapp 20 Euro im Monat. Wer in einer WG wohnt, kann sich die Gebühr mit den Mitbewohnern teilen. Ein Mitglied der Wohngemeinschaft muss angemeldet sein und den Rundfunkbeitrag für die gemeinsame Wohnung zahlen. In Wohnheimen ist der Grundriss der Räumlichkeiten ausschlaggebend dafür, ob jedes Zimmer einzeln kostet oder mehrere sich die Gebühr teilen können.

www.rundfunkbeitrag.de

WOHNGELD

Wer eine Wohnung oder ein Zimmer mietet und nicht über genügend Einkommen verfügt, kann beim Sozialamt Wohngeld beantragen. Dabei handelt es sich um einen Zuschuss zur Miete. Wohngeld bekommt man aber nicht, wenn man bereits andere staatliche Finanzspritzen wie BAföG oder die Berufsausbildungsbeihilfe (BAB) in Anspruch nimmt. Und: Es wird auch nur »angemessener« Wohnraum bezuschusst; mit neun Zimmern für zwei Leute kommt ihr also nicht durch.

Beim Wohngeldantrag müssen sämtliche Einkünfte belegt werden, auch der monatliche Zuschuss der Eltern oder die Zinsen bzw. Entnahmen aus eigenem Vermögen, also irgendwelcher Sparbücher oder anderer Geldanlagen. Das Gesamteinkommen darf eine bestimmte Obergrenze nicht überschreiten. Es zählen die Einkünfte aller in der Wohnung lebenden Personen. Wenn ihr in einer WG lebt, müssen also entweder alle wohngeldberechtigt sein, oder ihr habt nachzuweisen, dass es sich um eine reine »Zweckgemeinschaft« handelt.

Am besten einmal beim Sozialamt nachfragen, ob es sich für euch überhaupt lohnt, einen Antrag einzureichen.

Wer BAföG, BAB oder sonstige staatliche Hilfen bezieht, hat keinen Anspruch auf den Mietzuschuss »Wohngeld«. Bei einem Antrag auf Wohngeld müsst ihr alle eure Einkünfte offenlegen.

www.wohngeld.org

WOHIN MT DER POST?

Mit der Anmeldung an eurem neuen Wohnort ändert sich die Adresse nicht nur auf eurem Personalausweis. Wichtige (und auch unwichtige) Post erreicht euch künftig nur, wenn ihr allen wichtigen Stellen und Kontaktpersonen – also Versicherungen, dem Arbeitgeber oder der Uni, der Bank, eurer Tante für die jährliche Geburtstagskarte usw. – die neue Adresse mitteilt.

Damit euch die Einladung zum ersten Klassentreffen auch erreicht, könnt ihr zusätzlich einen Nachsendeauftrag aktivieren. Die Deutsche Post leitet dann für eine bestimmte Zeit Briefe, die noch an die alte Anschrift adressiert waren, weiter an euren neuen Wohnort. Einrichten lässt sich der Nachsendeauftrag online. Ist aber mit rund 30 Euro für ein Jahr nicht ganz billig.

www.shop.deutschepost.de/nachsendeservice-beauftragen

EINSAM STATT HAPPY?

Das neue Leben im eigenen Zuhause fühlt sich anders an als gedacht? Das Freiheitsgefühl ist verpufft, vielmehr seid ihr jetzt einsam? Auch wenn euch das im Moment anders erscheinen mag und ihr ständig lachende Grüppchen oder verliebte Pärchen vorbeilaufen seht: Es geht vielen Menschen so! Und insbesondere in einer neuen Umgebung dauert es oft eine Weile, bis man sich einen Freundeskreis aufgebaut hat. Zudem ist der Eintritt in diesen Lebensabschnitt – das Erwachsensein – eine enorme emotionale Herausforderung. Wichtig ist es jetzt, den Kummer nicht in sich hineinzufressen. Könnt ihr mit euren Eltern darüber reden? Oder fällt euch in eurem Bekanntenkreis jemand ein, mit dem ihr euch austauschen möchtet? Dann nehmt Kontakt auf! Für alle, die studieren: Universitäten und Studentenwerke bieten fast überall psychosoziale Beratungen an. Termin vereinbaren und hingehen!

Eine mögliche Ansprechpartnerin für sämtliche Probleme ist auch die Telefonseelsorge. Nummer: 0800-1110111 oder 0800-1110222. Die Anrufe sind kostenlos, ihr bleibt anonym, und eure Anliegen werden vertraulich behandelt. Wenn ihr nicht reden wollt, könnt ihr euch auch per E-Mail oder Chat beraten lassen.

www.telefonseelsorge.de

Kapitel 2

Ins Ausland gehen

In Frankreich heißen die Mädchen Aurélie, die Jungen Pierre, und man sagt Dinge wie »Vite à la gare!«. In England leben Peter und Sally mit viel Regen, manchmal ist es aber auch nur »foggy«, und dann haben sie fast schon schönes Wetter.

Von den Jahren des Fremdsprachenunterrichts an der Schule bleibt nicht immer viel hängen. Oft auch nur merkwürdige Details. Wenn Lehrbücher die Welt zeigen wollen, kann das eben nicht so recht funktionieren, da müsst ihr schon selbst die Koffer packen. Und zwar am besten jetzt! Ihr seid jung und flexibel, noch tut euch nicht der Rücken weh, wenn ihr auf einer Isomatte auf dem Boden pennt. Also los! Ihr könnt die deutschen Grenzen für Urlaub ebenso wie fürs Jobben oder Studieren hinter euch lassen. Ihr habt die Wahl. Die Welt wartet auf euch, es gibt viel zu entdecken. Und, wer weiß, vielleicht bleibt ihr ja sogar irgendwo hängen, weil ihr euch unsterblich in Aurélie oder Pierre, in Sally oder Peter verliebt habt.

ENDLICH MAL RICHTIG URLAUB MACHEN

Ob Pauschalreise auf eine spanische Partyinsel oder ein selbst organisierter Indien-Trip – ihr könnt nun endlich euren eigenen Urlaubstraum verwirklichen und müsst nicht mehr dorthin, wo eure Eltern mit euch hinwollen. Hier ein paar Ideen:

Zügig durch Europa

Schon mal auf den Gleisen Spaniens unterwegs gewesen? Oder durch die einzigartige Landschaft Norwegens gerattert? Nein? Dann wird es Zeit. Eine relativ günstige und zugleich umweltschonende Möglichkeit, Europa zu erkunden, ist die mit dem Zug: **»Interrail«** lautet das Stichwort. Ob von Paris nach Budapest oder von London bis nach Istanbul – der Kontinent ist groß, die Zahl der möglichen Reiserouten ebenso. Mittelmeer- oder Romantik-Route? Oder lieber mit Panoramazügen durch die Schweizer Bergwelt?

Folgende Ticket-Optionen stehen zur Verfügung: Ihr könnt einen **»Interrail Global-Pass«** erwerben, der dann für immerhin 33 Länder gilt. Je nachdem, wie lange ihr unterwegs sein wollt, kann der »globale Pass« mehr als 900 Euro kosten. Das ist dann aber auch das Luxusticket in der ersten Klasse. Die günstigste Global-Pass-Variante liegt bei knapp 200 Euro.

Möglichkeit 2: Ihr beschränkt euch auf das Reisen in einem bestimmten Land und wählt den **»Interrail Ein-Länder-Pass«**. Die Preise variieren hierbei von Land zu Land. Wer jünger als 27 Jahre ist, bekommt übrigens eine Ermäßigung auf den Interrail-Pass. In einigen Ländern winken zudem Vergünstigungen (etwa für Fährfahrten oder Museumsbesuche). Es können aber auch noch Zuschläge für einige Züge auf euch zukommen.

www.interrail.eu

Fliegender Wechsel

Was kostet die Welt? Sie ist ab etwa 2000 Euro erhältlich. Mit einem **Round-the-World-Flugticket** (kurz RTW-Ticket) nämlich. Ihr entscheidet euch vor Reiseantritt für eine (weltumspannende) Route und fliegt dann von Kontinent zu Kontinent. Im Preis sind nur die Flüge enthalten, um die Unterkunft müsst ihr euch jeweils selbst kümmern. In der Regel habt ihr maximal ein Jahr Zeit, den Globus zu erkunden. Eine bestimmte Zahl an Stopps ist im Ticketpreis enthalten, weitere bucht ihr gegen Aufpreis.

TIPP

Bei derart teuren Tickets dürfte sich der Abschluss einer Reiserücktrittsversicherung lohnen. Damit ihr euer Geld zurückbekommt, solltet ihr den Trip nicht antreten können, weil mal wieder irgendeine Pandemie ausgebrochen ist.

Es mag verlockend sein, so viele Stopps wie möglich einzulegen. Nehmt euch für eure Weltreise aber trotzdem nicht zu viel vor. Die Eindrücke rasen sonst nur an euch vorbei. Sechs Stopps sind bei RTW-Tickets der Durchschnitt. Und erfahrene Globetrotter raten: Mindestens ein halbes Jahr solltet ihr euch fürs Kontinent-Hopping Zeit nehmen.

Buchbar sind RTW-Tickets direkt bei Fluglinien oder deren Kooperationen wie Star Alliance und Sky Team. Alternative, vorrangig auf junge Menschen abzielende Reisebüros sind STA Travel und REISS AUS.

www.aroundtheworldticket.de
www.statravel.de
www.roundtheworld.staralliance.com
www.skyteam.com/round-the-world-planner

Ihr wollt unbedingt um die Welt fliegen, aber die Umwelt liegt euch auch am Herzen? Dann klappt mal das Portemonnaie noch etwas weiter auf! Die Treibhausgase, die eure Reise verursacht, könnt ihr **kompensieren**. Das heißt: Zusätzlich zu euren Flugkosten leistet ihr eine Spende, die in Klimaschutzprojekte fließt. Kompensationsanbieter sind etwa www.atmosfair.de und www.myclimate.org.

Jugendherbergen

Billiger als im Hotel, aber (meist) bequemer als im Zelt übernachtet ihr in Jugendherbergen. Die gibt es weltweit. Sie sind Treffpunkt für Globetrotter, sodass neben einem Schlafplatz auch interessante Gespräche und gute Reisetipps herausspringen können. Zwar müsst ihr nicht in allen Unterkünften, die sich »Herberge« oder »Hostel« nennen, eine Mitgliedschaft in einem der nationalen Herbergsverbände vorweisen, aber es kann nicht schaden, beizutreten. In Deutschland verlangt der Großteil der Herbergen für eine Übernachtung die Mitgliedschaft im Deutschen Jugendherbergswerk (DJH). Beim DJH bezahlt ihr dafür bis zum Alter von einschließlich 26 Jahren nur 7 Euro im Jahr (»Juniorkarte«). In der Hauptsaison oder bei beliebten Touristenzielen ist es ratsam, die Übernachtung vorab über die App oder die Website des DJH zu buchen, statt auf gut Glück vorbeizukommen.

TIPP

Sechsbettzimmer in der Jugendherberge statt Fünf-Sterne-Hotel? Lasst teuren Schmuck und Wertsachen zu Hause oder behaltet sie immer bei euch. (Gürteltaschen sind und bleiben ein sehr praktisches Accessoire.) Nicht in allen Herbergen gibt es Schließfächer. Dann müsst ihr euch nicht ärgern, wenn die Reisebekanntschaft vom Bett gegenüber zu lange Finger hatte.

www.jugendherberge.de (Deutsches Jugendherbergswerk)
www.hihostels.com (Herbergen weltweit)
www.hostelworld.com (Herbergen weltweit)

Sicherheit geht immer vor. Bei jeder Reise gilt: Eure Angehörigen und Freunde sollten über eure Pläne Bescheid wissen. Teilt ihnen regelmäßig mit, wo ihr euch aufhaltet. Welche Ecken ihr besser meidet, steht im Reiseführer, eurer Reise-App, oder die Touristeninformation bzw. Hostel-Rezeption verrät es euch.
Regelmäßig rät das Auswärtige Amt auch davon ab, in bestimmte Länder zu reisen. Die Liste der aktuellen Reisewarnungen findet ihr unter: www.auswaertiges-amt.de/de/ReiseUndSicherheit/10.2.8Reisewarnungen.
Außerdem stellt das Amt eine App für sicheres Reisen zur Verfügung: www.auswaertiges-amt.de/de/ReiseUndSicherheit/app-sicher-reisen/350382.
Und egal, wie viele lustige Roadmovies ihr gesehen habt – lasst das mit dem Trampen sein!

KURZ & KNAPP

© Anna v. Stackelberg

»Du musst dem Zufall eine Chance geben!«

INTERVIEW MIT MARIE POHL

Marie Pohl war 20, als sie ihre Wohnung kündigte und auf Weltreise ging. In neun Monaten besuchte sie acht Städte und Länder: Berlin, Havanna, Buenos Aires, San Francisco, Hanoi, Tiflis, Jerusalem und Helsinki. Sie wollte wissen, wie andere 20-Jährige ihr Leben leben. Auf der Reise hat sie sich verliebt, hat gegen müde Füße und die Einsamkeit in billigen Unterkünften gekämpft. Ihre Erlebnisse verarbeitete sie zu dem Buch »Maries Reise« (erschienen im Fischer Taschenbuch). Marie Pohl arbeitet heute als Autorin, Schauspielerin und Sängerin.

Marie, du bist um die halbe Welt geflogen, hast in den USA, in der Schweiz, in Deutschland und Spanien gelebt. Wo fühlst du dich am meisten zu Hause?

In New York. Da bist du gleichzeitig in tausend Ländern. Und das Wort »Toleranz« kommt zu seiner vollen Erfüllung: »Mach dein Ding, und lass die anderen die anderen sein!« In New York zu leben ist aber auch sehr hart. Und du merkst, dass die Leute diese

Härte auf sich nehmen, weil sie die Stadt lieben und unbedingt dort sein wollen. Das ist ein starkes, pulsierendes Gefühl.

Hast du dich auf deiner langen Reise manchmal einsam gefühlt?
Oft sogar. In Georgien hatte ich meinen toten Punkt. Man will ja all das, was man erlebt, mit jemandem teilen. Gast zu sein, fremd zu sein – das kann auch anstrengend werden. Aber das Alleinsein gehört zum Reisen dazu, so wie es auch zum Alltag gehört.

Hattest du das Gefühl, dass dir in Deutschland die Decke auf den Kopf fällt, wenn du nicht weggehst?
Nein, eigentlich nicht. Ich war ja schon nach dem Abi in Spanien, um die Sprache zu lernen, zu reisen und zu schreiben. Das ist einfach mein Ding. Ich war neugierig und wollte die Welt sehen. Damals dachte ich: Entweder ich studiere jetzt, oder ich mache etwas für mich. Ich habe mich dann für das Reisen und Schreiben entschieden.

Wie wird aus einer Reise eine gute Reise?
Es gibt gar keine schlechten Reisen. Ich glaube, du musst einfach für alles offen sein und dem Zufall eine Chance geben. Am besten, du gehst die Straße hinunter und lässt die Reise auf dich zukommen. Damit du dich nicht verlierst, kannst du dir vielleicht ein kleines Ziel herauspicken: einen Stadtteil, ein Museum, einen Strand oder einen Berg – etwas, das du unbedingt sehen willst. Der Rest passiert dann von allein.

MEHR ALS NUR URLAUB

Wenn ihr zwischen Relaxen und Arbeiten schwankt, dann nehmt doch beides. Es gibt mehrere Möglichkeiten, im Ausland Arbeitserfahrungen zu sammeln und gleichzeitig Abenteuer zu erleben.

Work and Travel

Ihr jobbt in einem fremden Land – etwa als Erntehelferin, in einem Kinderheim, an der Museumskasse oder in einem Café – und verdient euch dabei das Geld für Erkundungstouren. Und nachher sieht diese Station sogar im Lebenslauf gut aus.

Die beliebtesten Work-and-Travel-Länder sind Australien, Neuseeland und Kanada. In diesen Staaten gelten unterschiedliche Bestimmungen, aber eines haben sie gemeinsam: Ihr braucht ein Visum (mehr dazu auf Seite 63), das euch zum Arbeiten berechtigt. Work and Travel ist aber ebenso in den USA, in Japan, Südamerika oder in europäischen Ländern möglich. Worauf habt ihr Lust?

> **TIPP**
> Weil die Mühlen von Behörden auch im Internetzeitalter noch langsam mahlen und die Zahl der Visa begrenzt ist, solltet ihr mit der Planung eures Work-and-Travel-Aufenthalts mindestens ein halbes Jahr im Voraus beginnen.

Bevor es losgeht, steht allerhand Papierkram an. Für das kanadische Working-Holiday-Visum etwa benötigt ihr ein polizeiliches Führungszeugnis. Meist müsst ihr auch nachweisen, über ein finanzielles Sicherheitspolster zu verfügen. Informiert euch zunächst genau, was es in eurem Traumland zu beachten gibt! Die Links unten helfen euch weiter.

Die Reiseplanung könnt ihr auch in fremde Hände geben: Es gibt mehrere Reiseveranstalter, die Work-and-Travel-Trips anbieten. Diese helfen euch bei der Beantragung des Visums, und ihr habt Ansprechpartner vor Ort. Ein Service, der sehr hilfreich, aber natürlich nicht kostenlos ist.

Work-and-Travel-Anbieter:
www.aifs.de/work-and-travel.html
www.statravel.de/work-travel
www.travelworks.de

Informationsportale:
www.auslandsjahr.org/work-travel
www.auslandsjob.de
www.working-holiday-visum.de

Workcamp

Einen Wanderweg in Italien auf Vordermann bringen, eine Non-Profit-Organisation in Uganda beim Schutz von Gorillas unterstützen, auf der Gesundheitsstation einer Favela in Brasilien helfen: Wenn ihr euch für ein gemeinnütziges Projekt engagieren und neue Leute treffen wollt, aber nicht allzu viel Zeit habt, dann bietet sich ein Workcamp an. Das dauert in der Regel zwei bis vier Wochen, in denen ihr in einer internationalen Gruppe arbeitet – unentgeltlich. Die tägliche Arbeitszeit bewegt sich zwischen vier und sechs Stunden, ihr schuftet euch also keineswegs kaputt und habt noch genügend Zeit, Land und Leute kennenzulernen. Verpflegung und Unterkunft (erwartet kein Sterne-Hotel!) werden in der Regel gestellt.

Wichtig: Die Reisekosten tragt ihr selbst, oft erheben die Anbieter auch Teilnahme- und Vermittlungsgebühren. Ein Preisvergleich lohnt sich also. Seriöse Anbieter bereiten euch mit einem Seminar auf den Aufenthalt vor. So lernt ihr auch schon die anderen Mitreisenden kennen.

Übrigens könnt ihr Workcamps auch in Deutschland absolvieren; schließlich gibt es auch vor der Haustür genug zu tun.

Anbieter von Workcamps:
www.workcamps.org
www.ibg-workcamps.org
www.kolping-jgd.de
www.ijgd.de/workcamps

Freiwilliges Soziales Jahr / Freiwilliges Ökologisches Jahr

Das FSJ oder FÖJ können junge Menschen zwischen 16 und 27 Jahren grundsätzlich überall auf der Welt ableisten. Allerdings muss sich der Hauptsitz der Organisation, über die der Auslandseinsatz läuft, in Deutschland befinden. Wohlfahrtsverbände, die evangelische und die katholische Kirche oder das Deutsche Rote

Kreuz sind nur einige der diversen Träger, die Stellen außerhalb der deutschen Grenzen vermitteln. Im Rahmen des FSJ/FÖJ sind fünf »Bildungswochen« vorgeschrieben, in denen ihr auf eure Arbeit vorbereitet werdet. Wenn nötig, ist auch ein Crashkurs der Landessprache enthalten. Vor Ort bekommt ihr ein Taschengeld; dieses orientiert sich an den Lebenshaltungskosten des Landes, entsprechend unterschiedlich fällt der »Lohn« aus. Achtung: Die Nachfrage ist weit größer als die Zahl der Angebote. Deswegen solltet ihr euch rechtzeitig informieren und bewerben.

TIPP

Ein FSJ oder FÖJ im Ausland könnt ihr nur bei einem zugelassenen Träger ableisten. Deshalb: unbedingt nach der Zulassung erkundigen, denn davon hängt ab, ob ihr bereits über den Trägerverein versichert seid.

FSJ- und FÖJ-Anbieter:
https://foej.de
https://pro-fsj.de
www.ijfd-info.de

Informationsportal:
www.arbeitsagentur.de/bildung/zwischenzeit/freiwilligendienst-leisten

Freiwilligendienst in Europa

Ob im Jugendzentrum in Litauen oder in einer Initiative für geistig Behinderte in Spanien: Ihr engagiert euch zwischen zwei und zwölf Monate lang in einem gemeinnützigen Projekt innerhalb Europas. Die EU-Freiwilligendienste laufen über eine Initiative, die den etwas umständlichen Titel **»Europäisches Solidaritätskorps«** trägt. Das Tolle daran: Die Europäische Union übernimmt fast die kompletten Kosten während eures Einsatzes, also alles, was für die Reise, die Fahrten vor Ort, Unterkunft und Verpflegung anfällt. Auch ein Sprachkurs (schließlich soll die europäische Verständigung gefördert werden) sowie Begleitseminare und die Versicherungskosten sind inkludiert. Teilnehmende erhalten außerdem ein monatliches Taschengeld. Ein Rundum-Sorglos-Paket also. Das ist auch der Grund dafür, dass die Nachfrage die Zahl der Angebote weit übersteigt.

Das Vorgehen: Ihr müsst euch auf dem Webportal des Europäischen Solidaritätskorps registrieren. Dort findet ihr eine Übersicht der Länder und möglichen Projekte, auf die ihr euch bewerben könnt. Habt ihr eine Zusage, benötigt ihr noch eine sogenannte Entsendeorganisation. Es ist aber auch möglich, andersherum vorzugehen: erst eine Entsendeorganisation finden, dann ein Projekt.

Das EU-Programm:
www.solidaritaetskorps.de

Übersicht über Entsendeorganisationen:
www.europa.eu/youth/volunteering/organisations
www.weltwaerts.de/de/einsatzplaetze-nach-entsendeorganisationen.html

Internationale Freiwilligendienste

Die finanziell geförderten Programme, wie etwa das FSJ oder das Europäisches Solidaritätskorps, bieten nur eine begrenzte Anzahl an Plätzen. Kommt ihr dort nicht unter, könnt ihr euch auch unabhängig davon an Freiwilligenorganisationen wenden. Ihr solltet euch vorab gut über die Anbieter informieren, Erfahrungsberichte studieren und natürlich herausfinden, welche Kosten übernommen werden und für welche ihr selbst aufkommen müsst.

Und: Nehmt euch, wenn möglich, etwas Zeit für diese Lebensetappe. Aus einem viermonatigen Aufenthalt werdet ihr am Ende mehr schöpfen können als aus einem zweiwöchigen. Nicht zuletzt dürfte sich euer Einsatz dann auch mehr lohnen.

Anbieter von Freiwilligendiensten in aller Welt:
www.freiwillig-freiwillig.de
www.icja.de
www.ijfd-info.de

KURZ & KNAPP

Bestimmt werdet ihr bei euren Recherchen auf den Begriff **»Voluntourismus«** stoßen. Dieser setzt sich zusammen aus »Volunteering« und »Tourismus«. Er beschreibt also jene Reiseform, um die es sich bei kürzeren Reisen mit Arbeitseinsätzen handelt.

Wegen einiger korrupter Anbieter ist »Voluntourismus« etwas in die Kritik geraten: So hat sich beispielsweise herausgestellt, dass manche Kinder in kambodschanischen Waisenheimen gar keine Waisen sind. Die Heime werden lediglich für touristische Zwecke betrieben; aus Armut schicken Eltern ihre Kinder dorthin. Während die westlichen Volunteers also denken, sie täten etwas gegen die Not, vergrößern sie diese.

Wichtig ist deshalb: Informiert euch genau über ein Projekt und über die Organisation, bei der ihr euren Freiwilligendienst leisten wollt. **An Folgendem erkennt ihr seriöse Anbieter:**

» Die Website bietet detaillierte Informationen zu den Projekten. Außerdem findet ihr dort Erfahrungsberichte.

» Ihr bekommt eine persönliche Beratung. Eure Fragen werden schlüssig beantwortet. Ihr spürt, dass die Beraterinnen und Berater gut über die Projekte und Zielländer Bescheid wissen.

» Schaut euch die Einsatzprojekte genau an: Sind sie langfristig angelegt? (Hoffentlich ja.) Werden den Einheimischen dadurch Arbeitsplätze streitig gemacht? (Hoffentlich nicht.) Haben sie negative Auswirkungen auf die Natur? (Hoffentlich nicht.)

» Die Organisation will kein Motivationsschreiben von euch? Auch keinen Lebenslauf? Wenn ihr das Gefühl habt, hier wird jeder ohne irgendein Auswahlverfahren genommen – sucht euch einen anderen Anbieter!

» Die Organisation kann euch Kontakt zu ehemaligen Freiwilligen vermitteln.

» Ihr bekommt ein Vor- und gegebenenfalls auch ein Nachbereitungsseminar. Länge und Intensität dieser Schulungen richten sich jeweils nach der Dauer eures Aufenthalts. Keinesfalls solltet ihr unvorbereitet ins Ausland gehen. Wird kein Seminar (nicht mal ein Informationsabend bei kürzeren Reisen) angeboten, lasst die Finger von diesem Anbieter!

» Über mögliche Risiken vor Ort (Krankheiten, Kriminalität, gefährliche Tiere) wird nicht geschwiegen, sondern offen kommuniziert. Auch zu notwendigen Impfungen bekommt ihr Auskunft.

» Die Volunteers erhalten einen Verhaltenskodex, also Richtlinien, wie sie sich im Gastland verhalten sollen.

» Ein gutes Zeichen: Wenn für den Einsatz in sozialen Projekten ein polizeiliches Führungszeugnis von den Freiwilligen verlangt wird. Schließlich geht es um die Sicherheit der Menschen vor Ort.
» Im Gastland muss für euch ein Ansprechpartner zur Verfügung stehen.

www.freiwilligenarbeit.de/volunteering-infos.html

Au-pair

Lust auf ein neues Land? Lust, endlich eine Fremdsprache wirklich zu beherrschen? Lust darauf, Zeit mit Kindern zu verbringen? Vielleicht ist ja ein Jahr als Au-pair das Richtige für euch. Amerika ist für solch einen Aufenthalt sicherlich das prominenteste Beispiel, aber ihr entscheidet: Auch in Europa, Australien, Neuseeland oder Kanada gibt es Programme.

»Au pair« bedeutet so viel wie »auf Gegenseitigkeit«. Dementsprechend helft ihr eurer Gastfamilie, betreut die Kinder, schmiert Pausenbrote und wascht Klamotten. Im Gegenzug sorgt die Familie für Kost und Logis und zahlt euch ein Taschengeld. Reich werdet ihr dabei nicht, aber eure Erfahrungen sind unbezahlbar: Ihr tragt Verantwortung, werdet fit im Umgang mit Kindern und taucht ein in den Alltag eines fremden Landes. Die Wochenarbeitszeit schwankt zwischen 30 (Europa) und 45 Stunden (USA/Kanada). Ein Au-pair-Aufenthalt dauert sechs bis zwölf Monate und ist übrigens längst keine reine Mädchensache mehr: Auch Au-pair-Jungen sind gefragt. Damit eure Bewerbung Erfolg hat, solltet ihr Erfahrung im Umgang mit Kindern nachweisen können – beispielsweise durch Babysitting, ein Praktikum im Kindergarten oder Jugendarbeit. Natürlich sind auch erste Kenntnisse in der Landessprache wichtig.

Listen von Vermittlungsagenturen:
www.aupair-society.de/unseremitglieder
www.au-pair-agenturen.de/agenturen-suche.html

Informationsportal:
www.aupair-society.de

KURZ & KNAPP

Immer wieder kursieren Horrorgeschichten über missglückte Aufenthalte, bei denen das Au-pair nur billige Haushaltshilfe und »Freizeit« ein Fremdwort war. Damit euch das nicht passiert, solltet ihr euch an eine seriöse Agentur wenden, die die Gastfamilien sorgfältig auswählt und euch zur Seite steht, wenn es doch mal Probleme gibt. **Diese Kriterien helfen, einen guten Vermittler zu wählen:**

» Das Wichtigste zuerst: Die Agentur verfügt über das RAL Gütezeichen, das die Einhaltung gewisser Qualitätsstandards verspricht.

» Die Agentur muss im Gastland vertreten sein, sodass ihr auch vor Ort einen Ansprechpartner habt.

» Ihr bekommt Kontakt zu Ehemaligen und könnt von deren Erfahrungen profitieren.

» Bei allem Papierkram, wie der Beantragung eines Visums, erhaltet ihr Unterstützung.

» Die Agentur stellt schon vor der Abreise Kontakt zwischen euch und der Familie her.

» Stimmt die Chemie doch nicht, muss die Agentur einen Familienwechsel ermöglichen und betreuen.

» Gute Agenturen bieten Einführungsveranstaltungen an. Außerdem können sie euch konkret Auskunft geben über Wochenarbeitszeit, Freizeit, Unterbringung und Taschengeld.

» Eine Vermittlungsgebühr wird erst fällig, wenn die richtige Familie gefunden ist.

AUSBILDUNG IM AUSLAND

IT-Systemelektronikerin auf Malta, Schifffahrtskaufmann in Chile, Tischlerin in Schottland. Wenn ihr mit dem Gedanken spielt, eure Berufsausbildung ganz ins Ausland zu verlegen, solltet ihr euch vorab über das jeweilige Ausbildungssystem informieren. Denn die Bildungssysteme variieren von Land zu Land sehr stark. Das deutsche System der dualen Berufsausbildung (Lehre und Berufsschule, also Theorie und Praxis parallel) gilt übrigens weltweit als nahezu einzigartig.

Geklärt werden muss: Wie ist der Weg zum Abschluss im jeweiligen Land? Welchen Stellenwert hat die Ausbildung dort. Und – das Wichtigste: Wird sie in Deutschland hinterher anerkannt?

Letzteres ist nämlich nicht immer garantiert. Zwar hat Deutschland mit einigen Ländern wie der Schweiz, Tschechien, Polen, Spanien und Österreich Abkommen geschlossen, jedoch gelten selbst diese nicht für jede Branche. Informationen geben euch die entsprechenden Kammern (z. B. die Industrie- und Handelskammer oder die Handwerkskammer). Eine mögliche Ansprechpartnerin dürfte auch die Deutsche Auslandshandelskammer in eurem Wunschland sein. Scheut euch nicht, dort anzurufen und Auskünfte über eure Möglichkeiten zu erbitten.

www.ahk.de (deutsche Auslandhandelskammer)
www.anabin.kmk.org (Informationen zu ausländischen Bildungsabschlüssen)
www.ausbildung.de/ratgeber/ausbildung-im-ausland/#auslandsausbildung

Nur kurz weg …

Weniger formal-juristische Hürden (als wenn ihr die komplette Ausbildung im Ausland absolviert) ergeben sich, wenn ihr nur für einen Teil der Zeit weggeht. Für Studierende gehört eine Station im Ausland heute schon fast dazu. Aber auch für Azubis gibt es derartige Programme. Nutzt sie! Schon ein kurzer Praxisaufenthalt im Ausland während der Ausbildung kann eure Chancen auf dem Arbeitsmarkt enorm steigern – und euch selbst sehr bereichern. Vielleicht hat euer Betrieb ja eine ausländische Zweigstelle, bei der ihr mal einige Wochen reinschnuppern könnt? Das wäre die einfachste Variante. Ansonsten kommt eines der unten stehenden Förderprogramme in Frage.

Wichtigste Voraussetzung: Eure Chefin oder euer Chef muss mitziehen. Vielleicht kostet das einige Überzeugungsarbeit. Lasst trotzdem nicht locker, denn Recht und Gesetz sind auf eurer Seite: Laut **Berufsbildungsgesetz** dürft ihr einen Teil der Ausbildung im Ausland absolvieren. Bis zu ein Viertel der Lehrzeit können Auszubildende

TIPP

Unter www.berufsbildung-ohne-grenzen.de werden regelmäßig (Online-)Informationsveranstaltungen angeboten. Außerdem findet ihr dort eine Übersicht von Ansprechpartnern in eurer Nähe, sogenannten Mobilitätsberatern. Die sind dafür da, euch zu helfen.

anderswo verbringen; bei einer dreijährigen Ausbildung sind das immerhin rund neun Monate.

KURZ & KNAPP

Eines der größten Förderprogramme ist **Erasmus+**. In dessen Rahmen könnt ihr innerhalb der EU ein Praktikum von zwei Wochen bis zu zwölf Monaten absolvieren. Bezuschusst werden dann die Fahrtkosten, die Kosten für die Unterkunft, Sprachkurse, die Lebenshaltungskosten im Ausland sowie nach Bedarf auch besondere Leistungen für Menschen mit Behinderung oder anderen Einschränkungen.

Für alle anderen Länder rund um den Globus kommt **AusbildungWeltweit** in Frage, ein Programm, das vom Bundesministerium für Bildung und Forschung verantwortet wird. Ob als angehende Mechatronikerin für fünf Wochen nach Kanada oder als Winzer in spe für drei Monate nach Kanada – die Möglichkeiten sind enorm. Über AusbildungWeltweit werden Praktika mit einer Dauer von drei Wochen bis zu drei Monaten gefördert. Einen Partnerbetrieb, in dem ihr unterkommt, müsst ihr (bzw. eure Ausbildungsstätte) vorab selbst ausfindig machen.

Auszubildende aus dem handwerklichen sowie dem gewerblich-technischen Bereich haben die Möglichkeit, sich um ein Stipendium der Initiativen **Let's go!** und **LIFT!** zu bewerben. Dieses gilt für alle EU-Länder sowie Norwegen, Island, Liechtenstein, Kroatien, Mazedonien und die Türkei. Aufenthalte zwischen zwei und vier Wochen werden in diesem Rahmen unterstützt.

Wer im Bereich von Marketing, Medien und Werbung tätig ist, kann sich bei der **HORIZONT-Stiftung** um eine Finanzspritze bemühen.

Und alle, die in Berlin, Nordrhein-Westfalen oder Hessen leben und in einer der Science-Branchen (dazu zählen die pharmazeutische Industrie, Crop Science und Consumer Health) ihre Ausbildung absolvieren, sollten einmal nach den Bewerbungsformularen fürs **Hermann-Strenger-Stipendium** von der Bayer Foundation googeln.

Das Auslandspraktikum lohnt sich vor allem in der zweiten Hälfte der Ausbildung, denn dann habt ihr schon allerhand Arbeitserfahrung gesammelt und seid vielseitiger einsetzbar. Mit der Vorbereitung könnt ihr allerdings nicht früh genug anfangen.

www.meinauslandspraktikum.de (Informationsportal)
www.na-bibb.de/erasmus-berufsbildung (Erasmus+)
www.ausbildung-weltweit.de (AusbildungWeltweit)

www.lgh.nrw/index.php/einzelstipendien (Let's go! und LIFT!)
www.horizont-stiftung.de/ausschreibung/ (HORIZONT-Stiftung
www.bayer-foundation.com/de/wissenschaft (Bayer Foundation)

STUDIUM IM AUSLAND

Wollt ihr euer gesamtes Studium im Ausland absolvieren, müsst ihr vor allem eines klären: die Finanzierung. In einigen Ländern werden recht hohe Studiengebühren erhoben, und auch die Lebenshaltungskosten können um einiges über denen in Deutschland liegen. Neben einem gut gefüllten Portemonnaie solltet ihr natürlich auch entsprechende Sprachkenntnisse mitbringen. Infos zur Hochschullandschaft einzelner Länder könnt ihr im Onlineangebot des **Deutschen Akademischen Austauschdiensts** (DAAD) durchstöbern.

Aussteiger auf Zeit

Sehr beliebt ist es, ein oder zwei Semester lang dem Heimatland den Rücken zu kehren. Das Ganze sollte rechtzeitig vorbereitet werden; mit einer einjährigen Planungsphase müsst ihr rechnen. Erste Anlaufstelle ist das **Akademische Auslandsamt** eurer Hochschule. Dort gibt's Infos zu Austauschprogrammen, Voraussetzungen, zur Antragstellung und Finanzierung.

Größter Beliebtheit erfreut sich das EU-Programm **Erasmus+**. Dieses läuft über Partnerschaftsabkommen zwischen den Hochschulen, die euch so den Weg nach Polen oder Portugal erleichtern. Wichtig: Wer teilnehmen will, muss das erste Studienjahr bereits abgeschlossen haben. Ein Erasmus+-Studienaufenthalt kann zwischen drei und zwölf Monaten dauern. Und auch Auslandspraktika werden gefördert. Denkt also einmal darüber nach, euer Auslandssemester gleich

> **TIPP**
> Europa genügt euch nicht? Schaut doch mal unter www.internationale-hochschulkooperationen.de, welche internationalen Kooperationen, außer Erasmus+, eure Hochschule sonst noch eingegangen ist. Bei diesen Partnerschaften ist der Austausch von Studierenden meist vertraglich geregelt, und Studiengebühren werden erlassen.

mit einem Praktikum zu kombinieren. Über 30 Länder stehen zur Auswahl. Von eventuellen Studiengebühren seid ihr befreit. Zudem erhaltet ihr ein monatliches Taschengeld von bis zu 500 Euro. Wenn absehbar ist, dass dies zur Deckung eurer Lebenshaltungskosten nicht ausreichen wird, solltet ihr euch noch anderweitig um ein Stipendium (siehe Seite 54, 149) bewerben oder Auslands-BAföG (siehe Seite 55) beantragen.

Übrigens verkündeten die Erasmus-Verantwortlichen Ende 2014 einen ganz besonderen Erfolg: Über eine Million »Erasmus-Babys« sind seit Start des Programms im Jahr 1987 bereits auf die Welt gekommen. Babys also, die es nur deshalb gibt, weil zwei Menschen in ihrem Auslandsjahr zueinandergefunden haben. In der Zwischenzeit dürften noch allerhand hinzugekommen sein.

KURZ & KNAPP

Eine Frage solltet ihr vor der Abreise unbedingt klären: Werden eure im Ausland erbrachten Leistungen (beispielsweise in Klausuren oder durch Seminararbeiten) auch an der Heim-Uni anerkannt? Damit ihr am Ende nicht umsonst über Büchern gebrütet habt, wendet euch vorher an die Koordinatorin eures Fachbereichs.
Beim Erasmus+-Programm dürfte die Anerkennung kein Problem sein, denn dafür gibt es das European Credit Transfer System (ECTS). Dieses Punktesystem vereinfacht die Anerkennung. Gedacht ist die Sache so: Ihr informiert euch vorab über die Veranstaltungen, die ihr an der Gast-Uni besuchen wollt; ein gewisses Punktesoll müsst ihr erfüllen. Dieses wird in einem Formular, dem »Transcript of Records«, festgehalten und von Heimat- und Gasthochschule abgesegnet. Am Ende des Aufenthalts wird dann noch mal geschaut, was ihr wirklich geleistet habt. Diese Bilanz legt ihr dann zu Hause vor und bekommt (hoffentlich) die entsprechende Anerkennung.

www.daad.de (Deutscher Akademischer Austauschdienst)
www.erasmusplus.de (Erasmus+)
www.anabin.kmk.org (Informationen zu ausländischen Bildungsabschlüssen)

Stipendien

Reisekosten, Unterkunft, Arbeitsmaterialien – und vielleicht noch Studiengebühren: All das kann das Budget sprengen. Für solche Fälle könnt ihr ein Stipendium beantragen. Wichtigster

Geldgeber: der **DAAD**. Es gibt eine Vielzahl von Programmen, je nachdem, was ihr studiert, wo es hingehen soll und wie lange ihr bleiben möchtet. Es vergeben aber auch andere Organisationen und Stiftungen Stipendien. Die sind teilweise an ein bestimmtes Land, Fach oder spezielle Voraussetzungen gekoppelt.

Wer in die USA will, kann sich um ein **Fulbright-Stipendium** bewerben. Studierendenaustausche organisiert auch der **Verband der Deutsch-Amerikanischen Clubs**. Und: Auch die **Begabtenförderungswerke** wie die Studienstiftung des deutschen Volkes unterstützen bei Auslandsaufenthalten.

Um einen der begehrten Zuschüsse zu bekommen, sind gute Noten und bestechende Gutachten eurer Dozentinnen und Dozenten notwendig. Zudem müsst ihr von eurer persönlichen Eignung überzeugen.

www.mystipendium.de/auslandsstipendien/auslandsstipendium
(Informationsportal)
www.daad.de/ausland/studieren/stipendium/de/70-stipendien-finden-und-bewerben (Stipendien-Datenbank des DAAD)
www.fulbright.de/programs-for-germans/studierende-und-graduierte
(Fulbright-Stipendium)
www.vdac.de/studentenaustausch.html
(Verband der Deutsch-Amerikanischen Clubs)

Auslands-BAföG

Fürs Studium oder die Ausbildung im Ausland könnt ihr Auslands-BAföG beantragen, unter Umständen übrigens auch für ein mindestens zwölfwöchiges Praktikum. Wer schon im Inland BAföG kriegt, dem steht es auch fürs Ausland zu (ihr könnt allerdings die Inlandsförderung nicht einfach mit ins Ausland nehmen, sondern müsst einen gesonderten Antrag stellen). Aber auch, wenn ihr in Deutschland keine Unterstützung bekommt, habt ihr gute Chancen, einen Zuschuss zu erhalten, denn die Fördersätze fürs Ausland liegen höher.

Wenn euer Antrag auf Auslands-BAföG bewilligt wird, bekommt ihr – zusätzlich zu einem Grundbetrag – beispielsweise Geld für die notwendigen Studiengebühren, für die Hin- und Rückreise (einmalig) und eventuell für die Krankenkasse. Die

Auslandszuschläge müssen später übrigens nicht zurückgezahlt werden.

Ganz wichtig: Mindestens sechs Monate vor eurer Abreise ins Ausland müsst ihr euren Antrag gestellt haben.

Auslands-BAföG kann gezahlt werden für:

» ein vollständiges Studium innerhalb der EU oder in der Schweiz
» ein Teilstudium innerhalb der EU oder in der Schweiz
» bis zu ein Jahr dauernde Auslandsaufenthalte außerhalb der EU (in Ausnahmefällen sogar bis zu zweieinhalb Jahre)
» Pflichtpraktika innerhalb und außerhalb der EU

www.bafoeg-rechner.de/auslandsbafoeg (BAföG-Rechner)
www.bafög.de/bafoeg/de/das-bafoeg-alle-infos-auf-einen-blick/einzelfragen-der-foerderung/gibt-es-bafoeg-auch-im-ausland/gibt-es-bafoeg-auch-im-ausland.html

© privat

»Wann sonst wird man so etwas je wieder machen?«

INTERVIEW MIT MIRKO BAIER

Was viele nicht wissen: Mit dem EU-Programm Erasmus+ kann man auch als Familie ins Ausland gehen, wenn man denn schon eine eigene gegründet hat. Wie Mirko Baier zum Beispiel. Er ist verheiratet und Vater einer Tochter. Eigentlich studiert er Deutsch als Fremdsprache in München. Doch dann packten die drei die Koffer, um für eine Weile in Schweden zu leben.

Mirko, was hat dich und deine Familie dazu bewogen, mit Erasmus+ ins Ausland zu gehen?
Wir wollten einmal über einen längeren Zeitraum ein anderes Land sehen, dort leben und auch die Sprache kennenlernen.

Und wieso fiel die Wahl auf Schweden?
Mir wurde von der guten Kinderbetreuung erzählt. Auch die Hochschule Dalarna – sie unterhält Standorte in den Städten Falun und Borlänge – wurde mir sehr empfohlen. Und da wir Skan-

dinavien nicht kannten und es als Urlaubsregion einfach zu teuer ist, dachten wir uns: Dann ziehen wir doch mit Erasmus+ mal für eine Weile dorthin.

Wie hast du davon erfahren, dass ein Studienaufenthalt im Ausland auch mit Kind möglich ist?
Ich habe einfach beim International Office meiner Uni nachgefragt. Pro Monat erhalte ich für den Aufenthalt meiner Tochter 250 Euro zusätzlich zu dem, was ich für mich an Unterstützung bekomme.

Deine Tochter ist noch sehr klein. Was denkst du, wird sie von dieser Zeit mit nach Hause nehmen?
Ihr wird die Erinnerung an ein Abenteuer in Eis und Schnee und viel Natur bleiben. Und wohl auch die Erfahrung, wie es ist, irgendwo fremd zu sein.

Würdest du anderen jungen Familien eine solche Auslands-Auszeit empfehlen?
Wenn man selbst gern reist, ist so eine längere Etappe in einem anderen Land eine gute Option, da das sonstige Reisen als Familie doch sehr anstrengend ist. Man sollte sich aber bewusst machen, dass das Ganze jede Menge Organisation verlangt, die zum Teil schon ein Jahr vor dem Aufenthalt angegangen werden muss. Aber: Wenn man als Familie dazu bereit ist, würde ich es auf jeden Fall empfehlen. Denn: Wann sonst wird man so etwas je wieder machen?

JOBBEN IM AUSLAND

Er kitzelt faule Urlauber aus den Liegestühlen und bewegt sie zum Sambatanzen: Den braungebrannten, immer gut gelaunten Animateur haben wohl viele im Kopf, wenn es um Jobs im Ausland geht. Aber nicht nur in der Tourismusbranche, auch in der Landwirtschaft, als Sprachlehrerin oder als Mitarbeiterin bei internationalen Messen kann man Glück haben. Ihr könnt natürlich direkt bei entsprechenden Veranstaltern und Firmen nach einem Job fragen – oder euch an die **Zentrale Auslands- und Fachvermittlung**, kurz: ZAV, wenden. Sie gehört zur Bundesagentur für Arbeit und kann euch beratend zur Seite stehen oder sogar vermitteln.

> **TIPP**
> In der Broschüre »Chance Ausland« der Arbeitsagentur sind auch noch einmal sämtliche Möglichkeiten, als junger Mensch ins Ausland zu gehen, zusammengefasst: www.arbeitsagentur.de/datei/dok_ba015737.pdf

Das Angebot ist vielfältig: Sprachassistent in Russland, Geld verdienen im Disneypark Paris oder als Helferin auf einer Farm in Südafrika. Die Bewerbung wird direkt an die ZAV gerichtet und sollte mit zwölf Monaten Vorlauf erfolgen. Gute Sprachkenntnisse und erste Arbeitserfahrung werden vorausgesetzt. Die ZAV arbeitet mit Partnerorganisationen zusammen, die bisweilen Gebühren fordern; Reisekosten, Visum, Verpflegung und Unterkunft kommen hinzu. Bei einem Job verdient ihr aber in der Regel genug, um das zu finanzieren.

www.arbeitsagentur.de/vor-ort/zav/startseite (ZAV)

Zwei weltweite Stellenbörsen:
www.auslandsjob.de/jobs-im-ausland/jobs-finden
www.monster.com

PRAKTIKUM IM AUSLAND

Im Gegensatz zum Job wird ein Praktikum oft nicht bezahlt, sodass ihr euch im Vorfeld gut überlegen müsst, ob die Kasse stimmt. Wer auf die Suche nach einem Praktikum gehen will, für den lohnt sich ein Blick in die Stellenbörse der Bundesagentur für Arbeit. Hier sind unter anderem Praktika im Ausland aufgeführt. Daneben gibt es zahlreiche andere Job- und Praktikumsbörsen. Ihr könnt auch direkt bei Firmen und Unternehmen nachfragen. Bedenkt dabei, dass der Begriff »Praktikum« nicht überall so verstanden wird wie bei uns. In einigen Ländern ist das Praktikum nur im Rahmen des Studiums oder der Ausbildung möglich. Manche Staaten wollen sogar eine Studienbescheinigung sehen, bevor es ein Praktikumsvisum gibt.

Studierende können sich an das Akademische Auslandsamt ihrer Heimat-Hochschule wenden, wenn es um Praktikumsinfos geht. Auch der DAAD hält Kontaktadressen und Auskünfte über Förderprogramme bereit. Hier greift zum Beispiel wieder das Erasmus+-Programm (siehe Seite 53), vielleicht auch das Auslands-BAföG (siehe Seite 55) oder ein Stipendium.

Wenn ihr in einer Berufsausbildung steckt und Lust auf ein Praktikum im Ausland habt, blättert einmal zurück auf Seite 55.

www.daad.de/de/im-ausland-studieren-forschen-lehren/praktika-im-ausland/praktikumsvermittlung (Liste mit Praktika-Vermittlungen)
www.auslandspraktikum.info/praktikumsboerse (Praktikumsbörse)
www.meinpraktikum.de (Praktikumsbörse)

Unabhängig davon, ob ihr mit einer Organisation oder auf eigene Faust ein Auslandspraktikum machen werdet – in jedem Fall benötigt ihr eine formgerechte Bewerbung samt Lebenslauf und Foto (mehr zum Thema »Bewerbung« ab Seite 110). Das Erstellen einer solchen nimmt euch die Agentur nicht ab.

Wer keine Lust hat, sich selbst um einen Praktikumsplatz zu bemühen, kann eine Agentur dafür beauftragen. Das schont die Nerven, aber leider nicht das Portemonnaie. Denn ein solcher Service kann zwischen knapp 500 und 1000 Euro kosten. Wichtig: Lasst euch nur auf seriöse Anbieter ein, die euch einen persönlichen Ansprechpartner zur Seite stellen. Eine anerkannte Agentur ist beispielsweise AIESEC.

GUT VORBEREITET

Ein Auslandsaufenthalt, vor allem ein längerer, will gründlich geplant sein. Eine erste Anlaufstelle ist die Webseite des Auswärtigen Amtes. Hier gibt's Informationen zu eurem Reiseland, etwa Einreise- und zollrechtliche Bestimmungen oder die Adressen der deutschen Vertretungen. Unbedingt beachten solltet ihr die Sicherheitshinweise. Sie geben Auskunft darüber, wo aktuell Gefahren herrschen, wo es brenzlig werden kann und wo ihr besser gar nicht hinfahren solltet. Verfolgt die aktuelle Entwicklung, wenn es nötig ist, auch während eurer Reise.

Reisewarnungen solltet ihr ernst nehmen. Das Auswärtige Amt spricht sie aus, wenn es vom Aufenthalt in einer bestimmten Region abrät. Schlimmstenfalls werden sogar dort lebende Deutsche aufgefordert, auszureisen.

www.auswaertiges-amt.de/de/ReiseUndSicherheit/10.2.8
Reisewarnungen

Reiseführer

Nichts geht über einen guten, umfassenden Reiseführer. Ob als Buch zum Blättern oder als App zum Swipen: Gute Reiseführer gehen auf Einreisebestimmungen, Impfvorschriften und wichtige Gesetze ein, sodass sich das Lesen schon vor Reiseantritt lohnt. Achtet bei Büchern auf ein möglichst frisches Erscheinungsdatum und bei Apps darauf, dass sie laufend aktualisiert werden. Nicht dass die Hälfte der empfohlenen Bars schon wieder dichtgemacht hat.

TIPP

Es gibt zahlreiche Smartphone-Apps, die das Reiseleben erleichtern. Zum Beispiel den »Toilet Finder«, die Kneipensuche »Yelp« und die Reiseführer (samt Offline-Stadtplänen) von »Marco Polo« oder »SmartGuide«. WLAN-Hotspots entdeckt ihr mit dem »WiFi Finder«, und als Währungsumrechner leistet »Convertbot« gute Dienste.

KURZ & KNAPP

Im Ausland warten ungeahnte **Fettnäpfchen** auf euch. Eine Auswahl:

- Wenn eine Amerikanerin fragt: »How are you?«, erwartet sie keine genaue Auskunft über eure Befindlichkeiten. Ein überschwängliches »Great!« reicht als Antwort.
- Frankreich ist bekannt für seine Esskultur. Im Restaurant setzt ihr euch nicht an den erstbesten Platz, sondern lasst euch einen Tisch zuweisen. Geflügel wird mit Messer und Gabel gegessen, Salatblätter werden gefaltet – nicht zerschnitten.
- Lautes Schimpfen oder Schreien ist in China unangebracht, das ist den Einheimischen peinlich. Und eure Nase putzt ihr besser nicht in der Öffentlichkeit, sondern auf der Toilette.
- Ein Tabu in Indien: Kindern über die Haare zu streichen oder Erwachsene am Kopf zu berühren. Denn das Haupt ist der Sitz der Seele.
- Wertet es nicht gleich als Annäherungsversuch, wenn ein Italiener oder Spanier nicht die Distanz hält, die man in Deutschland gewöhnt ist. Beim Gespräch steht man im Süden näher zusammen als in nördlichen Ländern. Ach ja, und macht lieber keine Scherze über die Mafia …
- Sprecht spanische Frauen immer mit »Señorita« an, »Señora« gilt nur für alte Damen.
- Der Ring aus Daumen und Zeigefinger – bei Tauchern das Zeichen für »OK« – gilt in der Türkei und Südamerika als üble Beleidigung.
- Nackt in der Sauna: Das ist in den USA illegal und auch in den meisten anderen Ländern unüblich.
- Der niederländische Ausdruck »klaarkomen« bedeutet nicht, sich gut mit jemandem zu verstehen, sondern: »einen Orgasmus haben«.

Pass

Eine weltweit verbindliche Regelung, wie lange euer Pass bei der Einreise noch gültig sein muss, gibt es nicht. Geht vorsichtshalber von mindestens sechs Monaten aus, in einigen Ländern ist das nämlich ein Muss. Genaue Angaben, auch dazu, ob der Pass nötig ist oder euer Personalausweis ausreicht (im EU-Ausland ist das der Fall), gibt's beim Auswärtigen Amt. Bei längeren Aufenthalten solltet ihr darauf achten, dass der Pass für die gesamte Dauer gültig ist. Einen neuen Pass und im Notfall auch ein vorläufiges Dokument beantragt ihr bei der für euren Wohnort zuständigen Passbehörde.

Visum

Ihr habt einen deutschen Pass? Dann dürft ihr innerhalb des sogenannten Schengen-Raums herumreisen, soviel ihr wollt. Das mag euch selbstverständlich vorkommen – aber das ist es nicht, sondern eine wirklich großartige Errungenschaft der Europäischen Union. Jene Phase der Covid-19-Pandemie, als die Grenzen plötzlich dicht waren und vielerorts Reisebeschränkungen galten, hat einmal schmerzhaft vorgeführt, welch große Bewegungsfreiheit wir auf dem europäischen Kontinent normalerweise gewohnt sind.

TIPP

Macht vor der Reise von eurem Pass und anderen wichtigen Dokumenten (Tickets, Impfausweis, Führerschein, Kreditkarten) Kopien, die ihr ebenfalls mitnehmt, aber getrennt von den Originalen aufbewahrt. Ganz sicher geht ihr, wenn ihr auch noch einen Satz Kopien bei Freunden oder Verwandten hinterlegt. Es gibt auch Apps zur Sicherung von Reiseunterlagen, »TripIt« zum Beispiel. Diese nutzen euch nur leider nichts, wenn ihr euer Smartphone verliert. Also: Bei wichtigen Dokumenten geht nichts über ein paar Seiten Papier.

Für Länder außerhalb des Schengen-Raums benötigt ihr mitunter ein Visum. Ob das mit Blick auf euer Reiseziel der Fall ist, erfahrt ihr auf der Webseite des Auswärtigen Amtes oder bei der Vertretung eures Gastlandes in Deutschland. Dort müsst ihr dann auch das Visum beantragen. Denkt daran, dass es unterschiedliche Arten von Visa gibt, je nachdem, wie lange ihr bleiben und was ihr im Land machen wollt. Ihr solltet einkalkulieren, dass die Ausstellung eines Visums Geld und Zeit kostet.

Zum **Schengen-Raum** gehören die folgenden Länder: Österreich, Belgien, Tschechische Republik, Dänemark, Estland, Finnland, Frankreich, Deutschland, Griechenland, Ungarn, Island, Italien, Lettland, Liechtenstein, Litauen, Luxemburg, Malta, Niederlande, Norwegen, Polen, Portugal, Slowakei, Slowenien, Spanien, Schweden und die Schweiz.

www.auswaertiges-amt.de/de/ReiseUndSicherheit/reise-und-sicherheitshinweise

GUT VERSICHERT

Niemand denkt gern an Unfälle oder Krankheiten. Doch leider ist man auch unter der prächtigsten Urlaubssonne davor nicht gefeit. Man fällt schnell mal aus der Hängematte, tritt auf einen Seeigel oder rutscht in der Dusche der Jugendherberge aus. Notiert euch deshalb vor der Abreise alle wichtigen Telefonnummern, etwa die eurer Kranken- und eurer Haftpflichtversicherung. Auch die Automobilclubs wie der ADAC sind in den meisten Ländern unter speziellen Notrufnummern erreichbar. Hier eine Übersicht der Reiseversicherungen; sie lassen sich problemlos online abschließen.

Reisekrankenversicherung

Die Reisekrankenversicherung ist die wichtigste Versicherung auf Reisen. Denn krank im Ausland – das kann teuer werden. Wenn ihr ins Krankenhaus müsst, kann das Tausende Euro kosten, und die Leistungen werden von eurer gesetzlichen Krankenversicherung nur zum Teil (im außereuropäischen Ausland in der Regel gar nicht) abgedeckt.

Von eurer hiesigen Krankenkasse bekommt ihr eine **Europäische Krankenversicherungskarte.** Diese gilt in jedem der 27 EU-Länder sowie in Island, Liechtenstein, Norwegen und der Schweiz. Dort habt ihr damit Anspruch auf medizinisch notwendige Leistungen. Die Karte deckt aber nicht alles ab, zum Beispiel keine Krankentransporte. Deshalb solltet ihr zusätzlich eine private Reisekrankenversicherung abschließen. Im außereuropäischen Ausland ist solch eine Versicherung sowieso ein Muss!

Welche Reiseversicherung ihr braucht, richtet sich danach, wie lange ihr unterwegs seid: Für wenig mehr als zehn Euro im Jahr bekommt ihr eine Dauerpolice, die sich jedes Jahr automatisch verlängert. Sie bietet Schutz auf normalen Urlaubsreisen von je bis zu 45 Tagen. Bei längeren Aufenthalten bis zu einem Jahr müsst ihr eine Versicherung abschließen, deren Prämie sich nach der Zahl der Reisetage richtet. Auch für Auslandsaufenthalte, die länger als ein Jahr dauern, könnt ihr euch versichern.

Reisehaftpflichtversicherung
Eigentlich solltet ihr bereits privat haftpflichtversichert sein (mehr dazu auf den Seiten 204). Denn fügt ihr anderen Menschen oder deren Eigentum Schaden zu, kann das immense Kosten verursachen. In der Regel sind in diesen Privathaftpflichtversicherungen Auslandsreisen bis zu zwölf Monaten oder unbegrenzt mitversichert. In dem Fall ist eine Reisehaftpflichtversicherung unnötig. Erkundigt euch vorher bei eurer Versicherung, ob sie auch auf Reisen Gültigkeit besitzt!

> **TIPP**
> Wenn ihr Arzt oder Arznei im Ausland selbst bezahlen müsst, hebt die Rechnungen auf und reicht sie nach eurer Rückkehr bei der Krankenkasse ein – vielleicht gibt es ja ein bisschen Geld zurück.

Reiseunfallversicherung
Diese Versicherung springt ein, wenn ihr nach einem Unfall dauerhaft körperlich geschädigt seid. Gegen das Unfallrisiko solltet ihr eigentlich schon zu Hause versichert sein – meist gelten die Versicherungen dann auch weltweit. Ist das bei euch der Fall, braucht ihr euch nicht um eine spezielle Reiseversicherung zu kümmern. Falls ihr riskante Sportarten ausübt, könnt ihr euch mit einer zusätzlichen Unfallversicherung absichern. Ihr müsst aber darauf achten, dass eure spezielle Sportart wirklich mitversichert ist.

> **TIPP**
> Je nachdem, welche Versicherung ihr im Rahmen eurer Reise benötigt: Nutzt Online-Vergleichsrechner und schließt die Versicherung separat ab. Angebote, die während der Reisebuchung – etwa für Reiserücktrittsversicherungen oder sogenannte Rundum-Sorglos-Pakete – angezeigt werden, sind häufig überteuert.

Reiserücktrittsversicherung
Bucht ihr online oder im Reisebüro euren Urlaub, werdet ihr am Ende meist gefragt, ob ihr eine Reiserücktrittsversicherung abschließen wollt. Die erstattet euch die Stornogebühren, wenn ihr eine gebuchte Reise nicht antreten könnt, zum Beispiel, weil ihr krank geworden seid. Je näher eine Reise rückt, desto höher werden die Stornogebühren – und die sind manchmal wirklich happig. Ihr müsst von Fall zu Fall entscheiden, ob es sinnvoll ist. Als grober Denkrahmen: Je teurer die Reise, umso eher kann eine Reiserücktrittsversicherung sinnvoll sein.

Reisegepäckversicherung

Ihr könnt nicht nur euch, sondern auch euer Gepäck versichern, nämlich gegen Verlust oder Beschädigungen. Die Sache ist aber recht teuer. Ihr solltet überlegen, ob es sich wirklich lohnt (also wenn ihr mit sehr wertvollem Gut unterwegs seid), zumal die Versicherung nur zahlt, wenn ihr auf euer Gepäck aufgepasst habt. Also: Meistens braucht man sie nicht. Solltet ihr euch trotzdem für diese Versicherung entscheiden, vergleicht die Anbieter genau. Im Netz gibt's Vergleichsrechner.

https://ec.europa.eu/social/main.jsp?catId=559&langId=de
(Informationen zur Europäischen Krankenversicherungskarte)
www.check24.de/reiseversicherung (Versicherungs-Vergleichsportal)

DIE REISEKASSE

Die Mischung macht's: Eine Ration Bargeld, dazu Bank- und Kreditkarte – so kommt ihr gut durch den Urlaub. Meist ist es günstiger, Geld erst im Urlaubsland zu tauschen. Dennoch solltet ihr welches dabeihaben, und zwar so viel, dass ihr gut über zwei Tage kommt. Denn wer weiß, vielleicht ist plötzlich Feiertag in Peru, oder sämtliche Geldautomaten streiken.

> **TIPP**
> Bewahrt Bankkarten und Ausweis in einem zweiten Portemonnaie auf. Im Falle eines Überfalls könnt ihr, sofern eure Nerven noch mitmachen, dann das Bargeld-Portemonnaie geben und büßt die anderen Sachen nicht auch noch ein.

Mit eurer Bankkarte (Maestro- oder EC-Karte) erhaltet ihr in den meisten Teilen Europas Bares am Automaten oder Schalter. Am besten, ihr hebt immer so viel ab, dass sich die Gebühr auch lohnt; also keine Kleckerbeträge, die fünf Euro Transaktionsgebühr kosten. Geld abheben mit einer Kreditkarte solltet ihr besser nicht. Die lohnt sich dafür beim Bezahlen im Geschäft oder Restaurant.

Zunehmend etabliert sich auch das Bezahlen via Smartphone mit Apps wie »Apple Pay« oder »Google Pay«. Wie weit man damit kommt, ist aber von Land zu Land unterschiedlich.

Seid ihr außerhalb der Eurozone unterwegs, ist eine Währungsrechner-App fürs Handy ratsam, damit ihr wisst, wie viel etwas kostet. Ein Beispiel: »Convertbot«. Und: Schreibt euch vor eurer Reise die Telefonnummern auf, über die ihr im Notfall eine abhandengekommene Bankkarte sperren lassen könnt.

Wenn ihr die Kosten für euren Urlaub kalkuliert, plant ein kleines Notfallpolster ein: Vielleicht plagt ja der Rücken irgendwann, und ihr wollt zwischendrin mal eine Nacht im Hotel schlafen statt im Zelt.

KURZ & KNAPP

Ein kleiner **Ausgaben-Leitfaden.** Ihr solltet Kosten einplanen für:
» Unterkunft
» Verpflegung (Eine warme Mahlzeit am Tag sollte doch drin sein, oder?)
» Öffentliche Verkehrsmittel / Mietwagen
» Trinkgelder
» Eintrittsgelder
» Arzt / Apotheke
» Extras (besondere Ausflüge, Shopping-Tour, Souvenirs).

Rabatte mit dem Studierendenausweis

Vielleicht kommt ihr mit dem Studierendenausweis eurer Heimat-Uni an eine verbilligte Eintrittskarte im Museum oder kriegt einen Rabatt für die Unterkunft. Doch verlassen könnt ihr euch darauf nicht. Ohne Hürden zur Ermäßigung – das verspricht die International Student Identity Card (ISIC), nach Selbstauskunft »der einzige Nachweis des Studierendenstatus, der weltweit anerkannt wird«. Die Karte kostet 15 Euro und gilt für ein Jahr. Sie verspricht rund 150 000 Vergünstigungen in über 130 Ländern. Ihr könnt sie auf der Webseite beantragen.

www.isic.de

GESUND UNTERWEGS

Je individueller ihr unterwegs seid und je tiefer ihr ins Hinterland vordringt, desto mehr Gedanken solltet ihr euch über die Gesundheitsvorsorge machen – und das frühzeitig. Für einige Länder sind spezielle Impfungen ratsam, zum Teil auch Pflicht. Fahrt ihr etwa nach Mittel- und Südamerika, Südosteuropa, Afrika oder Asien, ist eine Hepatitis-A-Impfung empfehlenswert. Bei der Gelegenheit solltet ihr auch mal schauen, wie es insgesamt um euren Impfschutz bestellt ist. Vielleicht ist sowieso gerade die nächste Tetanus-Spritze fällig?

> **TIPP**
>
> Ein wenig Fernweh gefällig? Das Buch »Die geilste Lücke im Lebenslauf« (erschienen bei National Geographic) ist ein Reisebericht von Nick Martin, der seinen Bürojob an den Nagel gehängt hat, um auf Weltreise zu gehen. Aus den geplanten zwölf Monaten wurden schließlich sechs Jahre.

Wenn es in die Tropen geht, ist auch immer das Thema »Malaria« aktuell. Tragt dort also, um euch vor Mückenstichen zu schützen, lange Kleidung, schlaft unter einem Moskitonetz und tragt insektenabweisende Mittel auf. Mitunter kann auch eine medikamentöse Malariavorbeugung sinnvoll sein.

Bei Fragen der Gesundheitsvorsorge helfen euch neben eurer Ärztin oder eurem Arzt auch die Krankenkasse, das Gesundheitsamt oder – in exotischen Angelegenheiten – ein Tropeninstitut weiter.

Die Reiseapotheke

Anwendungsgebiet: für die kleinen »Notfälle« unterwegs, wobei ihr natürlich nie für alle Eventualitäten gerüstet sein könnt. Vergesst auch nicht die Medikamente, die ihr regelmäßig einnehmen müsst! Frauen sollten daran denken, dass es in manchen Ecken dieser Welt schwierig werden kann, Tampons oder Binden aufzutreiben.

In die Reiseapotheke gehören: Medikamente gegen

- Fieber und Schmerzen
- Durchfall (inklusive Elektrolytpulver)
- Verstopfung
- Erbrechen und Übelkeit (auch Reiseübelkeit)
- Erkältung, Husten, Schnupfen, Halsschmerzen

Außerdem:

- Verbandsmaterial und Desinfektionsmittel
- Sonnenschutz
- Insektenschutz (inklusive einem Gel gegen den Juckreiz, falls ihr doch gestochen wurdet)
- Pinzette
- und ein Fieberthermometer

KURZ & KNAPP

Ein paar Hinweise für den Aufenthalt in Ländern mit niedrigen Hygienestandards:

» Trinkt kein Leitungswasser.
» Verzichtet auf Eiswürfel im Getränk.
» Putzt die Zähne mit Mineral-, nicht mit Leitungswasser.
» Lasst die Finger von Getränken aus nicht verschlossenen Flaschen.
» Trinkt keine frische oder ungekochte Milch.
» Vorsicht ist auch geboten bei frisch gepressten Säften. Wie sieht es mit der Hygiene aus?
» Verzichtet auf rohes Fleisch, rohen Fisch und Speiseeis. Und auf Sachen, die in der sonnenbeschienenen Auslage schwitzen. Und auf Mayonnaise, die trotz Hitze draußen auf dem Tisch der Imbissbude steht.
» Esst nur frisch gekochtes Gemüse und frisch geschältes Obst.

Zwei Informationsportale zur Reisemedizin:
www.fit-for-travel.de
www.netdoktor.de/reisemedizin

© Sharon Towell

»Wer an der Vorbereitung scheitert, bereitet sein Scheitern vor.«

INTERVIEW MIT COLIN TOWELL

Ein Lager errichten, Feuer machen, sich in der Wildnis zurechtfinden. Colin Towell hat viele Jahre lang als Überlebenstrainer bei der britischen Armee gearbeitet. Er weiß also, wie man Gefahren meidet – und wie man damit umgeht, wenn sie einen dann doch heimsuchen. Sein Wissen hat Towell in mehreren Survival-Handbüchern zusammengefasst, die im Verlag Dorling Kindersley erschienen sind.

Colin, was muss ich tun, wenn mir beim Schwimmen ein Hai begegnet?

Dass Haie Menschen angreifen, kommt äußerst selten vor. Wenn solch eine Begegnung stattfindet, dann meistens im Bereich von 30 Metern vor der Küste. Haie leben nun mal im Ozean, wir Menschen nicht. Es sind wir Menschen, die Haie in ihrem Lebensraum stören, nicht andersherum.

Und nun deine Tipps?

Schwimmverbote unbedingt beachten! Außerdem ist es wichtig, die lokalen Nachrichten zu verfolgen: Wird da von Hai-Sichtungen berichtet? Im Wasser solltest du keinen glänzenden Schmuck und keine Badesachen in leuchtenden Farben tragen. Das könnte dazu führen, dass der Hai dich für einen Beutefisch hält. Auch wichtig zu wissen: Haie haben einen sehr guten Geruchssinn. Urin und Blut können sie aus großer Entfernung riechen. Wenn du einem Hai begegnest, gilt es, ruhig zu bleiben und in möglichst gleichmäßigen Zügen an einen sicheren Ort zu schwimmen. Auffälliges Spritzen solltest du vermeiden und »Shark!« rufen, damit andere die Gefahr mitbekommen. Schwimmt der Hai auf dich zu, wende dich ihm frontal zu und schlag auf seine Schnauze, denn dort ist er sehr empfindlich. Wenn der Hai sich dann nicht zurückzieht: Versuch, auch auf seine anderen wunden Punkte zu hauen: die Augen und die Kiemen.

Etwas, das öfter vorkommt als Haiangriffe, sind Erdbeben. Wie verhalte ich mich bei einem Erdbeben richtig?
Auch hier ist es wichtig, die Lokalnachrichten zu verfolgen und im Vorfeld informiert zu sein: Reise ich in eine Erdbebenregion? Im Falle eines Erdbebens: Begib dich ins Freie, weg von allem, was auf dich drauffallen könnte wie Mauerwerk oder Bäume. Bleib dort, bis auch die Nachbeben vorbei sind. Solltest du dich in einem Haus aufhalten, gehe in den ersten Stock und suche Schutz neben einer Wand oder unter einem robusten Tisch. Falls du Zeit dafür hast, drehe den Gashahn ab. Wenn du in einem Fahrzeug unterwegs bist, fahre auf eine offene Fläche, und bleibe im Wagen.

Was ist dein wichtigster Survival-Rat?
Gute Vorbereitung: Wer an der Vorbereitung scheitert, bereitet sein Scheitern vor. In die meisten Gefahrensituationen gerät man, weil man sich selbst und sein Equipment über- und die Natur unterschätzt hat. Und noch ein Hinweis: Hör auf deine innere Stimme. Wenn sich irgendetwas komisch anfühlt, halte an, beurteile die Lage neu, und kehre gegebenenfalls um.

Nach all deinen Abenteuer-Touren: Gibt es irgendetwas, das du noch fürchtest?
Das Einzige, was mir wirklich Angst macht, sind unvernünftige Menschen, denen die Folgen ihres Handelns egal sind.

Kapitel 3

Mit dem Auto unterwegs

Für viele ist er der einzig relevante Nachweis der eigenen Volljährigkeit: der Führerschein, idealerweise in Kombination mit einem eigenen Auto.

Endlich Mama, Papa oder die bereits volljährige Schwester nicht mehr um einen Shuttle-Dienst bitten zu müssen. Endlich unabhängig zu sein vom Busfahrplan, dessen Spalten ab Mitternacht leer sind. Ja, sich ins Auto setzen und einfach losfahren zu können, das ist schon eine große Sache.

Behaltet dabei aber im Hinterkopf: Die Zeit zwischen 18 und 24 gilt laut Statistischem Bundesamt als »die sieben risikoreichsten Jahre«. Das soll euch nicht die Freude am Fahren verderben, sondern ist schlichtweg ein Fakt: Im Straßenverkehr haben 18- bis 24-Jährige das mit Abstand höchste Unfallrisiko. Grund dafür: der Mangel an Erfahrung. Überschätzt euch also nicht, fahrt nicht schneller als erlaubt und nicht zu dicht auf andere Wagen auf!

Schaut man sich die Statistik der besonders schweren Unfälle an, also solcher, bei denen jemand ums Leben gekommen ist, so fällt auf: Ein großer Teil dieser Unglücke ereignet sich in den späten Abend- und Nachtstunden des Wochenendes und unter Alkoholeinfluss. Ihr wisst also, worauf zu achten ist. Fahrt nicht in irgendeinem Rausch! Nehmt lieber ein Taxi, oder klingelt einen guten Freund oder eben doch eure Eltern aus dem Bett, und bittet sie, euch abzuholen. Der nächtliche Weckanruf dürfte ihnen lieber sein, als dass ihr am darauffolgenden Montag unter der Überschrift »Disko-Unfall« in der Zeitung steht.

FÜHRERSCHEIN

Früher war er aus grauem oder rosafarbenem Papier, heute ist der «Lappen« eine Plastikkarte, die ins Portemonnaie passt.

Wer es eilig hatte mit dem Lappen, hat vielleicht an dem Modell «Begleitetes Fahren ab 17«, kurz BF17, teilgenommen. Es bedeutet: Man kann den Führerschein mit 17 erwerben, darf bis zur Volljährigkeit aber immer nur in Begleitung einer bestimmten Person fahren – einer Person, die erwachsen ist und, natürlich, einen Führerschein besitzt. Das Fahren ab 17 hilft, schon

TIPP
Viele Kfz-Haftpflichtversicherungen sind für ehemalige BF17-Teilnehmerinnen und -Teilnehmer günstiger. Wenn ihr mitgemacht habt, führt das beim Abschluss der Versicherung also an.

früh Fahrpraxis zu bekommen. »Mehr Sicherheit durch mehr Übung« lautet das Motto.

Ob nun mit 17 oder 18: Ihr wollt wahrscheinlich den Führerschein der Klasse B angehen. (16 Führerscheinklassen gibt es übrigens insgesamt.) Damit darf man Kraftfahrzeuge mit einem Gesamtgewicht von maximal 3,5 Tonnen und mit nicht mehr als acht Sitzplätzen (zusätzlich zum Fahrersitz) fahren. Auch kombiniert mit einem Anhänger bis 750 Kilogramm darf das Fahrzeug nicht schwerer als 3,5 Tonnen sein. Zu Deutsch: Die Führerscheinklasse B gilt für normale Pkw und Kleintransporter.

www.bf17.de (Infos zum »Begleiteten Fahren ab 17«)

Eine Fahrschule finden

Hier gilt wie so oft: Erst kommt der Preisvergleich. Und bei Fahrschulen muss man besonders genau hinschauen, denn eine Fahrschule, die extrem günstige Sonderfahrten anbietet (damit sind Übungsfahrten beispielsweise auf der Autobahn und in der Nacht gemeint), will vielleicht für die normalen Fahrstunden richtig viel Geld. Wie viele Stunden ihr – über die vorgeschriebene Anzahl von Fahrstunden hinaus – bis zur Prüfungsreife brauchen werdet, kann vorher niemand wissen. Der Gesamtpreis lässt sich also nur schätzen. Eine faire Fahrschule wird euch deshalb keinen kompletten Endpreis nennen können. Rechnen müsst ihr mit mindestens 2000 Euro. Fahrschulen sind übrigens dazu verpflichtet, ihre Tarife per Aushang bekanntzugeben; ein solcher Aushang ist also ein Indikator für eine seriöse Schule.

TIPP
Sehen die Schulungsfahrzeuge gepflegt aus? Ist die Fahrschule Mitglied im Fahrlehrerverband? Wie groß sind die Gruppen beim Theorieunterricht? Unter www.adac.de/verkehr/rund-um-den-fuehrerschein/erwerb/fahrschulfinder stellt der Verkehrsclub ADAC eine Checkliste für die Fahrschulsuche bereit.

Die Kosten für den Führerschein setzen sich zusammen aus den Gebühren für den Theoriekurs, das Lernmaterial, die Übungs- und Sonderfahrten, den Kosten für theoretische und praktische Prüfung, für den Sehtest, den Erste-Hilfe-Kurs und dem, was ihr am Ende noch für den Führerscheinantrag berappen müsst.

Fragt im Freundeskreis herum, wer mit welcher Fahrschule in eurer Nähe gute Erfahrungen gemacht hat. Und bestimmt könnt ihr eine unverbindliche »Schnupperstunde« vereinbaren, bevor ihr euch für eine Fahrschule entscheidet. In jedem Fall ist es wichtig, dass ihr bei der Festlegung der Termine für Theorie- und Praxisstunden ein Mitspracherecht habt. Nicht, dass ihr dann sämtliche Stunden versäumt, weil ihr zum Fußballtraining, zum Geigenunterricht oder zur Abi-Prüfung müsst.

Zwei Fahrschul-Suchportale:
www.fahrschule-123.de
www.clickclickdrive.de

KURZ & KNAPP

Sollte euer Fahrlehrer seine privaten Einkäufe ständig während eurer Fahrstunden erledigen, könnt ihr das guten Gewissens beanstanden. Zögert auch nicht, die Fahrschule um eine andere Lehrerin oder einen anderen Lehrer zu bitten, wenn ihr euch überhaupt nicht versteht, euch unwohl oder sogar unsicher fühlt. Die Fahrschule notfalls ganz zu wechseln ist auch kein Problem. Eure alte Fahrschule ist nämlich dazu verpflichtet, euch eine Bescheinigung über die bereits absolvierte Ausbildung auszustellen. Ihr könnt dann woanders nahtlos weitermachen.

Erste-Hilfe-Kurs und Sehtest

Den Führerschein könnt ihr erst beantragen, wenn ihr einen Erste-Hilfe-Kurs absolviert habt. Anbieter dieser Kurse, wie das Deutsche Rote Kreuz, der Malteser Hilfsdienst und der Arbeiter-Samariter-Bund, findet ihr im Internet. Auch eure Fahrschule wird euch darauf hinweisen und kann euch sagen, wann es in eurer Nähe den nächsten Lehrgang gibt. Die Kosten liegen zwischen 20 und 40 Euro.

Oft wird die Veranstaltung kompakt an einem Wochenende durchgeführt und sogar noch mit dem ebenfalls notwendigen

TIPP

Ihr tragt eine Brille oder Kontaktlinsen? In Optik-Geschäften sind die Sehtests für Bestandskunden oft gratis.

Sehtest verknüpft. Wenn nicht: Optik-Geschäfte, Augenärztinnen und -ärzte sind ebenfalls berechtigt, den Sehtest mit euch durchzuführen. Preis: zwischen zehn und 35 Euro.

Drei Anbieter von Erste-Hilfe-Kursen:
www.asb.de/unsere-angebote/erste-hilfe/erste-hilfe-kurse-fuehrerschein (Arbeiter-Samariter-Bund)
www.drk.de/hilfe-in-deutschland/kurse-im-ueberblick/rotkreuzkurs-erste-hilfe (Deutsches Rotes Kreuz)
www.malteser.de/kursangebote/fuehrerscheinkurse.html (Malteser Hilfsdienst)

Den Führerschein beantragen

Ihr könnt den Führerschein schon während der Fahrausbildung beantragen, jedoch frühestens fünf bis sechs Monate vor Erreichen des sogenannten Mindestalters (also 17, wenn ihr am »Begleiteten Fahren ab 17« teilnehmt, oder 18). Meist wird dieser Antrag sogar in der Fahrschule ausgefüllt und von dieser an die zuständige Fahrerlaubnisbehörde weitergeleitet. Die Behörde kann aber, so sie es wünscht, euer persönliches Erscheinen verlangen.

KURZ & KNAPP

Was ihr bei der Führerscheinanmeldung vorlegen müsst:
» Reisepass oder Personalausweis
» ein aktuelles biometrisches Passbild
» die Sehtestbescheinigung (nicht älter als zwei Jahre)
» Nachweis über die Teilnahme am Erste-Hilfe-Kurs
» eventuell bereits vorhandene Führerscheine anderer Klassen
» Geld für die Antragsgebühren (etwa 45 Euro)
» eine Bestätigung der Fahrschule, dass ihr euch in der Ausbildung befindet.

Ruckzuck zum Führerschein

Wenn ihr die Fahrerlaubnis möglichst schnell nach nur etwa einem Monat Unterricht erhalten wollt, bietet sich eine **Intensiv-**

ausbildung an. Dafür müsst ihr rund sechs Wochen vor Beginn des Unterrichts bei der zuständigen Fahrerlaubnisbehörde den Führerscheinantrag stellen. Die für eure Umgebung zuständige Behörde (mal ist es die Kfz-Zulassungsstelle, in anderen Orten das Bürgeramt) erfahrt ihr auf der Webseite eurer Gemeinde. Erst wenn euer Antrag bearbeitet und genehmigt wurde, dürft ihr die theoretische und praktische Prüfung ablegen. Eine teure Intensivausbildung nutzt also nichts, wenn ihr es verschlafen habt, den Antrag zu stellen; zur Prüfung zugelassen werdet ihr dann nämlich nicht.

> **TIPP**
> Wenn sich während des Intensivkurses herausstellt, dass die Ferien doch nicht reichen, kann man in der Regel problemlos verlängern und den gängigen Unterricht absolvieren.

Die Unterrichtstermine solltet ihr in diesem Fall besonders präzise mit der Fahrschule abstimmen, damit immer ein Fahrlehrer für euch da ist. Auch weisen Fahrschulen darauf hin, dass so ein »Crashkurs« mit erhöhten Anforderungen verbunden ist. Neigt ihr also zu Prüfungsangst und Panikattacken, lasst die Intensivausbildung lieber sein, nehmt euch mehr Zeit. Und: Mitten im Abi-Stress ist so ein Intensivkurs natürlich nicht zu empfehlen.

Theorie und Praxis

Habt ihr noch keinen Führerschein anderer Klassen, werdet ihr für den Pkw-Führerschein 14 Theoriestunden absolvieren müssen. Die praktischen Fahrstunden unterteilen sich in Grundausbildung, Sonderfahrten (fünf Fahrstunden à 45 Minuten auf der Landstraße, vier auf der Autobahn, drei bei Dunkelheit), Ausbildungsfahrten zur Vertiefung sowie die Vorbereitung auf die praktische Prüfung. Eure Fahrlehrerin wird gegen Ende hin immer öfter versuchen, die Prüfungssituation mit euch nachzustellen. Fühlt ihr euch weiterhin unsicher, nehmt lieber eine Übungsstunde mehr. Durch die Prüfung zu rasseln ist teurer als eine oder zwei weitere Fahrstunden.

Die Prüfungen

Macht euch nicht verrückt! Klar, kurz vorher bis in die frühen Morgenstunden zu feiern hat wahrscheinlich eher eine mangelnde

Konzentrationsfähigkeit zur Folge. Ansonsten aber solltet ihr den Prüfungstag möglichst normal angehen und vor allem nicht vergessen, etwas zu essen.

Die Theorieprüfung kann frühestens drei Monate vor Erreichen des 18. Geburtstags absolviert werden. Ausgehändigt bekommt man den Führerschein dann jedoch erst, wenn es wirklich so weit ist und ihr volljährig seid.

Bei aller Nervosität: Wenn ihr den Theorieprüfungsbogen vor euch habt, solltet ihr die Fragen konzentriert und langsam lesen. Sonst überseht ihr vielleicht ein wichtiges Detail und macht ein Kreuzchen an der falschen Stelle. Oft unterscheiden sich die Prüfungsfragen nur durch ein kurzes, aber entscheidendes Wort (z. B. »nicht«) von den Aufgaben auf den Übungsbögen. Lasst euch auf keinen Fall nervös machen, wenn ein anderer Prüfling den Bogen vor euch abgibt. Der absolviert die Prüfung vielleicht schon zum dritten Mal!

Die gefürchteten 45 Minuten der praktischen Prüfung laufen eigentlich genauso ab wie all eure Fahrstunden vorher. Nur dass eben hinten ein Prüfer sitzt. Jetzt bleibt nur zu hoffen, dass er euch nicht an die unübersichtliche Kreuzung führt oder die engste Parklücke der ganzen Stadt zum Rückwärtseinparken am Hang für euch aussucht. Viel Erfolg!

www.fuehrerscheintest-online.de/fuehrerscheintest-klasse-b
(zum Üben für die Theorieprüfung)

Bestanden?

Herzlichen Glückwunsch! Nun beginnt eure zweijährige **Probezeit**. Während dieser steht ihr unter besonderer Beobachtung. So gilt für euch beispielsweise die Null-Promille-Grenze, also ein absolutes Alkoholverbot. Wer sich ans Steuer setzt, obwohl er getrunken hat, muss zur Nachschulung und ein dickes Bußgeld zahlen. Manchmal wird auch die Probezeit verlängert oder die Fahrerlaubnis gleich ganz entzogen.

Durchgefallen?

Etwa 30 Prozent der Prüflinge fallen beim ersten Mal durch. Du bist also nicht allein. Im Straßenverkehr kommen immer wieder unbekannte und knifflige Situationen auf einen zu. Selbst die, die längst einen Führerschein haben, machen nicht immer alles richtig.

Also ärgert euch nicht allzu lange und versucht, dem Ganzen etwas Positives abzugewinnen: Immerhin wisst ihr jetzt, wie eine praktische Fahrprüfung abläuft. Beim nächsten Mal klappt's bestimmt!

»Mein Herz schlägt schneller, wenn ich in ein Auto steige.«

INTERVIEW MIT CARRIE SCHREINER

Carrie Schreiner ist eine der schnellsten Frauen im deutschen Motorsport. Schon als Kind fuhr die Saarländerin professionell Kart. 2012 gewann sie als erstes Mädchen das ADAC Kart Masters. Später sammelte sie Erfahrungen mit unterschiedlichen Fabrikaten und in verschiedenen Rennserien, sowohl im GT-Sport als auch in der TCR-Klasse und im Formelsport. Ihre Lieblingsstrecken: Dubai, Nürburgring, Silverstone. Parallel zu ihrer sportlichen Laufbahn hat Carrie eine Ausbildung zur Groß- und Außenhandelskauffrau absolviert.

Carrie, du bist schon mit neun Jahren professionell Kart gefahren. War es da überhaupt noch etwas Besonderes für dich, den Führerschein zu bekommen?

Auf jeden Fall. Vorher hatte ich am »Begleiteten Fahren ab 17« teilgenommen. Als ich dann den Führerschein besaß, konnte ich endlich allein unterwegs sein. Auf einmal war ich viel freier und flexibler.

Wie waren deine ersten Fahrstunden? Konntest du schon alles?
Mit dem Fahren an sich hatte ich keine Probleme. Aber ich musste natürlich lernen, sämtliche Schilder zu beachten. Der Straßenverkehr mit all seinen Kreuzungen und Ampeln und Schildern ist ja etwas ganz anderes als eine Rennstrecke.

Das Rückwärtseinparken war auch kein Problem?
Nein, nein.

Was reizt dich am Fahren?
Alles! Die Geschwindigkeit, der Sound, sogar der Benzingeruch. Mein Herz schlägt schneller, wenn ich in ein Auto steige.

Was für ein Auto fährst du denn privat?
Einen BMW M4.

Und was für eines wünschst du dir noch?
Ich bin mit dem BMW sehr zufrieden! Aber, wenn ich jetzt so darüber nachdenke: Ein Porsche GT3 RS wäre mein Traumauto.

Woher rührt deine Leidenschaft fürs Fahren?
Das war schon immer so. Schon als ich klein war, bin ich auf alles gestiegen, was Räder hatte. Mein Vater ist früher selbst Rennen gefahren; am Wochenende hat er mich immer mit auf die Rennstrecke genommen. Als ich in die Schule kam und mir einen Ranzen aussuchen durfte, konnte ich mit den Modellen in der Mädchenabteilung überhaupt nichts anfangen. Ich wollte einen mit Formel-1-Aufdruck.

Wie gehst du mit Vorurteilen à la »Frauen können nicht Auto fahren« um?
Ach, da stehe ich inzwischen drüber. Aber doofen Sprüchen begegne ich natürlich immer wieder. Erst neulich wollte ich mit meinem Freund im Urlaub ein Auto mieten. Der Vermieter meinte dann mit Blick auf das neueste Modell, das er dort stehen hatte: Dieses dürfe aber nur mein Freund fahren, es dürfe keinerlei Kratzer abbekommen …

DAS ERSTE AUTO

Ein Auto gilt als Symbol für Unabhängigkeit und Freiheit. Schnell an den See fahren, ohne dafür erst in der S-Bahn schwitzen zu müssen. Mit Freund oder Freundin mal eben ans Meer. Keine Einkäufe schleppen. Das alles geht mit einem eigenen Auto.

Doch Freiheit hin oder her: Im Alltag bringt so ein Auto auch eine ganze Menge Scherereien mit sich. Damit sind nicht nur rote Ampeln und der Stau auf der A3 gemeint, sondern vor allem der Behörden- und Versicherungswust, der auf euch zukommt. Zudem müsst ihr euch bewusst machen: Es gibt kaum etwas, das so schnell an Wert verliert wie ein Auto. Nach drei Jahren ist ein Neuwagen nur noch die Hälfte dessen wert, was er ursprünglich gekostet hat. Ein Auto ist also keine Geldanlage. Hohe Spritpreise, Versicherungen, Steuer, TÜV- und Reparaturkosten nagen ebenfalls am Portemonnaie – und der Schadstoffausstoß vielleicht an eurem ökologischen Gewissen.

> **TIPP**
> Neue Autos sind sicherer als alte. Vielleicht hilft dieses Argument ja dabei, euren Eltern einen Zuschuss zu einem Neuwagen aus dem Kreuz zu leiern …

Deshalb: Bevor ihr zum Autohändler geht, überlegt, ob ihr morgens nicht vielleicht doch auch mit Bus und Bahn zur Ausbildungsstätte kommt. Ob es unterm Strich nicht günstiger ist, für den Roadtrip ans Meer einen Mietwagen zu buchen. Und ob Carsharing eine Option wäre (mehr dazu erfahrt ihr auf Seite 92).

EINEN GEBRAUCHTWAGEN KAUFEN

Ihr wollt euch ein Auto kaufen? Dann soll es wahrscheinlich erst einmal ein Gebrauchtwagen sein, nicht wahr? Um keine totale Klapperkiste zu erwischen, gilt es, einige Dinge zu beachten und lieber einmal mehr nachzufragen und nachzuschauen als nötig.

Macht euch zunächst einmal Gedanken darüber, welche Anforderungen ihr an euer erstes Auto stellt. Überlegt euch außerdem genau, wie viel es kosten darf. Ihr spart viel Geld, wenn ihr euren Flitzer zuerst nach den **laufenden Kosten** (also Benzin- oder

Stromverbrauch, Steuerbetrag, Versicherung, Parkgebühren) und erst dann nach Modell, Farbe und Ausstattung aussucht. Und denkt dran: Euer Preislimit ist nicht zum Überschreiten da! Der Wagen wird euch im Laufe der Zeit noch genug Geld aus der Tasche ziehen. Schon allein die Kfz-Haftpflichtversicherung, die ihr abschließen müsst, kostet für Fahranfänger rund 1000 Euro im Jahr.

TIPP

Eine gute Informationsquelle ist der »TÜV-Report«, der jedes Jahr neu veröffentlicht wird. Darin sind die Stärken und Schwächen von rund 200 beliebten Fahrzeugtypen aufgeführt, und das auch noch nach Baujahren differenziert. So erfahrt ihr schnell, auf welche Schwachstellen ihr bei eurem Wunschauto achten müsst und welche Wagen als besonders sichere Gefährte gelten.

Für die Autosuche solltet ihr euch als Erstes in Autohäusern oder via Internet über das Fahrzeugangebot und die Preise informieren und eine Vorauswahl treffen. Autobörsen im Internet bieten auch Vordrucke für Kaufverträge zum Download an. **Gebrauchtwagenhändler** an der Ecke sind grundsätzlich mit Vorsicht zu genießen, aber durchaus nützlich, um ein Gespür für das Verhältnis zwischen Preisen und Fahrzeugzustand bzw. -alter zu bekommen.

KURZ & KNAPP

Wenn ihr einen Besichtigungstermin habt, nehmt am besten jemanden mit, der sich auskennt. Eine Checkliste aus dem Internet ist auch sehr nützlich. Autos von privaten Verkäufern sind oft preiswerter als im Autohaus. Dort wiederum lassen sich eventuell anfallende Reklamationen und Garantieansprüche professioneller regeln, und ihr findet auch später noch einen Ansprechpartner. **Folgende Punkte sind (spätestens) beim Besichtigungstermin zu klären:**

» Wann sind die nächste Hauptuntersuchung und die nächste Abgasuntersuchung fällig?
» Hat das Auto Unfallschäden? Gibt es dafür Reparaturbelege?
» Ist der angegebene Preis Verhandlungssache, oder steht er fest?
» Sind alle Dokumente wie das letzte TÜV-Protokoll, das Inspektions-Scheckheft oder Kundendienst- und Reparaturbelege vorhanden? Lasst sie euch zeigen!

» Wie hoch ist der Öl- und Spritverbrauch? Bei E-Autos: Nach wie vielen Kilometern muss der Wagen aufgeladen werden?
» Vereinbart einen Termin für eine Probefahrt, oder macht sie sofort!

Preisvergleich

Das Internet wird euch die größte Hilfe sein, wenn es darum geht, die realistische Preisspanne für ein Auto herauszufinden. Surft ein bisschen durch die bekanntesten Gebrauchtwagenbörsen. Natürlich werden die Preise für ein und dasselbe Modell schwanken, weil der individuelle Zustand und die Ausstattung des Wagens eine große Rolle spielen. Für einen groben Richtwert könnt ihr auf www.dat.de/gebrauchtfahrzeugwerte, www.wirkaufendeinauto.de oder www.pkw.de/auto-verkaufen einmal die Eckdaten des Autos, auf das ihr ein Auge geworfen habt, eingeben und sehen, wie viel eine Verkäuferin in etwa dafür verlangen kann.

Monatliche Kosten

Der Anschaffungspreis eines Autos ist auf Dauer der geringste Kostenfaktor. Rechnet euch einmal aus, welche monatlichen Kosten durch euer Wunschauto auf euch zukommen würden: Für die Höhe der Kfz-Steuer beispielsweise ist der Hubraum ausschlaggebend, für die Versicherung vor allem die PS-Zahl. Je mehr der Motor von beidem hat, desto mehr Sprit – und Geld – frisst er. Ein weniger leistungsstarkes, umweltschonenderes Auto wie ein Elektroauto ist langfristig erheblich kostengünstiger. Ein **Dieselfahrzeug** rentiert sich nur für Vielfahrende, die mindestens 20 000 Kilometer pro Jahr zurücklegen müssen.

Die technische Beurteilung

Wenn ihr Glück habt, kennt sich in eurem Bekanntenkreis jemand richtig gut mit Autos aus. Die- oder derjenige kann das »Wunschauto« untersuchen und beurteilen, ob es Schrott ist. Ansonsten bleibt euch die Möglichkeit des blinden Vertrauens (wovon zumindest bei einem teuren Wagen eher abzuraten ist) oder die, in einer Werkstatt oder Kfz-Prüfstelle einen **Zustandsbericht** anfertigen zu lassen. 65 Euro wird euch dieser mindestens kosten; es gibt auch noch deutlich teurere Varianten. Vielleicht beteiligt sich der Verkäufer ja, damit er das Auto loswird. An einem posi-

tiven Bericht dürfte schließlich auch er interessiert sein. Falls der Verkäufer eine solche Untersuchung ablehnt, auch wenn ihr sie selbst bezahlen würdet, ist das ein deutliches Zeichen. Ergreift die Flucht!
Übrigens: Der Verkäufer ist verpflichtet, euch auf sichtbare und ihm bekannte Mängel am Wagen hinzuweisen. Bemerkt ihr also bald nach dem Kauf einen auffälligen Schaden, auf den ihr nicht aufmerksam gemacht wurdet, könnt ihr reklamieren.

Wertgutachten

Eine Erweiterung des Zustandsberichts ist das sogenannte Wertgutachten. Hier wird der Wert des Fahrzeugs geschätzt. Doch inzwischen solltet ihr schon gut genug informiert sein, um Autopreise realistisch einschätzen zu können, sodass ihr darauf verzichten könnt. Ein Wertgutachten kostet nämlich bis zu 300 Euro.

Gebrauchtwagenbörsen:
www.mobile.de
www.autoscout24.de
www.ebay-kleinanzeigen.de
www.hey.car
www.juhu.auto
www.romoto.de
www.gebrauchtwagen.de

EINEN NEUWAGEN KAUFEN

Wenn ihr euch einen Neuwagen leisten könnt, entgeht ihr schon mal dem Risiko, dass euer Auto nach ein, zwei Monaten auseinanderfällt. Laut EU-Richtlinie aus dem Jahr 2002 muss der Händler bei Neuwagen nämlich zwei Jahre lang für Sachmängel haften (»**Sachmängelhaftung**«). Bei der Bestellung eines Autos müsstet ihr vom Händler auch die »**Neuwagenverkaufsbedingungen**« ausgehändigt bekommen. Diese wurden vom Zentralverband Deutsches Kraftfahrzeuggewerbe e. V., dem Verband der Automobilindustrie e. V. und dem Verband der Importeure von Kraftfahrzeugen herausgegeben. Lest sie euch durch; dann wisst ihr, welche Ansprüche ihr gegenüber dem Händler stellen könnt.

Entscheidet euch aber erst nach einer gründlichen Probefahrt mit dem Wunschauto-Typ! Für etwaige Unfallschäden an dem Vorführwagen müsst ihr übrigens nur dann aufkommen, wenn euch »grobe Fahrlässigkeit« oder gar »vorsätzliche Beschädigung« des Fahrzeugs nachgewiesen werden kann.

> **TIPP**
> Bei eurer Suche nach einem Neuwagen solltet ihr gezielt nach dem Stichwort »EU-Neuwagenhändler« Ausschau halten. Im Internet findet ihr heraus, wo in eurer Nähe sich solche befinden. Deren Autos sind meist deutlich billiger.

Apropos »Probefahrt«: Testet unbedingt auch ein **Elektroauto**. Ein solches ist in der Anschaffung zwar teurer. Dafür braucht man aber bei den laufenden Kosten nicht so tief ins Portemonnaie zu greifen: geringe Steuern, niedrigere Wartungskosten, kein Benzin. So kostet eine Betankung je nach Stromtarif und Verbrauch nur etwa vier Euro für 100 Kilometer Fahrt. Wer regelmäßig kurze Strecken (etwa in der Stadt) bewältigt oder längere Reisen gut vorbereitet, indem er die Ladezeiten an Stromtankstellen einplant, fährt also gut mit einem Elektroauto. Und die technischen Voraussetzungen werden sich in den nächsten Jahren weiter verbessern. Die reichweitenstärksten E-Autos schaffen schon jetzt über 700 Kilometer. Einen E-Kleinwagen wie den Opel Corsa-e muss man nach gut 300 Kilometern wieder aufladen.

Auch der Politik ist inzwischen daran gelegen, mehr umweltfreundliche Fahrzeuge auf die Straßen zu kriegen. Ab 2035 dürfen in der Europäischen Union deshalb keine neuen Benzin- und Diesel-Autos mehr zugelassen werden.

Preisvergleich

»Unverbindliche Preisempfehlung« – die gibt's auch bei Autos. Der gleiche Wagen kann also bei verschiedenen Händlern unterschiedlich viel kosten.

Mit dem Preisvergleich ist zwar immer ein Zeit- und Kostenaufwand verbunden, aber so lassen sich schnell ein paar Hunderter sparen. Fragt auch nach Rabatten – und nach **»Vorführwagen«**

oder Autos mit »**Tageszulassung**«! Interessant können auch ehemalige **Leasingautos** oder **Jahreswagen** sein, sofern Zustand und Preis stimmen. Viele Händler gewähren bei Barzahlung einen Rabatt. Einen gesetzlichen Rabattanspruch gibt es allerdings nicht. In jedem Fall habt ihr eine gute Verhandlungsposition, wenn ihr alles auf einen Schlag zahlen könnt.

Leasing ist für Privatfahrer wie euch uninteressant; das kommt vor allem für Unternehmen in Frage, die dadurch steuerliche Vorteile haben.

Kauf auf Pump: Viele Händler bieten zwar günstige Spezialkredite an, aber von einer Fremdfinanzierung solltet ihr die Finger lassen. Wahrscheinlich müsstet ihr im Endeffekt den vollen Preis ohne irgendwelche Rabatte zahlen. Ein Kredit bedeutet außerdem, dass ihr für lange Zeit dem Händler oder der Bank Geld schuldet. Vielleicht sogar länger, als das Auto überhaupt fährt. Dieses Risiko solltet ihr also nur im äußersten Notfall eingehen – wenn ihr den Wagen wirklich braucht und privat kein Geld aufzutreiben ist. Falls es trotzdem sein muss: Mit einem Bankkredit fahrt ihr wahrscheinlich günstiger als mit dem Händlerkredit. Denn dann könnt ihr das Auto gleich voll bezahlen und so einen niedrigeren Preis aushandeln.

> **TIPP**
> Die Stiftung Warentest nimmt die verschiedenen Finanzierungsmöglichkeiten regelmäßig unter die Lupe – wie in diesem Artikel, den ihr unter www.test.de/Autofinanzierung-Der-beste-Weg-fuer-Sie-4502536-0 (gegen eine kleine Gebühr) abrufen könnt.

Verbindlicher Kauf

Wenn ihr ein Auto gefunden habt und die Bestellung unterschreibt, dann gebt ihr eure verbindliche Zusage zum Kauf – und müsst zahlen. Also lieber eine Nacht länger drüber schlafen! Von dem Vertrag kommt ihr ohne finanzielle Einbußen nur los, wenn der Händler die Bestellung nicht innerhalb von vier Wochen schriftlich bestätigt oder den Wagen nicht liefern kann. Übrigens solltet ihr im Kaufvertrag einen konkreten Liefertermin festsetzen lassen. Einen unverbindlichen Termin kann der Händler nämlich – ohne dass sich irgendwelche Rechtsfolgen für ihn ergeben – um bis zu sechs Wochen überschreiten.

DIE KFZ-VERSICHERUNG

Um eine günstige Versicherung zu finden, bleibt leider mal wieder nur der Weg des Preisvergleichs. Zum Glück gibt's Tarifrechner im Internet oder Zeitschriften wie »Finanztest«, die euch verraten, welche Versicherung für euch am günstigsten ist. Der Tarif ergibt sich aus vielen Faktoren: Fahrzeugtyp, Motorstärke, Zahl der möglichen Fahrerinnen und Fahrer, üblicher Abstellplatz, überwiegende Nutzung des Autos. Ein Hauptfaktor ist die sogenannte **Schadenfreiheitsklasse**. Dahinter verbirgt sich ein Rabatt, der sich nach der Zahl der unfallfreien Jahre richtet. Viele ältere Fahrerinnen zahlen deshalb nur ein Drittel des Grundbetrags. Umgekehrt werden die Versicherungsbeiträge für euch als Fahranfängerinnen und -anfänger sehr hoch sein.

KURZ & KNAPP

Ein paar Möglichkeiten, um die Versicherungskosten zumindest ein bisschen zu drücken:

» Für Fahranfänger wie euch lohnt es sich, das Auto als Zweitwagen der Eltern anzumelden.

» Reine Online-Versicherungen sind billiger, weil eben alles online abgewickelt wird. Man hat also keine direkten Ansprechpartner, was normalerweise auch nicht nötig ist. Beispiele sind die HUK24 und die Allianz24. Auf den Internetseiten dieser und der meisten Anbieter könnt ihr durchrechnen, was euch der Versicherungsschutz für ein bestimmtes Auto kosten würde. Es gibt im Internet auch Tarifrechner, die den Vergleich der verschiedenen Angebote für euch übernehmen. Beschränkt eure Suche aber nie auf nur einen einzigen Rechner!

» Manche Versicherungen stufen euch günstiger ein, wenn schon jemand aus eurer Familie Kundin des Unternehmens ist.

» Auf überflüssige Teile der Versicherung könnt ihr verzichten: Eine Teilkaskoversicherung etwa (siehe Seite 89) – vor allem gegen Beschädigung und Diebstahl – ist bei einem alten Auto nicht sinnvoll.

Online-Tarifvergleiche:

www.check24.de

www.financescout24.de/versicherungen/autoversicherung

www.tarifcheck.de/kfz-versicherung

Kfz-Haftpflicht

Anders als die Kaskoversicherung ist die Kfz-Haftpflichtversicherung für jede Halterin und jeden Halter eines Fahrzeugs **obligatorisch**. Habt ihr keine, ist das strafbar. Damit soll sichergestellt werden, dass von euch verursachte Sach- oder Personenschäden in jedem Fall bis zur Höhe der im Vertrag vereinbarten Versicherungssumme bezahlt werden. Von eurem Ausbildungsgehalt werdet ihr nämlich nicht in der Lage sein, jemandem sämtliche Klinik- und Reha-Kosten nach einem von euch verursachten Autounfall zu erstatten. Das sind oft beträchtliche Summen; schnell geht es in die Hunderttausende. Diesen Teil, die Haftpflicht also, muss eure Kfz-Versicherung unbedingt abdecken.

Teilkaskoversicherung

Die Kfz-Teilkaskoversicherung ist, wie die Vollkaskoversicherung, freiwillig. Sie leistet Erstattung bei Schäden durch:

- Diebstahl und Raub
- Brand, Blitz und Explosion
- Sturm, Hagel und Überschwemmung
- Marderbisse und Unfall durch Haarwild (auch Pferde, Rinder usw.)
- Kabelschäden durch Kurzschluss sowie
- Glasbruch

Vollkaskoversicherung

Diese Versicherung dient dem Schutz des Fahrzeugwerts und lohnt sich nur bei Neuwagen oder besonders wertvollen Autos. Die Vollkasko ersetzt Schäden am eigenen Fahrzeug, egal ob man den Unfall selbst verschuldet hat oder nicht. Außerdem haftet sie bei:

- Schäden durch unbefugten Gebrauch des Autos durch Dritte, mut- und böswillige Handlungen Fremder (zum Beispiel Kratzer)
- allen Teilkasko-Schäden

Bei der Teil- und der Vollkaskoversicherung lassen sich die Beiträge durch eine höhere **Selbstbeteiligung** senken. Das ist der Anteil, den ihr bei einem Schaden selbst zu bezahlen bereit seid.

TIPP

Bei Kfz-Versicherungen gilt eine verkürzte Kündigungsfrist von vier Wochen. Nahezu alle Verträge haben den 1. Januar als Tag des Versicherungsbeginns und sind so bis spätestens 30. November kündbar. Stichtag! Im November locken deshalb viele Versicherungen mit günstigeren Konditionen, damit man zu ihnen wechselt. Also gebt eure Daten jährlich Anfang November bei den verschiedenen Online-Tarifrechnern ein. Bei einem Wechsel könnt ihr vielleicht 100 Euro sparen.

Die meisten Versicherungsanbieter wollen Pakete mit weiteren Leistungen wie einem Kfz-Rechtsschutz verkaufen. Ein Kfz-Rechtsschutz ist zum Schutz vor hohen Prozesskosten zwar prinzipiell sinnvoll. Ihr müsst aber selbst entscheiden, welchen Schutz ihr jeweils für notwendig erachtet – und bezahlen wollt und könnt.

Ab Seite 199 erfahrt ihr, welche weiteren Versicherungen ihr in Zukunft brauchen werdet.

Kündigungsvordrucke gibt's im Internet, ihr könnt sie aber auch selbst schreiben. Verschickt die Kündigung unbedingt per Einschreiben. Das ist zwar etwas teurer, aber so habt ihr die Gewissheit, dass die Kündigung auch angekommen ist. Nicht, dass die Versicherung irgendwann behauptet, nie eine Kündigung erhalten zu haben. Bei wichtigen Schreiben empfiehlt sich der Versand per Einschreiben übrigens immer.

DAS AUTO ANMELDEN

TIPP

Ihr fahrt nur im Sommer? Und für die übrige Zeit des Jahres habt ihr ein trockenes Plätzchen für euer Gefährt in Mamas Garage? Um Geld zu sparen, könnt ihr euer Auto oder Motorrad auch nur für die warmen Monate zulassen. Dann bekommt ihr ein Saisonkennzeichen, auf dem die Gültigkeitsdauer vermerkt ist. Das kann sich wirklich lohnen!

Das mit der Versicherung ist geklärt? Nun müsst ihr euer Auto bei der Kfz-Zulassungsstelle anmelden. Wie viel euch die Steuer pro Jahr kostet, hängt ab von Art und Hubraum des Motors. Übrigens: Wenn ihr später in eine andere Stadt zieht und dort länger als drei Monate bleiben werdet, müsst ihr nicht nur euch selbst (siehe Seite 31), sondern auch euren Wagen dort anmelden.

Was ihr zur Zulassung mitbringen müsst:

» Zulassungsbescheinigung bzw. Fahrzeugbrief und Fahrzeugschein
» Bescheinigung der letzten Abgasuntersuchung
» Bescheinigung der letzten TÜV-Untersuchung
» Deckungskarte eurer Kfz-Versicherung
» Personalausweis oder Reisepass
» die bis dato gültigen Kennzeichen
» Geld für die Gebühren und das Stanzen der neuen Kennzeichen
» Geduld, wie bei Behörden üblich.

KURZ & KNAPP

PANNENHILFE

Ein eigenes Auto – und das Geldausgeben hört nicht auf. Für den Fall, dass plötzlich die Batterie streikt, während ihr im Winter *in the middle of nowhere* steht, solltet ihr Mitglied eines Pannen- und Unfallhilfediensts werden. Das gilt, sofern solche Leistungen nicht bereits durch eure Kfz-Versicherung abgedeckt sind.

Achtet genau darauf, wie lange der Startbeitrag gilt. Es gibt Fälle, in denen sich der Preis nach dem ersten Jahr oder ab einem bestimmten Alter verdoppelt. Prüft das also rechtzeitig, damit ihr noch vor Beginn der meist dreimonatigen Kündigungsfrist austreten und wechseln könnt.

TIPP

Führend in Deutschland ist der ADAC, der Fahrneulinge mit Starterpreisen (Stichwort: »young driver-Mitgliedschaft«) um die 30 Euro im Jahr lockt. Es kann sich aber auch lohnen, einen Blick auf andere Anbieter wie den ACE (Auto Club Europa) oder den BAVC (Bruderhilfe e. V. Automobil- und Verkehrssicherheitsclub) zu werfen. Ist jemand in eurem Verwandten- oder Bekanntenkreis Mitglied, dann lasst euch von ihm »werben«; das gibt meist eine Prämie.

Drei Pannendienste:
www.adac.de/mitgliedschaft/young-generation (ADAC)
www.ace.de/tarife/ace-junge-leute (ACE)
www.bavc-automobilclub.de/de/mobilschutz/tarife (BAVC)

KURZ & KNAPP

Bei einem Unfall, bei dem niemand verletzt wurde, ist Folgendes zu tun:

» Ruhe bewahren, auch wenn das leichter gesagt als getan ist.

» Unfallstelle sichern: Warnblinker einschalten und das Warndreieck aufstellen.

» Bei einem Unfall mit größeren Sachschäden sofort die Polizei (110) oder Rettungsleitstelle (112) benachrichtigen.

» Kratzer am Lack? Versucht, die Lage direkt am Unfallort zu klären. Bei geringen Schäden erscheint die Polizei oft nicht am Unfallort.

» Notiert euch unbedingt die Daten aller Unfallbeteiligten und Zeugen. Unverzichtbar sind: Name, Adresse, Telefon, Kennzeichen, Versicherung des Fahrzeughalters. Lasst euch auch unbedingt den Personalausweis zeigen!

» Markiert und fotografiert die Unfallstelle aus verschiedenen Winkeln. Eine Skizze anzufertigen ist ebenfalls empfehlenswert.

» Gebt vor Ort keine Schuldeingeständnisse ab.

» Ist die andere Unfallbeteiligte schuld, müsst ihr deren Versicherung anrufen, um eure Ansprüche anzumelden. Bringt euren Wagen dann in die nächstgelegene Werkstatt und fordert sie auf, den Unfallschaden zu begutachten.

» Ihr habt ein parkendes Auto beschädigt? Jetzt auf keinen Fall abhauen; das gilt als Fahrerflucht. Ihr seid nun verpflichtet, 30 Minuten lang auf die Besitzerin zu warten. Taucht sie nicht auf, müsst ihr die Polizei informieren.

CARSHARING

Abgeschreckt von all den Kosten, die ein eigener Wagen verursachen würde? Und, wenn ihr ehrlich seid: So oft bräuchtet ihr ihn eigentlich gar nicht? Gleichzeitig wollt ihr aber nicht immer auf einen Bus warten müssen? Dann könnte Carsharing das Richtige für euch sein. Das Prinzip: Ihr besitzt kein eigenes Auto, könnt euch aber per App oder Website bei dem von euch gewählten Anbieter eines reservieren und zahlt hinterher für die Fahrt, je nach Dauer eurer Nutzung und der zurückgelegten Kilometerzahl.

Insbesondere in Großstädten und Ballungsgebieten wurde das Angebot in den letzten Jahren stark ausgebaut, sodass man an vielen Ecken auf eines der Mietautos zugreifen kann. Die Vorteile: Vom Versicherungs- und Instandhaltungskram bleibt ihr verschont. Ihr müsst keine Winterreifen wechseln und auch nicht alle zwei Jahre zum TÜV damit.

Für wen sich Carsharing lohnt:

» Für Leute, die nicht täglich mit dem Auto fahren müssen.
» Für Leute, die weniger als 10 000 Kilometer im Jahr (rund 27 Kilometer pro Tag) mit dem Auto zurücklegen.
» Für Leute, die zusätzlich auch Bus, Bahn und das Fahrrad benutzen.

Einige Carsharing-Anbieter:

www.stadtmobil.de
www.cambio-carsharing.de
www.teilauto.net
www.book-n-drive.de (Rhein-Main-Gebiet)
www.flinkster.de
www.share-now.com

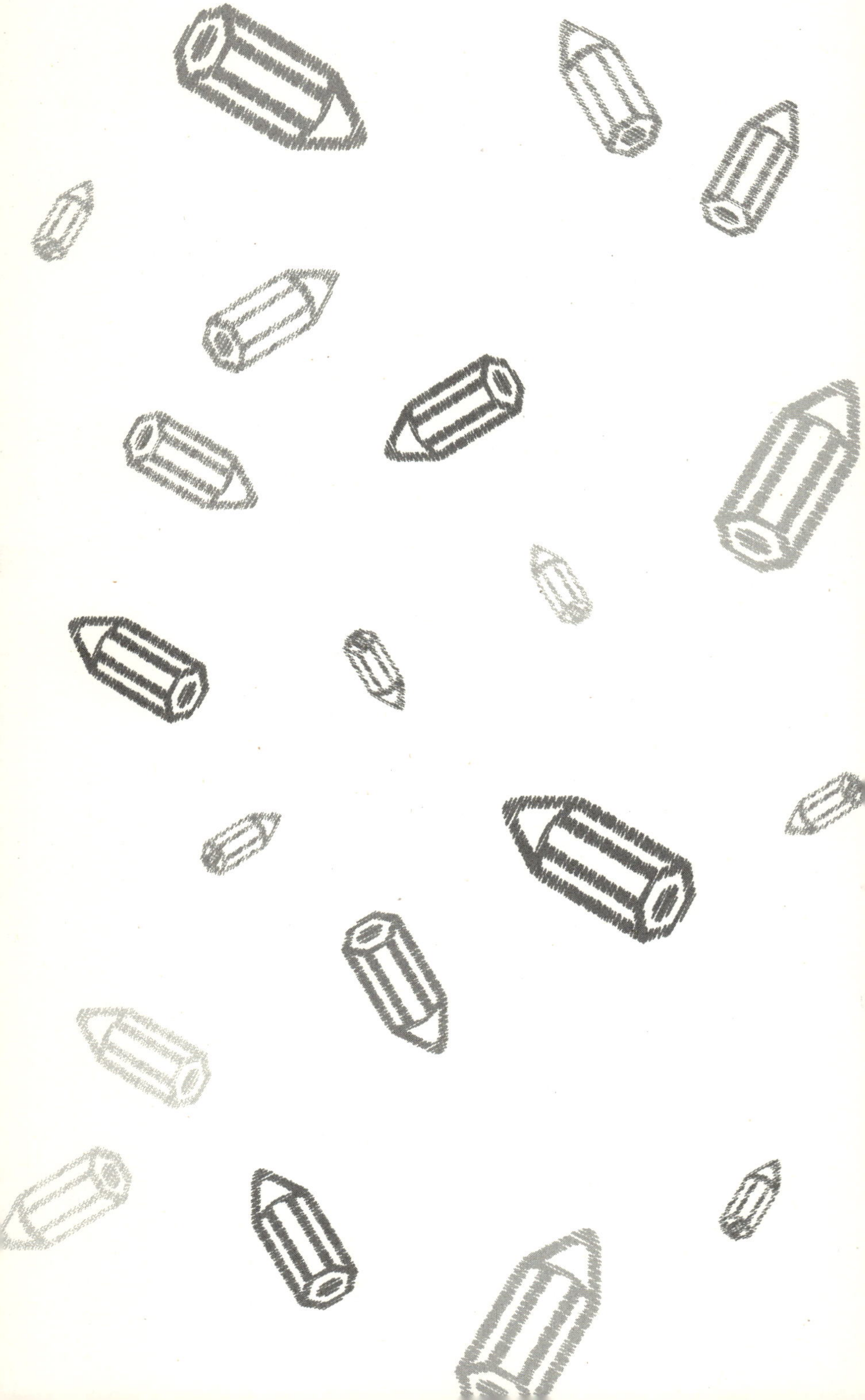

TEIL 2

SCHULE VORBEI – UND JETZT?

Kapitel 1

Pause vom Lernen

Ihr habt jahrelang in der Schule gebüffelt, und jetzt steht euch nicht der Sinn danach, gleich weiterzupauken? Vielleicht braucht ihr auch noch ein bisschen Zeit, euch für eine Ausbildung oder ein Studium zu entscheiden? Dann gönnt euch doch eine Pause vom Lernen. Im Folgenden findet ihr ein paar Möglichkeiten, die Zeit zu nutzen.

PRAKTIKA

Wenn ihr euch über eure berufliche Zukunft noch nicht im Klaren seid, macht doch ein paar Praktika hintereinander. So könnt ihr in verschiedene Branchen und Unternehmen hineinschnuppern und sehen, was euch gefällt. Vergesst nicht, euch hinterher ein Zeugnis und eine Bestätigung ausstellen zu lassen. Unter Umständen könnt ihr die Praktika später sogar bei einem Studium anrechnen lassen. Reich werdet ihr mit Praktika allerdings nicht; manchmal wird gar nichts gezahlt, manchmal ein kleines Taschengeld.

Es gibt Praktikumsbörsen, in denen ihr nach einer Stelle suchen könnt. Oder ihr schreibt ein Unternehmen, eine Institution oder eine Organisation, die euch interessiert, direkt an. »Proaktiv« nennt man das.

Ein paar Praktikumsbörsen:
www.praktikum.info
www.meinpraktikum.de
www.praktika.de
www.karriere.unicum.de/praktikum
www.studentjob.de/praktikum

BUNDESWEHR

Früher mussten die Jungs zur Bundeswehr oder zum Zivildienst. Derzeit besteht diese Pflicht nicht. Wer möchte, kann aber – egal, ob Mann oder Frau – einen **Freiwilligen Wehrdienst** (FWD) bei der Bundeswehr leisten. Dieser dauert zwischen 7 und 23 Monaten und wird entlohnt: In den untersten Dienstgraden gibt's 1500

Euro monatlich, später als Gefreiter dann 1550 Euro, als Obergefreiter 1650 Euro und als Hauptgefreiter 1900 Euro.

Voraussetzungen für den FWD:
» Ein Mindestalter von 17 Jahren
» Erfüllung der sogenannten Vollzeitschulpflicht von neun oder zehn Jahren
» Besitz der deutschen Staatsbürgerschaft
» Die Bereitschaft, sich bundesweit versetzen zu lassen
» Die Bereitschaft, ab einer Verpflichtungszeit von mehr als zwölf Monaten an Auslandseinsätzen der Bundeswehr teilzunehmen.

www.bundeswehrkarriere.de/fwdl/140950

FREIWILLIGENDIENSTE

Wollt ihr euch im sozialen, ökologischen oder kulturellen Bereich engagieren, so ist der **Bundesfreiwilligendienst** (BFD) vielleicht etwas für euch. Dieser dauert in der Regel 6 bis 18 Monate und kann an verschiedenen Stellen geleistet werden, etwa in Krankenhäusern, Kinderheimen, Jugendeinrichtungen, Sportvereinen oder Museen. Ihr erhaltet ein Taschengeld von maximal 423 Euro im Monat (Stand: 2022), für Versicherungsbeiträge kommt eure Einsatzstelle auf. Die Palette an Arbeitsfeldern ist breit, und in jedem Fall könnt ihr euch sicher sein: Ihr tut etwas Gutes. Ohne das Engagement von Freiwilligen würde vieles in unserer Gesellschaft nicht funktionieren.

Alternativ könntet ihr auch ein **Freiwilliges Soziales Jahr** oder **Freiwilliges Ökologisches Jahr** machen, was übrigens auch im Ausland möglich ist (mehr dazu ab Seite 45).

Freiwilligendienste:
www.bundesfreiwilligendienst.de
https://foej.de
https://pro-fsj.de

Informationsportal:
www.arbeitsagentur.de/bildung/zwischenzeit/freiwilligendienst-leisten

JOBBEN

Wenn ihr noch nicht sicher seid, ob ihr studieren oder eine Ausbildung machen wollt, könnt ihr auch erst einmal eine Weile »nur« jobben, bis ihr wisst, wie es weitergehen soll. Nach eurem 18. Geburtstag gilt das **Jugendarbeitsschutzgesetz** für euch nicht mehr. Alle arbeitsrechtlichen Einschränkungen, die bis dahin galten, fallen nun weg: Ihr könnt jetzt länger als 40 Stunden pro Woche arbeiten und auch Wochenend-, Schicht- und Akkordarbeit nachgehen. Sofern ihr das wollt.

Kapitel 2

Ausbildung

Irgendwie ist Schule doch der Inbegriff von Gängelung. Wer Pech hat, muss jeden Morgen um halb sieben raus und hat dann noch eine Stunde Weges in winterlicher Kälte vor sich; die Augen brennen vor Müdigkeit. Wer Glück hat, wohnt gleich neben der Schule – was aber auch nichts daran ändert, dass man sich mit Fächern herumschlagen muss, die einen nicht interessieren, und dass es da so ein paar Lehrerinnen gibt, die ... naja, lassen wir das.

Etwas Positives gibt es aber: Ihr seid jetzt 18. Das heißt, ihr dürft eure Noten selbst unterschreiben. Den leidigen Leistungsdiskussionen mit den Eltern könnt ihr also (ein bisschen) aus dem Weg gehen. Auch Entschuldigungen muss euch kein Erziehungsberechtigter mehr ausstellen: Die dürft ihr ab 18 selbst schreiben. Irgendwie reicht's jetzt aber trotzdem mit dem Laden, oder?! Doch so groß die Freude über das bevorstehende »Raus aus der Schule« auch sein mag – immer schwingt ein wenig Furcht mit, wenn ein Lebensabschnitt zu Ende geht. Womöglich verstreuen sich eure Freunde bald in entlegene Ecken und Gegenden, und ihr seht euch nicht mehr einfach so jeden Tag. Und nicht zuletzt hatte der geregelte Schulalltag ja auch den Vorteil, dass man sich keine Gedanken darüber machen musste, was man eigentlich will. Das ist jetzt vorbei. Von nun an bestimmt ihr selbst, wie es mit euch weitergehen soll.

BERUFSWAHL

Wer sein Abitur mit passabler Note gemacht hat, zieht eine Ausbildung oftmals gar nicht in Erwägung. Das Studium erscheint vielen als die einzige Möglichkeit, beruflich weiterzukommen. Warum eigentlich? Gerade Abiturientinnen und Abiturienten haben gute Chancen, schnell einen Ausbildungsplatz zu ergattern. Klare Strukturen, überschaubarer Zeitaufwand, viel Praxis und ein eindeutiger Berufsweg – das sind die Gründe, warum es sich für alle lohnen kann, einmal einen genauen Blick auf Ausbildungsberufe zu werfen. Zumal in vielen, gerade handwerklichen, technischen und sozialen Berufen großer Mangel an Fachkräften herrscht. Das Pendeln zwischen Schule und Arbeiten im Betrieb bietet außerdem Abwechslung. Für viele ist der geregelte Ablauf innerhalb einer Ausbildung genau das Richtige, denn an den Hochschulen mit ihren vielen Wahlmöglichkeiten kann man sich schnell verlieren in all der Freiheit. Und: Nicht wenige stehen nach ihrem Uni-Abschluss erst mal da und fragen sich: Was will ich damit denn jetzt eigentlich machen? Am Ende einer Ausbildung hingegen hat man einen Beruf erlernt; man hat sozusagen schriftlich, was man kann, was man ist.

Die Ausbildungsmöglichkeiten sind vielfältig. Sie reichen von der traditionellen Bäckerlehre über die moderne »Mediengestalterin in Bild und Ton« oder die »Kauffrau im E-Commerce« bis hin zu ausgefalleneren Berufen wie dem »Geigenbauer«.

Bei der Berufswahl handelt es sich um eine der wichtigsten Entscheidungen eures Lebens. Glück hat, wer schon während seiner Schulzeit spürte, was ihm liegt und was er einmal machen möchte. Habt ihr immer gern »gehandwerkelt« und schon das eine oder andere Regal gebaut, dann wisst ihr, dass ihr euch beispielsweise um einen Ausbildungsplatz als Tischlerin bewerben könntet.

Sticht bei euch die Begabung nicht gleich hervor, dann müsst ihr euch auf die Suche begeben – auf die Suche nach den eigenen Talenten. Am besten geht das, indem ihr euch einige Fragen stellt und die Antworten notiert. Lasst den Zettel ruhig einige Tage lang auf eurem Nachttisch liegen, und lest immer mal wieder drüber, um zu sehen, ob ihr nach wie vor derselben Meinung seid. So könnt ihr schon einmal eingrenzen, welche Fähigkeiten ihr habt. Wichtig: Ihr solltet auch Freundinnen, Freunde und eure Familie in eure Überlegungen einbeziehen. Die werden euch schnell sagen, ob sie eurer Selbsteinschätzung zustimmen. Oft ist es übrigens so: Was einem Spaß macht, das kann man auch gut.

Folgende Fragen könntet ihr euch stellen – und ehrlich beantworten:

» In welchen Fächern bin ich besonders gut?
» Welche Hobbys habe ich?
» Bin ich handwerklich geschickt? Oder eher naturwissenschaftlich, technisch oder geisteswissenschaftlich interessiert und begabt?
» Kann ich gut rechnen?
» Bin ich ein kreativer, künstlerisch veranlagter Mensch?

» Wie gut sind meine Computerkenntnisse?
» Wie steht es um meine Fremdsprachenkenntnisse?
» Kann ich gut organisieren? Besitze ich einen ausgeprägten Ordnungssinn?
» Arbeite ich lieber allein, oder brauche ich den Umgang mit Menschen?
» Gibt es gesundheitliche Beeinträchtigungen? (Wer unter Neurodermitis leidet, sollte beispielsweise nicht Friseurin werden, weil man da – etwa beim Haarefärben – ständig Kontakt mit Chemikalien hat.)

Wenn ihr eure Stärken und Schwächen einigermaßen realistisch herausgefunden habt, solltet ihr euch überlegen, welche Erwartungen ihr an euren künftigen Beruf stellt. Lärm macht euch nervös? Dann ist der des Kleinkinderziehers wohl eher kein Job für euch. Welche eurer Wünsche sollte der Job auf jeden Fall erfüllen? Wollt ihr lieber im Freien mit viel Bewegung oder sitzend im Büro arbeiten? Wollt ihr viel verdienen? Sind geregelte Arbeitszeiten wichtig? Fragen über Fragen.

Vielleicht kommt euch ja allmählich schon in den Sinn, wohin ihr euch orientieren möchtet. Falls ihr aber weitere Orientierungshilfe braucht, seid ihr mit diesen Überlegungen bestens vorbereitet für ein Beratungsgespräch. Dafür gibt's das Berufsinformationszentrum (kurz: BiZ) bei der Bundesagentur für Arbeit. Vereinbart dort einen Termin mit einer Berufsberaterin oder einem -berater. Ihr werdet schnell merken, ob die- oder derjenige euer »Fall« ist. Oft stößt man auf eher verknöcherte Damen und Herren hinter dem Bildschirm, manchmal hat man aber auch Glück. Einen Besuch ist das BiZ jetzt, wo die Initiative von euch ausgeht, auf jeden Fall wert, zumal ihr dort auch zahlreiche Broschüren über verschiedene Berufe mitnehmen könnt. Vielleicht stoßt ihr sogar auf ein Berufsbild, das ihr noch gar nicht kanntet. Jedes Jahr wird die Liste der staatlich anerkannten Ausbildungswege länger. So gibt es seit 2014 beispielsweise den Beruf

TIPP

Die Seite berufenet.arbeitsagentur.de/berufe von der Arbeitsagentur ist zwar nicht die hübscheste, bietet aber eine ausführliche Auflistung aller Berufe. Besonders hilfreich: Man kann zunächst nach Tätigkeitsfeldern suchen und sich dann anzeigen lassen, welche Berufe es in diesem Bereich gibt. Einfach mal stöbern!

der »Fachkraft für Speiseeis« und seit 2021 den des »Brauers und Mälzers«. Klingt beides lecker!

Kontaktdaten von Unternehmen eurer Wunschbranche gibt es nicht nur im Internet, sondern ebenfalls bei der Arbeitsagentur. Am besten, ihr fragt schon während des Beratungsgesprächs danach.

Begrenzt eure Suche nach einem Ausbildungsunternehmen, wenn möglich, nicht nur auf euren Heimatort. Die Bereitschaft zum Umzug kann die Chance auf einen Ausbildungsplatz entscheidend erhöhen.

www.bmwk.de/SiteGlobals/BMWI/Forms/Listen/Berufsbilder/Berufsbilder_Formular.html
(Übersicht aller Ausbildungsberufe samt Infos zu Voraussetzungen)

Öfter mal was Neues

In wohlhabenden Ländern wie Deutschland steigt die Lebenserwartung Jahr für Jahr. Wer um 2000 herum geboren wurde, hat gute Chancen, 100 Jahre alt zu werden. Ihr habt also wahrscheinlich sehr viele Jahre vor euch. Für eure Berufswahl sollte das heißen: Natürlich ist die Entscheidung für eine bestimmte Branche eine gewichtige. Aber ihr dürft euch auch umorientieren, wenn ihr merkt, dass es nicht passt oder ihr etwas Neues ausprobieren wollt. Betrachtet einen bisher eingeschlagenen Weg nie als »Fehler«, sondern als »Erfahrung«. Eine Veränderung anzugehen ist immer besser, als jahrzehntelang in einer Situation zu verharren, die euch nicht guttut. Wer sich selbst um einen Wechsel bemüht, hält die Zügel wieder in der Hand – und schon das hilft, sich nicht länger ausgeliefert zu fühlen.

TIPP

Junge Menschen zwischen Start-up und Burn-out: Die Comic-Zeichnerin Aisha Franz nimmt in einer Graphic Novel die moderne Arbeitswelt aufs Korn. »Work-Life-Balance« heißt das Werk; es ist im Reprodukt Verlag erschienen. Reinschauen!

Der US-amerikanische Wissenschaftler James W. Vaupel erforscht die steigende Lebenserwartung der Menschen und die daraus resultierenden gesellschaftlichen Folgen. Inzwischen ist Vaupel schon fast 80. Auf die Frage, wie *er* sein Leben angehen würde, wenn er jetzt 20 wäre, sagte er in einem Interview mit der »Neuen Zürcher Zeitung«: »Ich würde mich darauf einstellen, im Laufe des Lebens mehrere Berufe auszuüben, immer wieder einmal Phasen der Ausbildung einzuschieben, in denen ich die Weichen neu stellen muss. Das wäre verlockend, weil mich vieles interessiert.«

www.nzz.ch/gesellschaft/im-zeitalter-der-hundertjaehrigen-muessen-wir-lebenslaeufe-neu-denken-ld.1646537

© Andreas Hornoff

»Es ist toll, bei der Arbeit mit Freunden abzuhängen.«

INTERVIEW MIT MARCUS WIEBUSCH

Was tun, wenn man eine CD produziert hat und keine Plattenfirma findet, die sie auf den Markt bringen will? Für Marcus Wiebusch, Sänger der Band Kettcar, war klar: Wir machen das jetzt einfach selbst. Zusammen mit Freunden hat er ein eigenes Plattenlabel gegründet. Schon bald darauf galt »Grand Hotel van Cleef« als Top-Adresse für alternativen Gitarren-Pop. Für Marcus Wiebusch ist der Traumberuf »Musiker« also kein Traum geblieben, sondern wahr geworden.

Marcus, das war ganz schön mutig, einfach so ein Plattenlabel zu gründen. Hattet ihr nie Angst, dass es in die Hose gehen könnte?
Klar hatten wir Angst. Wir haben Budget-Pläne gemacht und überlegt: Wenn das schiefgeht, sind wir alle auf Jahre verschuldet. Dann hätten wir zehn Jahre nicht in den Urlaub fahren können. Wir haben dabei schon viel riskiert.

Was wolltest du mit 18 werden?
Mit 18 hatte mich die Musik schon gepackt. Davor wollte ich Anwalt werden. Den Gedanken habe ich zum Glück schnell verworfen. Nach dem Abi habe ich dann Erziehungswissenschaften studiert. Das Studium war mir aber vollkommen egal, die Musik war mir wichtig. Abgeschlossen habe ich es eigentlich nur, um meiner Mutter zu beweisen, dass ich das kann.

Kannst du den Schritt in die Selbstständigkeit empfehlen?
Man muss schon aus einem bestimmten Holz geschnitzt sein, um das zu machen. Wir wollten Musik anders herausbringen, eine Alternative anbieten – auch wenn die Musikbranche ein reines Blutbad ist. Wir sind dabei sehr frei, das kann ich jedem empfehlen. Außerdem ist es toll, bei der Arbeit mit Freunden abzuhängen.

Bist du Musiker geworden, um nicht erwachsen zu werden?
Irgendwie schon, ja. Mein Studium und die Musik, das war die Verlängerung der Jugend mit anderen Mitteln. Als Musiker auf Tour führt man ja ein Hundeleben, einfach so von der Hand in den Mund, entbehrungsreich und jugendlich. Jetzt habe ich meine Miete und den vollen Kühlschrank sicher. Früher war das anders.

FRAUEN IM JOB

Berufstätige Frauen in Deutschland verdienen pro Stunde im Durchschnitt 18 Prozent weniger als Männer. Dieses Phänomen wird als **»Gender Pay Gap«** bezeichnet. Einige Gründe für den geringeren Lohn: Frauen gehen häufiger in Branchen, die mies bezahlt sind (der soziale Bereich etwa), sie arbeiten öfter Teilzeit, und sie sind seltener in Führungspositionen. Mitunter verhandeln sie auch schlechter und müssen dann irgendwann erfahren, dass der Kollege am Schreibtisch gegenüber mehr Geld bekommt, obwohl er die gleiche Arbeit macht.

TIPP

Einmal jährlich findet der sogenannte Girls' Day statt. Es handelt sich dabei um eine Art »Tag der offenen Tür für Mädchen«. Er soll mehr Frauen in Labors und Werkstätten locken und ihnen so die Unsicherheit gegenüber »Männerdomänen« nehmen. Viele Unternehmen machen inzwischen mit und stellen die bei ihnen praktizierten Berufe gezielt für Mädchen und Frauen vor. Unter www.girls-day.de findet ihr heraus, wann der nächste Termin ist und welche Betriebe daran teilnehmen.

Die Wirtschaft ringt derzeit um Frauen. Die Politik arbeitet stramm am Ausbau von Kindertagesstätten, damit mehr Mütter im Beruf bleiben. Und es gibt das »Elterngeld«, das es auch den Vätern ermöglicht, eine Weile zu Hause beim Baby zu bleiben (und zu merken, wie schön und wie anstrengend das ist). Dieses gesellschaftliche Klima gilt es zu nutzen! Die Frauen unter euch sollten nicht darauf warten, vom Chef entdeckt zu werden, sondern es klar sagen, wenn sie eine Beförderung anstreben. Auch wer erfährt, dass ein gleichrangiger Kollege mehr Lohn kriegt, kann das beanstanden und nachverhandeln.

Und noch ein Gedanke: Mitunter verzichten Frauen schon in jungen Jahren auf den nächsten Karriereschritt, weil sie später einmal Kinder haben wollen. Sheryl Sandberg, ehemalige Managerin beim Tech-Konzern Meta Platforms und Autorin des Buchs »Lean In: Frauen und der Wille zum Erfolg«, legt Frauen dringend ans Herz, sich erst dann, wenn sie auch tatsächlich schwanger sind, Gedanken über die Koordination von Berufs- und Familienalltag zu machen – und den Partner in die Pflicht zu nehmen: Dessen Job ist schließlich nicht wichtiger als eurer.

www.ted.com/talks/sheryl_sandberg_why_we_have_too_few_women_leaders?language=de (sehenswerter 15-minütiger Vortrag von Sheryl Sandberg: »Warum wir zu wenige weibliche Führungskräfte haben«)

Sexuelle Belästigung

»Jedes Mal, wenn ich dich sehe, lasse ich Sachen fallen, weil das Blut aus meinen Armen ganz schnell woandershin muss.« Die Wochenzeitung »Die Zeit« hat ihre Leserinnen einmal dazu aufgerufen, sexistische Bemerkungen einzusenden, die sie sich im Job anhören mussten. Es folgte eine E-Mail-Flut mit Hunderten Beispielen wie dem oben genannten. Oder diesem: »Wenn dein Professor nicht scharf auf dich gewesen wäre, hättest du nie so gute Noten gehabt.« Oder diesem: »Das gefällt mir aber, wenn Sie vor mir knien.« Oder diesem: »Solltest du nicht lieber etwas Anspruchsloseres machen? Du kriegst sowieso irgendwann Kinder.«

Auch wenn sich gesellschaftlich so langsam etwas tut: Frauen (und manchmal auch Männer sowie trans- und intergeschlechtliche Personen) erfahren am Arbeitsplatz, quer durch alle Berufsgruppen, immer wieder sexuelle Belästigungen. Nicht selten wird dabei ein Abhängigkeitsverhältnis ausgenutzt, etwa wenn ein Vorgesetzter einer Auszubildenden an den Hintern fasst. Hier wäre es angezeigt, schnell klarzumachen: »Ich möchte solche Berührungen nicht. Das geht mir zu weit.« Doch in vielen Fällen trauen sich die Betroffenen nicht, sich zu wehren – aus Angst, dann als zickig zu gelten, und aus der noch größeren Angst um den Job heraus.

Sexuelle Belästigungen lassen sich unterteilen in:

- **Verbale Formen:** Dazu zählen anzügliche Bemerkungen, zweideutige Kommentare, unangemessene, intime Fragen oder aufdringliche Einladungen zu Verabredungen.
- **Nonverbale Formen** wie Anstarren, In-den-Ausschnitt-Gucken, Hinterherpfeifen, das Versenden von Fotos und Videos mit sexuellen Inhalten oder Anbaggern via sozialer Netzwerke.
- **Physische Formen:** Hier geht's um (scheinbar) beiläufige Berührungen, das Aufdrängen von Umarmungen oder Küssen bis hin zu sexuellen Übergriffen.

www.zeit.de/arbeit/2017-11/sexuelle-belaestigung-arbeitsplatz-leserinnen

KURZ & KNAPP

Wie ihr euch gegen sexuelle Belästigung wehren könnt:

» Zunächst einmal: Sucht die Schuld nicht bei euch. Schuld ist derjenige, der belästigt.

» Lasst euch nicht einreden, dass ihr überreagiert.

» Gebt der betreffenden Person deutlich zu verstehen, dass ihr euch belästigt fühlt. Tut dies auch im Beisein anderer.

» Sammelt Belege wie Fotos oder Nachrichten. Und notiert euch genau, wann welcher Spruch gemacht wurde, wann welche Berührung (im Beisein welcher Zeugen) stattgefunden hat.

» Informiert eure Ausbilderin oder euren Ausbilder. Diese Person ist verpflichtet, eure Anliegen ernst zu nehmen. Geht ausgerechnet von dieser Person die Belästigung aus, so wendet euch an die Chefin oder den Chef.

» Weitere Anlaufstellen könnten sein: die betriebliche Beschwerdestelle, die Gleichstellungs- oder Frauenbeauftragte, der Betriebs- oder Personalrat sowie die Kammern und Gewerkschaften.

» Fresst die Sorgen nicht in euch hinein, sprecht darüber mit Personen eures Vertrauens.

» Unterstützung bekommt ihr auch über www.hilfetelefon.de sowie unter der Nummer 08000 116 016. Die Beratung ist anonym und kostenlos.

WAS ZU EINER GUTEN BEWERBUNG GEHÖRT

Die Chefin oder der Personalleiter, auf dessen Schreibtisch eure Bewerbung landet, hat wahrscheinlich allerhand solcher Mappen abzuarbeiten. Das heißt, bei dem kleinsten Fehler landet eure Bewerbung im Papierkorb – im echten oder in dem seines E-Mail-Programms. »You never get a second chance to make a first impression« lautet ein englischer Spruch. Und dieser gilt insbesondere für die Ausbildungs- und Stellensuche. Eure Bewerbung muss also sitzen, formal und inhaltlich. Sie ist der erste Eindruck, den ihr von euch vermittelt.

Telefonisch

Wenn ihr ganz viel Glück habt, reicht schon ein Anruf, um zum Vorstellungsgespräch eingeladen zu werden. Kleine Handwerksbetriebe machen das mitunter so. In erster Linie ist ein Anruf beim Wunsch-Unternehmen aber wichtig, um Auskünfte zu erhalten, die euch bei der schriftlichen Bewerbung von Nutzen sein können. Ihr solltet euch vorher notieren, was ihr wissen möchtet. Haltet während des Telefonats einen Zettel und einen (funktionierenden) Stift bereit. Vorsicht: Montagvormittag und Freitagnachmittag sind eher ungünstige Zeiten für euren Anruf. Gut wäre es, schon im Vorfeld den Namen der (Personal-)Chefin oder des -Chefs herauszufinden, um euch direkt mit ihr oder ihm verbinden zu lassen. Wenn nicht, soll euch die Zentrale zu der (hoffentlich richtigen) Person durchstellen. Wird euch gesagt, dass der Chef gerade keine Zeit habe, hakt nach, wann ihr es noch einmal versuchen könnt! Und: Immer schön höflich sein! Stoßseufzer vermeiden!

TIPP

Auf den kommenden Seiten findet ihr einen groben Leitfaden zum Thema »Bewerbungen schreiben«. Wer ausführliche Informationen braucht, dem sei folgender Ratgeber ans Herz gelegt: »Die ersten Bewerbungen für Schüler und Studierende: Ein persönlicher Ratgeber für Ausbildung, Gap-Jahr, (Duales) Studium und Praktika» von Tamara Schrammel, erschienen im Springer-Verlag.

Wenn ihr die richtige Ansprechpartnerin am Telefon habt, stellt euch kurz vor (Name, Schulabschluss) und nennt euer Anliegen, einen Ausbildungsplatz zu bekommen. **Auf einem Blatt Papier solltet ihr folgende Fragen an euer Gegenüber notiert haben:**

» Ist die Ausbildungsstelle noch zu haben?
» Wenn ja: In welcher Form wünschen Sie sich die Bewerbung? Per E-Mail oder per Post? Soll sie direkt an Sie oder an einen Kollegen adressiert sein?

Vielleicht habt ihr Fragen zum Ablauf des Auswahlprozesses oder der Ausbildung. Stellt sie! Wichtige Infos sofort notieren! Fallt eurer Ansprechpartnerin auf keinen Fall ins Wort. Und zieht das Gespräch nicht unnötig in die Länge! Wenn eure Fragen beantwortet sind, bedankt euch freundlich, und verabschiedet euch mit einem netten Satz wie »Gut, dann bekommen Sie bald Post von mir! Auf Wiederhören.« Im Bewerbungsschreiben solltet ihr an euer Telefonat erinnern.

Per Post

Damit eure Mappe einen guten Eindruck macht, zählt jedes Detail. Und das fängt bereits mit Äußerlichkeiten an: Wählt nicht die billigste Mappe. Hefter (neu gekauft) in schönen, aber dezenten Farben heben sich vom üblichen Schwarz ab. Nehmt für den Ausdruck am besten etwas festeres, edleres Papier, und lasst alles an professionellen Geräten im Copyshop ausdrucken. Achtet auf eine einheitliche Gestaltung der Seiten. Ihr solltet nicht auf jedem Blatt eine andere Schriftart ausprobieren.

Online

Die meisten Unternehmen akzeptieren inzwischen Online-Bewerbungen oder wünschen sie sich ausdrücklich. Oft haben sie auf ihrer Webseite sogar einen Karriere-Bereich, in dem ihr euer Anschreiben und alle anderen Dokumente Schritt für Schritt hochladen könnt.

Denkt daran: Bei Online-Bewerbungen ist genauso viel Sorgfalt gefragt wie bei einer »klassischen« per Post. Wichtig ist es auch, den Chef oder die Personalleiterin persönlich anzumailen und anzureden. Ihr solltet also im Vorfeld die E-Mail-Adresse eures Ansprechpartners herausfinden – nicht zuletzt auch, weil E-Mails an »info@firma.de« oft einfach versanden. Wo wir gerade bei den E-Mail-Adressen sind: Ihr schreibt hoffentlich nicht unter »sexy-vamp2004@gmail.com«, sondern unter einer Adresse, die schlicht und einfach euren vollständigen Namen enthält. Smileys sind in Bewerbungs-E-Mails übrigens auch tabu. Vergesst zudem nicht, eine aussagekräftige Betreffzeile zu wählen.

Ansonsten sollte die Online-Bewerbung das Gleiche enthalten wie die postalische: Anschreiben, Lebenslauf, Zeugnisse.

Ihr müsst euch in der Mail kurz vorstellen und auf die angehängten Bewerbungsunterlagen verweisen. Schreibt keine bunten HTML-Mails mit verschnörkelten Schriften, sondern besser im reinen Textformat. Euer Anschreiben, den Lebenslauf samt Foto sowie die eingescannten Zeugnisse könnt ihr als Dateien anhängen. Wichtig: Dokumente im PDF-Format versenden! Achtet zudem darauf, dass eure Anhänge das Volumen von zwei MB nicht übersteigen. Und: Fasst alle Zeugnisse möglichst in einem PDF zusammen, sonst habt ihr zu viele Anhänge. (Es gibt Tutorials im

Netz, die erklären, wie das geht. Suchanfrage: »PDF zusammenfügen«.)

Schreibt eure Anschrift und Telefonnummer direkt in die E-Mail. Auch im Anschreiben und im Lebenslauf sollten die Kontaktdaten stehen, damit niemand lange suchen muss, sondern sich schnell bei euch melden kann. Vielleicht habt ihr außerdem eine eigene Website oder Social-Media-Profile, auf die ihr verweisen könnt? Das bringt dann etwas, wenn dort keine Partyfotos, sondern für den Arbeitgeber interessante Zusatzinformationen hinterlegt sind.

Das Deckblatt

Das Deckblatt vermittelt einen ersten Eindruck von euch. Im oberen Bereich steht der Betreff, also so etwas wie »Bewerbung um eine Ausbildung als Kauffrau im Einzelhandel«. Außerdem gehört ein Porträtfoto von euch dazu – in guter Qualität, nicht verpixelt. Urlaubsfotos von euch mit Sonnenbrand und salzwasserverklebtem Haar eignen sich eher nicht. Es sollte ein seriöses Bewerbungsfoto in entsprechender Kleidung sein, das ein professioneller Fotograf gemacht hat.

In den unteren Bereich des Deckblatts gehören eure Kontaktdaten: Name, Adresse, Telefonnummer und E-Mail-Adresse (am besten, wie gesagt, eine seriöse nach dem Schema Vorname.Nachname@...). Wenn ihr wollt, könnt ihr hier auch noch den Inhalt der Bewerbungsmappe auflisten. Gestaltet diese erste Seite luftig, lasst also viel Platz, damit sie nicht überladen wirkt. Die auf dem Deckblatt verwendeten Gestaltungselemente solltet ihr auf jeder Seite eurer Bewerbung durchziehen: dieselbe Schriftart, dieselben Farben. Je kreativer der angepeilte Beruf ist, desto mehr Variation dürfte zwar erlaubt und gefragt sein. Trotzdem ist von allzu vielen Spielereien mit Bildchen und Farben, Schriftarten und Schmuckelementen abzuraten.

Das Anschreiben

Ein Standardanschreiben für alle Berufe gibt es leider nicht. Ihr müsst also wirklich Kreativität aufbringen, um von euch zu überzeugen. Wichtig: Fasst euch kurz, denn eine einzige Seite (bei Schriftgröße 11 oder 12 pt und Zeilenabstand 1 oder 1,5) muss reichen. Bei der Anrede ist wichtig: Bloß keinen Schreibfehler machen. Habt ihr im Vorfeld keine Namen ausfindig machen können, so ist auch ein »Sehr geehrte Damen und Herren« okay.

Ihr kennt das vom Deutschaufsatz: Der Einstieg ist das Schwerste. Oft hilft es, erst den leichteren Mittelteil zu schreiben, dann fällt euch zum Schluss vielleicht auch die richtige Einleitung ein. Mit Sätzen wie »Hiermit bewerbe ich mich bei Ihnen um einen Ausbildungsplatz als ...« oder »Gern möchte ich mich bei Ihnen bewerben um ...« könnt ihr nichts falsch machen, hervorstechen werdet ihr damit aber auch nicht. Habt ihr vorher mit dem Unternehmen telefoniert, dann bezieht euch unbedingt auf das Gespräch: »Wie am 12. April telefonisch vereinbart, sende ich Ihnen hiermit meine Bewerbung um einen Ausbildungsplatz.«

Wenn es sich anbietet und nicht zu arg an den Haaren herbeigezogen ist, traut euch ruhig, einen originelleren Einstieg zu wählen: »Jeden Morgen stehen Ihre Brötchen auf unserem Frühstückstisch«, könntet ihr schreiben, wenn ihr eine Lehre bei der Bäckerei um die Ecke machen möchtet. »Sie schenken mir stets einen schmackhaften Start in den Tag, was den Wunsch in mir ausgelöst hat, bei Ihnen eine Ausbildung zu absolvieren.« Spinnt einfach mal ein wenig herum. Wenn sich partout nichts Originelles anbietet, macht ihr mit dem konventionellen Einstieg ja auch nichts falsch.

> Mit »Ich« am Satzanfang solltet ihr das ganze Anschreiben über sparsam umgehen. Das vermittelt schnell den Eindruck von Arroganz.

Im Hauptteil des Anschreibens beschreibt ihr euch kurz selbst und hebt hervor, weshalb ihr für diesen Beruf geeignet seid. Spätestens hier gehört auch die Begründung hin, weshalb ihr ausgerechnet in diesem Unternehmen eure Berufsausbildung absolvieren möchtet. Habt ihr in der Branche oder sogar in dem Unternehmen schon einmal ein Praktikum absolviert, dann erwähnt das! Qualifizieren euch Fremdsprachenkenntnisse, führt auch diese auf.

Es ist nicht leicht, die Balance zu halten zwischen Arroganz und dem guten Verkaufen der eigenen Fähigkeiten. Anmaßendes wie »Jemand besseres als mich werden Sie nicht finden« gehen natürlich nicht. Umgekehrt solltet ihr aber auch eure Schwächen

(»In Mathe war ich nie gut, deshalb möchte ich Fremdsprachensekretärin werden.«) nicht auf dem Präsentierteller servieren.

Im Internet und auch im BiZ gibt es jede Menge Muster-Bewerbungen. Die können euch eine wunderbare Orientierungshilfe sein. Wichtig ist aber trotzdem, dass sich eure Bewerbung von den anderen ein bisschen abhebt.

Einen guten »Abgang« im Anschreiben macht ihr mit freundlichen Sätzen wie »Für weitere Auskünfte stehe ich Ihnen gern zur Verfügung, sowohl telefonisch als auch in einem Vorstellungsgespräch« oder »Ich hoffe, es ist mir gelungen, Sie von mir als geeigneter Kandidatin zu überzeugen. Über eine Einladung zu einem Vorstellungsgespräch würde ich mich sehr freuen. Mit freundlichen Grüßen ...«. Die eigenhändige Unterschrift nicht vergessen!

Ganz unten sollten, in etwas kleinerer Schrift, die Anlagen aufgeführt sein – und zwar in der Reihenfolge, in der sie auch beigelegt sind. (Wenn ihr die Anlagen schon auf dem Deckblatt vermerkt habt, ist das natürlich nicht nötig.)

Der Lebenslauf

Hier kommt es nicht auf große Worte an. Sondern darauf, wer ihr seid und was ihr schon alles gemacht habt. In euren Lebenslauf packt ihr stichpunktartig das, was über euch zu sagen ist. Achtet darauf, die Gestaltungselemente beizubehalten, die ihr bei Deckblatt und Anschreiben verwendet habt.

Wichtig: Euer Lebenslauf darf nicht mehr als zwei Seiten umfassen und muss sehr (sehr!) übersichtlich strukturiert sein, damit sofort erfasst werden kann, wie euer Werdegang verlaufen ist. Wenn euer Foto nicht bereits auf dem Deckblatt prangt, dann gehört es nun rechts oben auf den Lebenslauf. Gliederungspunkte für den Lebenslauf können sein:

- »Persönliche Angaben« wie Name, Adresse, Geburtsdatum, Geburtsort
- »Schulbildung« (worunter ihr die von euch besuchten Schulen aufzählt)
- »Praktika«
- »Fremdsprachen«
- »Hobbys«
- »Sonstiges«

Vergesst keine wichtigen Details. Gerade unter »Sonstiges« könnt ihr vom Führerschein bis hin zum Engagement in der Kirche oder eurer Mitgliedschaft in Vereinen alles aufzählen. So zeigt ihr, dass ihr vielseitig interessiert und engagiert seid. Am Ende des Lebenslaufs stehen Ort, Datum und wieder die eigenhändige Unterschrift.

Die Anlagen

So wie ihr sie auf dem Deckblatt, im Anschreiben oder in der E-Mail aufgelistet habt, legt ihr nun die Anlagen als Kopien bei: Abschlusszeugnis der Schule, Urkunden oder ähnliche Auszeichnungen, Arbeitszeugnisse früherer Jobs etc. Wenn ihr schon mal irgendwo gejobbt habt, lasst euch unbedingt ein Arbeitszeugnis ausstellen. Aber Achtung: Schaut euch genau an, was drinsteht! Solche Zeugnisse sind nämlich mehr oder weniger in Geheimcodes verfasst, mit denen sich Arbeitgeber untereinander verständigen, weil es gegen das Arbeitsrecht verstieße, eindeutig Negatives zu schreiben. Floskeln wie »hat nie Anlass zu Klagen gegeben« bedeuten, dass jemand nie Lob bekommen hat. »War stets pünktlich« ist etwas mager, wenn es das einzig Positive ist, was es zu sagen gibt. »War stets um rechtzeitige Fertigstellung bemüht« heißt, dass keine Deadline eingehalten wurde, und »gesellig« deutet auf ein Alkoholproblem hin. Im Internet findet ihr die »Übersetzungen« dieser Formulierungen (siehe Links).

Beurteilungen eurer Praktika gehören auch in die Anlagen. Es ist immer von Vorteil, mehr als das eine Pflichtpraktikum während der Schulzeit gemacht zu haben. Praktika helfen, Kontakte zu knüpfen, Einblicke und Arbeitsroutine zu bekommen.

www.karrierebibel.de/bewerbung (zahlreiche Musterbewerbungen und Tipps)

www.studis-online.de/Karriere/arbeitszeugnis.php (Hinweise zu Arbeitszeugnissen)

www.arbeits-abc.de/formulierungen-im-arbeitszeugnis-und-ihre-bedeutung (Floskeln in Arbeitszeugnissen)

Im Grunde sucht jede Chefin und jeder Personaler in euren Bewerbungsunterlagen – bewusst oder unbewusst – die **Antworten auf drei wesentliche Fragen**:

1. Bist du qualifiziert? Kannst du, was gebraucht wird, oder könntest du es zumindest lernen?
2. Bist du motiviert? Möchtest du also wirklich genau diesen Ausbildungsplatz oder diese Stelle in genau diesem Unternehmen – und warum?
3. Und: Passt du von deiner Persönlichkeit her zum Unternehmen, zum Team und zu den Kolleginnen und Kollegen?

Zusammengenommen sollten deine Bewerbungsunterlagen diese Antworten also liefern: Lebenslauf und Zeugnisse sagen etwas über deine Qualifikation aus (das wird bei späteren Bewerbungen um Jobs noch wichtiger als beim Ausbildungsplatz), das Anschreiben verrät vor allem etwas über deine Motivation und auch schon etwas über deine Persönlichkeit. Stärker noch kommt diese dann im hoffentlich stattfindenden Vorstellungsgespräch zum Tragen.

Wenn ihr mit eurem Anschreiben und Lebenslauf so weit zufrieden seid, lohnt sich darum ein prüfender Blick aufs Ganze: Beantwortet ihr diese Fragen in euren Unterlagen, oder solltet ihr vielleicht einen der Aspekte etwas stärker betonen?

TIPP

Nach dem Abschicken eurer Bewerbung werdet ihr nervös auf eine Antwort warten. Eine harte Zeit. Aber drei Wochen solltet ihr dem Unternehmen mindestens Zeit geben, bevor ihr telefonisch nachfragt, wann ihr mit einer Reaktion rechnen könnt. Wurde in der Stellenanzeige darum gebeten, von telefonischen Nachfragen abzusehen, dann müsst ihr das leider erst einmal respektieren. Nach zwei Monaten ist aber auch in solchen Fällen eine freundliche Nachfrage erlaubt. Ihr wollt schließlich wissen, woran ihr seid.

DAS VORSTELLUNGSGESPRÄCH MEISTERN

Herzlichen Glückwunsch! Die erste Hürde ist geschafft. Ihr seid aus einer Vielzahl von Bewerberinnen und Bewerbern zum Vorstellungsgespräch eingeladen worden. Man will sich jetzt also ein genaues Bild von euch machen. Findet das erste Gespräch nicht persönlich, sondern per Videocall statt, so achtet darauf, dass ihr euch in einer ruhigen Umgebung befindet, von niemandem (auch nicht dem eigenen Hund) gestört werden könnt und der Hintergrund aufgeräumt wirkt.

Darum wird's gehen

Stellt euch darauf ein, dass ihr Fragen zu eurer Schullaufbahn, euren Interessen und eurer Allgemeinbildung beantworten müsst. Sehr wahrscheinlich wird die Frage kommen, weshalb ihr eure Ausbildung ausgerechnet in diesem Unternehmen absolvieren möchtet. Sagt dann bitte nicht so etwas wie: »Weil der Weg zur Arbeit dann nur fünf Minuten dauert«, sondern erläutert, weshalb ihr von dieser Ausbildungsstelle und eurem Berufswunsch überzeugt seid. Vorab solltet ihr euch deshalb genau über den Betrieb informieren. Vielleicht findet ihr umfassende Informationen schon auf der Homepage des Unternehmens. Wenn es sich um eine Bank oder eine andere Institution handelt, die für jeden zugänglich ist, dann geht einfach mal vorbei. Damit seid ihr dann auch für eine Frage gewappnet wie: »Was würden Sie denn für unsere Kundschaft in unserem Empfangssaal verändern?« Außerdem ist es ratsam, vor dem Gespräch die eigene Bewerbung noch einmal genau durchzugehen. Die dient schließlich als Grundlage des Vorstellungsgesprächs.

Besser zu früh als zu spät

Die Anreise zum Gespräch müsst ihr ganz genau planen. Zuspätkommen wird beim Vorstellungsgespräch – auch wenn ihr nichts dafür könnt, dass ihr im Stau standet oder eine Straßenbahn ausgefallen ist – nicht toleriert. Seid lieber eine halbe Stunde zu früh da und vertretet euch noch ein bisschen die Füße; reingehen solltet ihr frühestens eine Viertelstunde vor dem Termin. Habt am besten auch eure Bewerbungsunterlagen und die Einladung zum Gespräch dabei. Wenn ihr hineingeht: Auch zum Pförtner und der Sekretärin sollte man freundlich sein. Und noch ein Tipp: Lasst das mit dem Rauchen unmittelbar vor dem Gespräch besser sein. Eine Nichtraucher-Chefin wird es riechen und als Minuspunkt werten. Euer Handy ist inzwischen hoffentlich schon ausgeschaltet, damit es während des Gesprächs weder piept noch summt oder brummt.

Die Begrüßung

Die Initiative zum begrüßenden Händedruck kommt stets vom »Ranghöheren«. Wenn der Chef euch also die Hand nicht gibt, dürft ihr ihm das auf keinen Fall aufdrängen. Achtet darauf, dass euer Händedruck nicht zu »schlabberig« ist, denn das wird oft als Mangel an Selbstbewusstsein aufgefasst.

Schick und schön

Was eure Kleidung angeht, so solltet ihr dezent und seriös wirken, also nicht in allzu knalligen Farben ankommen. Wohlfühlen ist wichtig, Schlabber-Jeans und Sneakers sind dennoch selten eine gute Wahl. Aber: Je nach Branche gelten andere Standards. Im Finanzsektor wird sicher mehr Wert auf ein gebügeltes Hemd gelegt als im Kfz-Bereich.
Die Schuhe müssen sauber sein und Röcke mindestens bis zum Knie gehen. Make-up und Parfum eher sparsam verwenden! Während des Gesprächs: Nicht mit krummem Buckel auf dem Stuhl herumrutschen und nicht Arme und Beine gleichzeitig verschränken – das wirkt verschlossen und abweisend.

Nervös?

Es ist normal, in einer Situation, von der viel abhängt, aufgeregt zu sein. Versucht aber trotzdem, ruhig zu bleiben. Wenn ihr nervös seid, könnt ihr das auch eingangs kurz zugeben. Das Vorstellungsgespräch ist in erster Linie dafür da zu prüfen, ob ihr zum Unternehmen passt. Da spielt Sympathie, neben der fachlichen Eignung, mit die größte Rolle. Deshalb: Seid freundlich, selbstbewusst, dabei aber nicht arrogant. Es geht nicht darum, in 15 Minuten schauspielerische Höchstleistungen zu vollbringen. Sondern darum, dass das Unternehmen einen möglichst positiven Eindruck von euch bekommt – und ihr von dem Unternehmen.

TIPP

Die Bundesagentur für Arbeit erstattet euch Bewerbungskosten mit fünf Euro pro postalischer und 2,50 Euro pro Online-Bewerbung. Auch Fahrten zu Vorstellungsgesprächen werden übernommen, sofern das nicht das jeweilige Unternehmen tut. Bis zu 260 Euro im Jahr übernimmt die Arbeitsagentur für eure Bewerbungskosten. Voraussetzung: Ihr müsst als ausbildungssuchend registriert sein. Sobald ihr euch auf die Suche nach einem Ausbildungsplatz begebt, solltet ihr euch also bei der Bundesagentur für Arbeit melden. Dann könnt ihr einen Antrag auf Kostenerstattung stellen.

No-Gos

Werden euch Zigaretten oder Alkohol angeboten: Ablehnen! Das dürfte wohl eher ein Test sein. Lasst euch außerdem im Gespräch auf keinen Fall dazu verleiten, euch über ein anderes Unternehmen, bei dem ihr schon einmal gearbeitet habt oder gar Azubi wart, zu beschweren, geschweige denn über eine frühere Chefin zu lästern. Das kommt nicht gut an. Und: Sehr persönliche Fragen wie die nach einem Kinderwunsch braucht ihr nicht wahrheitsgemäß zu beantworten. Eigentlich dürfte man sie euch gar nicht stellen.

KURZ & KNAPP

Beim Vorstellungsgespräch gilt: 70 Prozent reden, 30 Prozent zuhören. Dem Gegenüber immer in die Augen schauen! **Mit Fragen und Aufforderungen wie diesen werdet ihr sehr wahrscheinlich konfrontiert werden:**

» »Erzählen Sie doch bitte einmal etwas über sich.«
» »Was wissen Sie über unser Unternehmen?«
» »Warum wollen Sie Ihre Ausbildung hier absolvieren?«
» »Was sind Ihre Stärken, was Ihre Schwächen?«
» »Haben Sie Fragen an uns?« Wichtig: Ihr solltet unbedingt ein paar Fragen parat haben, beispielsweise zum Ablauf der Ausbildung oder zu den Wünschen, die man an euch hat.

www.bewerbungsstar.de/richtig-bewerben-tipps-perfekte-bewerbung/vorstellungsgespraech-tipps-fragen.html (Tipps fürs Vorstellungsgespräch)

© Marc Boettcher

»Ich weiß nicht, warum die mich damals genommen haben.«

INTERVIEW MIT SARAH WIENER

Starköchin Sarah Wiener ist ein Beispiel dafür, dass man auch ohne geraden Ausbildungsweg sehr erfolgreich werden kann. Mit 16 brach die Österreicherin die Schule ab und ging nach Berlin. Voller Temperament beschloss sie, einen Catering-Service zu gründen. Mit einer alten Gulaschkanone der DDR-Armee fuhr sie an Film- und Fernsehsets und verköstigte dort die Crew. Sie kochte später für Stars wie Maximilian Schell, Kate Moss und Bruce Springsteen. Danach war sie in diversen TV-Sendungen zu erleben, hat Restaurants eröffnet und Kochbücher herausgebracht. Eine Ausbildung zur Köchin hat Sarah Wiener nie gemacht. Und das einzige Vorstellungsgespräch, das sie je führen musste, bezeichnet sie heute als »furchtbar peinlich«.

Sarah, war es schon als Kind dein Traum, Köchin zu werden?
Nein. Ich wollte immer Gärtnerin oder Schauspielerin werden. Dass ich nun Köchin bin, war eher Zufall. Ich habe die Schule abgebrochen und als Küchenhilfe gearbeitet, eine Zeit lang auch im Restaurant meines Vaters. Irgendwie bin ich dann beim Kochen hängengeblieben.

Welche Erfahrungen in Sachen »Vorstellungsgespräch« hast du?
Ich habe ein einziges gehabt, und zwar, als ich Köchin in einer Werbeagentur werden wollte. Das war furchtbar peinlich: Ich dachte, ich müsste mich besonders schick machen. Also habe ich High Heels getragen und einen Minirock mit einem Tutu darunter. Mein Mantel war abgesetzt mit so einem lila Pelz-Ersatz. Ich sah also ganz heiß aus. Jedenfalls bin ich da reingegangen und hörte die Dame vom Empfang hinter mir zischen: »Suchen wir ein Model oder eine Köchin?«

Hat dich das verunsichert?
Irgendwie nicht. Ich war jung und sehr von mir überzeugt. Aber heute frage ich mich schon, weshalb die mich damals genommen haben.

Inzwischen führst du selbst ein großes Unternehmen. Nach welchen Kriterien stellst du Leute ein?
Vor allem danach, dass sie ins Team passen. Außerdem müssen sie natürlich kochen können und gute Geschmacksnerven haben. Das teste ich, indem ich sie ein einfaches Gericht kochen lasse, das jeder kennt. Gulasch oder Bratkartoffeln zum Beispiel.

Was rätst du jungen Leuten, die gerade bei den Eltern ausgezogen sind und erst anfangen zu kochen?
Auf keinen Fall mit Dosenessen und Fertigsuppen anfangen! Man sollte immer alles frisch kaufen. Erdbeerjoghurt ist viel leckerer, wenn man puren Joghurt nimmt und frische Erdbeeren reinschneidet. Am besten ist: Noch mal zur Oma oder Tante fahren und beim Kochen gut zuschauen, um sich die Tricks abzugucken.

DIE AUSBILDUNG BEGINNEN

Einen Ausbildungsplatz ergattert? Dann gehört ihr jetzt zur berufstätigen Bevölkerung – na ja, noch nicht ganz. Denn während der Ausbildung hat man ja auch immer noch ein paar Stunden Unterricht und verliert so nicht gleich jeglichen Kontakt zu Gleichaltrigen.

In der Regel machen Unternehmen mit ihren neuen Auszubildenden am ersten Tag einen Rundgang durchs Haus, sodass man einen Überblick bekommt. Übrigens: Es kommt nicht so gut an, gleich zu Beginn nach Urlaub zu fragen. Wenn eure Urlaubstage nicht ohnehin durch den Ablauf der Ausbildung oder vertraglich festgelegt sind, dann wartet lieber zwei Wochen, bis ihr das Thema ansprecht. Volljährigen Azubis steht ein Mindesturlaub von 24 Werktagen pro Jahr zu. Geregelt ist das Ganze in § 3 des **Bundesurlaubsgesetzes**.

Die Abläufe im Betrieb werdet ihr sicher nicht alle auf Anhieb verstehen. Gewöhnt euch an, sofort um Hilfe zu bitten, wenn ihr sie braucht. Für bürokratische Fragen sind die Sekretärinnen meist gute Ansprechpartnerinnen. Aber scheut euch auch nicht davor, andere Kolleginnen und Kollegen zu fragen, wenn ihr vor einer scheinbar unlösbaren Aufgabe steht. Schließlich seid ihr zum Lernen da!

Ein paar Feinheiten gilt es im Umgang mit der Belegschaft zu beachten: Bevor ihr euch den ersten Kaffee in der Büroküche einschenkt, fragt nach, ob es eine Kaffeekasse gibt. Kollegen, die ständig die Kaffeepäckchen spendieren, werden es euch irgendwann übelnehmen. Auch mit Geschirr sind viele Leute kleinlich. Passt also auf, dass ihr nicht gleich die Lieblingstasse der Chefin erwischt!

Früher oder später werdet ihr euch auch mal richtig ärgern: »Frau Schmidt hat mir gesagt, ich soll um 15 Uhr damit fertig sein. Und dann kommt sie um 14 Uhr rein und regt sich auf, weil ich noch dransitze. Die hat sie doch nicht alle!« Es ist verlockend, dies gleich so oder ähnlich dem Erstbesten, der euch über den Weg läuft, auf die Nase zu binden. Aber gerade am Anfang werdet ihr noch nicht genau durchschauen, wer wie zu wem steht. Lasst euch also nicht dazu hinreißen, euch über irgendwen aufzuregen. Das

»Auskotzen« – das solltet ihr sowieso immer nach draußen verlagern. Innerhalb eines Unternehmens kommt zu oft raus, was irgendwer über irgendjemanden gesagt hat; ihr dürftet das aus eurer Clique kennen. Und gerade, wenn man in der Hierarchie noch sehr weit unten steht, ist es besser, zu allen ein loyales Verhältnis zu pflegen. Noch etwas: Wenn es Probleme in eurer Abteilung gibt, nicht gleich zum obersten Boss rennen! Versucht immer, zuerst mit der Person zu reden, die es betrifft. Oder sprecht mit eurer Ausbilderin oder eurem Ausbilder.

Eure Rechte

Welche Rechte ihr als Azubi habt? Ihr müsst definitiv nicht die Hemden des Chefs zur Reinigung bringen! Alles, was nichts mit eurer Ausbildung zu tun hat, ist verboten. Solltet ihr immer nur die Werkzeuge polieren müssen, statt das Reparieren von Autos zu lernen, könnt ihr das beanstanden. Kommt das Unternehmen der Aufgabe, euch auszubilden, nicht zur Genüge nach, dann holt euch Unterstützung! Es gibt Ausbildungsberater bei den jeweiligen Kammern, beim BiZ oder den Gewerkschaften.

Einen **Nebenjob** dürft ihr annehmen, allerdings nur mit Erlaubnis der Vorgesetzten. Wenn diese eine Beeinträchtigung eurer Leistungsfähigkeit befürchtet – zum Beispiel, weil ihr nächtelang kellnern müsst –, kann sie ihre Einwilligung verweigern.

Zum Thema »**Überstunden**« ist zu sagen: Gesetzlich seid ihr nicht verpflichtet, sie zu leisten. Allerdings solltet ihr euch auch nicht gleich beschweren, wenn ihr mal mehr arbeiten müsst. Sobald es aber an eure Grenzen geht, dann: Stopp! Juristisch ist die Situation folgendermaßen: Auszubildende über 18 dürfen acht Stunden täglich und an sechs Tagen in der Woche arbeiten, also 48 Stunden pro Woche. Die Arbeitszeit kann auf zehn Stunden täglich und 60 Stunden wöchentlich verlängert werden. Dann muss allerdings sichergestellt sein, dass ihr innerhalb von sechs Monaten im Schnitt nicht mehr als acht Stunden pro Tag arbeitet.

Was viele nicht wissen: Es besteht die Möglichkeit, eine **Ausbildung in Teilzeit**, also mit einem niedrigeren Pensum von beispielsweise 20 bis 30 Wochenstunden, zu absolvieren. Die Ausbildungsdauer verlängert sich dann entsprechend nach hinten. Gedacht ist die Ausbildung in Teilzeit vor allem für junge Eltern.

Ihre Berufschancen sollen nicht darunter leiden, dass sie sich um ein Kind kümmern. Die Option, die Arbeitszeit zu verringern, haben außerdem Azubis, die pflegebedürftige Angehörige betreuen, Menschen mit Behinderung, Menschen, die zusätzlich Förderunterricht oder einen Deutschkurs benötigen, und auch Leute, die parallel zur Ausbildung noch anderweitig berufstätig sein müssen oder möchten. Seit Jahren steigt die Anzahl an Teilzeit-Azubis kontinuierlich.

Ein Recht aufs Arbeiten im **Homeoffice** gibt es für Auszubildende übrigens nicht. Eine Ausbildung soll vor Ort stattfinden, damit man möglichst viel von den Arbeitsabläufen mitbekommt und bei Fragen schnell eine Ansprechpartnerin findet.

Als Azubis habt ihr Anspruch auf:

» einen Vertrag
» eine angemessene Vergütung
» Urlaub
» faire Arbeitszeiten
» auf Schule und die Vermittlung der Ausbildungsinhalte
» ein Zeugnis

Ausbildungsvertrag und Lohn

Wie von jedem Vertrag gibt es von eurem Ausbildungsvertrag zwei Exemplare. Eines für euch, eines fürs Unternehmen. Jedes Exemplar ist von beiden Seiten unterzeichnet worden. Den Vertrag werdet ihr spätestens zu Beginn eurer Ausbildung bekommen. In ihm sind Beginn und Dauer der Ausbildung festgehalten, der Beruf, den ihr erlernt, die Länge der Probezeit, eure Arbeitszeit, die Zahl eurer Urlaubstage, die Ausbildungsorte – und natürlich euer **Bruttogehalt**. Brutto: Das ist die Summe eures Gehalts ohne den Abzug von Steuer und Sozialversicherung (Arbeitslosenversicherung, Pflege-, Kranken- und Rentenversicherung). Die Summe, die nach all diesen Abzügen übrigbleibt, ist euer **Nettogehalt** – und das bekommt ihr monatlich auf euer Konto (mehr zum Thema »Konto« ab Seite 161). Im Internet findet ihr verschiedene Brutto-Netto-Rechner; damit könnt ihr noch vor der ersten Lohnauszahlung herausfinden, wie viel Geld übrig bleibt.

Euer Lohn muss laut **Berufsbildungsgesetz** angemessen sein. »Angemessen« heißt: mindestens 80 Prozent der branchenüblichen Vergütung für Azubis in eurem Beruf. Wenn ihr also nur die Hälfte von dem bekommt, was der Diamantschleifer im Nachbarort verdient, dann solltet ihr euch an die Gewerkschaft wenden. Grundsätzlich müsst ihr aber wissen: Von Beruf zu Beruf schwanken die Löhne enorm. Wer eine Ausbildung zur Floristin macht, erhält deutlich weniger als eine angehende Fachinformatikerin.

> **TIPP**
> Auf der Azubi-Webseite des Deutschen Gewerkschaftsbunds findet ein reger Austausch unter Auszubildenden statt, und sämtliche (Rechts-)Fragen werden von »Dr. Azubi« beantwortet: https://jugend.dgb.de/ausbildung/beratung/dr-azubi

Wahrscheinlich ist euer Gehalt tariflich festgelegt. Ist es das nicht, dann darf es die sogenannte **Mindestvergütung für Auszubildende** nicht unterschreiten. Die gesetzlich vorgeschriebene Mindestvergütung (also das Gehalt, das einem Azubi jeden Monat mindestens zusteht) wird von der Regierung jedes Jahr neu festgelegt. Ziel dieser Mindestvergütung ist es, mehr Leute zu einer Berufsausbildung zu motivieren. Ein Beispiel für das Jahr 2023: Mindestvergütung = 620 Euro im ersten Lehrjahr.

Vermögenswirksame Leistungen

Viele Arbeitgeber zahlen die sogenannten Vermögenswirksamen Leistungen (VL). Das ist zusätzliches Geld zum Sparen für später. Fragt bei eurem Betrieb nach, ob sie angeboten werden. Ausführliche Informationen dazu findet ihr ab Seite 225.

Unterhaltspflicht der Eltern

Eure Eltern sind verpflichtet, euch während der ersten Ausbildung finanziell zu unterstützen. Mehr zur »Unterhaltspflicht« steht auf Seite 146.

Kindergeld

Fürs erste und zweite Kind bekommen eure Eltern pro Monat 219 Euro Kindergeld vom Staat, fürs dritte Kind 225 und für alle weiteren 250 Euro (Stand: 2022). Das ist richtig viel Geld, und das

Beste: Es steht ihnen bis zu eurem 25. Lebensjahr auch während eurer Ausbildung zu. Das Geld ist dafür da, euch zu unterstützen. Weil ihr nun volljährig seid, müssen eure Eltern rasch einen neuen Antrag stellen. Das geht online via https://web.arbeitsagentur.de/opal/kgo-antragab18-ui/auswahl.

Berufsausbildungsbeihilfe

Wenn eure Lehrlingsvergütung nicht für den Lebensunterhalt ausreicht und eure Eltern auch nicht allzu viel Geld auf dem Konto haben, könnt ihr zusätzlich die sogenannte Berufsausbildungsbeihilfe (kurz: BAB) bekommen. Hat man schon mal einen Ausbildungsplatz ergattert, soll es am niedrigen Gehalt schließlich nicht scheitern. Und noch eine gute Nachricht: Die BAB wird als Zuschuss gezahlt; sie muss deshalb später – anders als das BAföG der Studierenden – nicht (teilweise) zurückgezahlt werden.

Den Antrag könnt ihr online bei der Bundesagentur für Arbeit stellen. Voraussetzungen für den Zuschuss: Ihr müsst in einer Ausbildung zu einem staatlich anerkannten Ausbildungsberuf stehen, und es muss sich um eure erste Ausbildung handeln. Außerdem dürft ihr nicht mehr bei euren Eltern wohnen. Den Zuschuss erhalten zudem Auszubildende, die bereits 18 Jahre alt und verheiratet sind (bzw. mit ihrer Partnerin oder ihrem Partner zusammenleben) oder mindestens ein Kind haben. Auch wer an berufsvorbereitenden Maßnahmen der Agentur für Arbeit teilnimmt, erhält BAB; in diesem Fall sogar völlig unabhängig von der Art der Unterbringung, weil man ja kein Azubi-Gehalt bezieht.

> **TIPP**
>
> Egal, worum es sich handelt: Ein Gesetz schlägt immer den Vertrag. So lautet eine feste Regel. Stehen in eurem Vertrag weniger Urlaubstage, als euch gesetzlich zustehen, dann ist dieser Teil des Vertrags ungültig.

Die Berufsausbildungsbeihilfe wird folgendermaßen berechnet: Je nach Art der Unterbringung wird der Bedarf für euren Lebensunterhalt ermittelt. Hinzu kommen gegebenenfalls ein Zusatzbedarf für Arbeitskleidung, Lernmittel, Kinderbetreuungs- und Fahrtkosten. Der Gesamtbedarf wird dann eurem Einkommen und dem eurer Eltern gegenübergestellt. Aus der Differenz ergibt sich, ob und wie viel BAB ihr bekommt. Testet mit einem

BAB-Rechner im Internet einmal, ob ihr Anspruch darauf haben könntet! Dann wisst ihr, ob es sich lohnen kann, all den notwendigen Papierkram zusammenzustellen.

www.arbeitsagentur.de/bildung/ausbildung/berufsausbildungsbeihilfe-bab (Infos zu Voraussetzungen und Antragstellung)
www.babrechner.arbeitsagentur.de (zum Testen, ob ihr BAB-berechtigt seid)

KURZ & KNAPP

Die Beihilfe ist ein Zuschuss zu eurem Ausbildungsgehalt. Folgende Bedingungen müssen erfüllt sein:

» Ihr absolviert die erste Ausbildung; eine weitere wird nur in Ausnahmefällen unterstützt.
» Die Ausbildung ist staatlich anerkannt. Privates Anlernen zählt also nicht.
» Ihr wohnt nicht mehr bei euren Eltern, und die tägliche Heimfahrt ist unmöglich, weil zu weit.
» Das Einkommen eurer Eltern darf einen bestimmten Betrag nicht überschreiten. Wenn sie »zu viel« verdienen, bekommt ihr den Zuschuss nicht. Auch die Anzahl eurer Geschwister und die Frage, ob sie noch bei euren Eltern wohnen, spielen eine Rolle. Das Jahreseinkommen der Eltern muss angegeben und durch Kopien der Gehaltsbescheinigung und/oder der Steuererklärung belegt werden.
» Ihr müsst sämtliche Kosten (Fahrtkosten etc.), die ihr auf dem Antragsformular geltend macht, nachweisen, die Fahrtkosten also beispielsweise mit einer Kopie eurer Monatskarte belegen.

Aufstiegs-BAföG

Ihr habt die Ausbildung absolviert, eine Weile in eurem Beruf gearbeitet, nun juckt es euch in den Fingern: Ihr wollt euch fortbilden und einen weiteren Abschluss erwerben? Ob Handwerks- und Industriemeisterin, Erzieher, Technikerin, Fachkaufmann, Betriebswirtin – zur Unterstützung derartiger Zusatzqualifikationen wurde das Aufstiegs-BAföG eingeführt. Es bezuschusst beispielsweise die Lebenshaltungskosten und übernimmt Lehrgangs- und Prüfungsgebühren. Checkt unbedingt, ob ihr Anspruch darauf habt! Eine Altersgrenze besteht nicht.

www.aufstiegs-bafoeg.de

Gekündigt?

Eure Probezeit dauert vom ersten Ausbildungstag an maximal vier Monate. In dieser Zeit kann euch ohne Angabe von Gründen gekündigt werden. Nach der Probezeit geht das nur in gesetzlich genau festgelegten Fällen – etwa, wenn ihr Geld aus der Kasse geklaut habt. Wenn ihr eurer Meinung nach zu Unrecht entlassen wurdet, könnt ihr euch an die **Jugend- und Auszubildendenvertretung** (JAV) wenden. Das ist die Interessenvertretung aller Angestellten unter 18 sowie von Auszubildenden bis zu 25 Jahren. Die JAV gibt es – wenn es sie gibt – nur in Betrieben mit mindestens fünf Mitarbeitern unter 25. Andernfalls ist der Betriebs- bzw. Personalrat euer Ansprechpartner oder gegebenenfalls die Gewerkschaft. Bei unberechtigter oder unzulässiger Kündigung wird man euch dort helfen. Die Gewerkschaft würde auch eventuelle Anwaltskosten erstatten. Dafür müsst ihr aber Mitglied sein, was euch monatlich etwa ein Prozent des Gehalts kostet.

Gewerkschaften sind dafür da, die Interessen von Angestellten und Azubis zu vertreten. Ob eine Mitgliedschaft für euch in Frage kommt, müsst ihr selbst entscheiden; der kostenlose Rechtsschutz ist jedenfalls ein Vorteil.

www.jav.info (JAV-Portal der Dienstleistungsgewerkschaft Verdi)
www.dgb.de (Seite des Deutschen Gewerkschaftsbunds)
www.verdi.de (Seite der Dienstleistungsgewerkschaft Verdi)

KURZ & KNAPP

Wenn ihr entlassen wurdet oder nach langem Suchen noch immer keine Ausbildungsstelle gefunden habt, dann: ab ins BiZ! Vielleicht findet die Berufsberaterin noch einen Betrieb, der euch aufnehmen kann.
Wenn nicht, bleiben folgende Möglichkeiten:

» Ihr bekommt eine staatlich finanzierte Ausbildungsstelle, die an keinen Betrieb gebunden ist. Das nennt sich dann in schönstem Amtsdeutsch »Berufsausbildung in einer außerbetrieblichen Einrichtung« (BaE).
» Ihr macht ein Berufsvorbereitungsjahr (BVJ), also eine einjährige Schulausbildung, die meist an Berufsschulen stattfindet.
» Ihr nehmt an einem Berufsgrundbildungsjahr (BGJ) teil. Das ist eine schulische Form der Berufsausbildung. Wenn ihr nach diesem Jahr eine Ausbildungsstelle bekommt, wird euch das BGJ angerechnet, was eure

Ausbildungszeit verkürzt. Im Angebot sind mehrere Berufsfelder, beispielsweise Wirtschaft und Verwaltung, Holz- oder Elektrotechnik, Körperpflege oder Erziehung und Soziales.

» Ihr entscheidet euch für eine betriebliche Einstiegsqualifizierung (EQ). Dabei arbeitet ihr sechs bis zwölf Monate auf Praktikumsbasis in einem Betrieb. Dafür gibt's etwas Taschengeld und Zertifikate, die eure Chancen für die Zukunft verbessern: Infos unter www.arbeitsagentur.de/datei/dok_ba013243.pdf.

» Ihr macht erst mal Pause, sucht euch ein interessantes Projekt und geht ins Ausland. Infos dazu findet ihr ab Seite 44.

Kapitel 3

Studium

Ihr wollt euch auf das viel gerühmte Studentenleben einlassen? Den spannungsvollen Wechsel von Party- und Bibliotheksbesuchen genießen? Überlegt euch vorher genau, was für ein Typ ihr seid: Könnt ihr euch gut selbst motivieren, euch daheim zum Lernen hinsetzen und Seminare besuchen, ohne dass eure Anwesenheit auch überprüft wird? Kommt ihr damit klar, nicht direkt einen Beruf zu erlernen, sondern Fachwissen auf einem Gebiet zu erwerben, das man dann an verschiedenen Stellen anbieten muss, um einen Job zu kriegen? Wer mit diesen Unsicherheiten kein Problem hat, sie vielleicht sogar als bereichernde Freiheit betrachtet, der sollte studieren. Unbedingt!

Ein akademisches Jahr untergliedert sich in Semester. Das Sommersemester dauert meist von April bis Ende September, das Wintersemester von Oktober bis Ende März. Ein Drittel des jeweiligen Semesters sind die Semesterferien, die zwar landläufig »Ferien« heißen, eigentlich aber für Seminararbeiten oder Praktika genutzt werden sollen. Die offizielle Bezeichnung lautet daher: »vorlesungsfreie Zeit«.

Wer als Uni-Frischling, gern auch »Ersti« genannt, orientierungslos auf dem Campus umherirrt, findet Hilfe bei den Fachschaftsräten der verschiedenen Fakultäten. Sie bestehen aus Studierenden, die wissen, was es an welchem Institut zu beachten gilt und welche Vorlesung sich lohnt. Neben den Uni-Webseiten kann außerdem das Studentenwerk ein Ratgeber bei sämtlichen Anliegen sein. So ist es beispielsweise zuständig für die Vermittlung (preiswerter) Wohnheimplätze.

www.studentenwerke.de (Website des Deutschen Studentenwerks mit Infos zum Wohnen, zur Studienfinanzierung etc.)

STUDIENWAHL

Jetzt gilt es, sich durchs Dickicht von 9000 verschiedenen Studienfächern zu schlagen. Um herauszufinden, was zu euch passt, lest mal, was unter »Berufswahl« (Seite 101) steht. Es gibt dort ein paar Fragen, mit denen ihr herausfinden könnt, welche Art von Beruf für euch richtig ist. Und wenn ihr wisst, was ihr werden wollt, dann müsst ihr »nur« noch überlegen, wie ihr dahin kommt.

Heißt euer Wunsch »Ärztin«, dann gibt's nicht mehr viel zu überlegen; dann wollt ihr Zugang zum Medizinstudium. Ebenso beim Berufsbild »Lehrer«, wo man die gewünschten Unterrichtsfächer »auf Lehramt« studiert. Es gibt aber auch viele Bereiche, die mit keinem eindeutigen Berufsbild verknüpft sind: Nach einem Jurastudium kann man Anwältin, Notar, Richter werden oder auch Politikerinnen beraten bzw. selbst eine sein. Noch offener ist die Zukunft einer studierten Germanistin, Politik- oder Kulturwissenschaftlerin. Da kursiert auch gern das Bild des vergeistigten Einzelgängers, der nach dem Studium als verarmter Taxifahrer durch die Nacht fährt. Doch mal abgesehen davon, dass auch Taxifahrer schon Minister geworden sind, wird euch das kaum passieren, wenn ihr eure Semesterferien für Praktika nutzt. Praxiserfahrungen parallel zum Studium – sie sind unabdingbar, sonst habt ihr nachher Top-Noten, aber noch nie etwas anderes als Hörsaal und Bibliothek von innen gesehen. Gerade wenn ihr wisst, dass ihr keine wissenschaftliche Laufbahn einschlagen möchtet, ist es wichtig, Praxisluft zu schnuppern.

Wie aber findet man heraus, was man werden kann, was man werden will? Vielleicht versteht ihr euch mit einer eurer Lehrerinnen besonders gut und legt viel Wert auf deren Meinung. Dann kann diese eine gute Ansprechpartnerin sein. Und: Macht unbedingt online den **Studium-Interessentest** (SIT); dauert etwa 15 Minuten.

Außerdem: Wenn ihr, in der Schule oder anderswo, Aushänge zu Berufsinformationsveranstaltungen seht, geht hin. Auch könnt ihr ein persönliches Gespräch mit einer Berufsberaterin des **Berufsinformationszentrums** (BiZ) vereinbaren.

Ferner finden regelmäßig Hochschulinformationstage statt, sozusagen »Tage der offenen Tür« an den Hochschulen. Die Termine sind meist gut sichtbar auf der Webseite der jeweiligen Uni platziert. Dozenten stellen an so einem Tag ihre Institute vor, Studierende erklären euch, wie sie die ganze Sache sehen, und wahrscheinlich finden auch Vorlesungen statt, sodass ihr mal reinschnuppern könnt. Viele gehen nämlich mit falschen Vorstellungen an ein Studienfach heran und sind dann enttäuscht.

Also besser vor der Einschreibung (Immatrikulation) genau herausfinden, was die beliebte »Germanistik« eigentlich ist. Wer sich nämlich einfach sagt: »Ich hab schon immer gern gelesen und war gut in Deutsch«, der wird sich ganz schön umgucken, wenn er auf einmal Mittelhochdeutsch lernen soll.

Auch wenn ihr noch nicht an einer Uni eingeschrieben seid – was hindert euch eigentlich daran, vorher schon einmal eine Vorlesung zu besuchen? Vorlesungsverzeichnisse stehen auf den Seiten der jeweiligen Universität im Internet – mit allen Angaben zu Thema, Ort und Uhrzeit. Steht hinter der Uhrzeit ein c.t. (»cum tempore«), dann heißt das, die Veranstaltung beginnt 15 Minuten später als angegeben. Das ist das berühmte »akademische Viertel«. Geht die Veranstaltung tatsächlich zur angegebenen Zeit los, dann steht dahinter s.t., was für »sine tempore« steht. Es wird garantiert keinem auffallen, wenn ihr euch mal mit in den Hörsaal setzt.

TIPP

Manchmal ist es klug, vor dem Studium eine damit verwandte Ausbildung zu absolvieren. So kennt man sowohl die Theorie als auch das praktische Berufsleben. Ohnehin hat man vielleicht nach der Schule nicht gleich Lust aufs Büffeln an der Uni, sondern eher auf eine Ausbildung. Beispiele: erst eine Ausbildung zur Bankkauffrau, dann ein Studium der Betriebswirtschaftslehre. Oder: erst eine Ausbildung zum Buchhändler, dann ein Studium der Buchwissenschaften oder Germanistik. In eng beieinanderliegenden Fächern kann das eure Karrierechancen steigern.

Das Internet kann euch auch bei der Uni-Suche helfen. Der Online-»**Hochschulkompass**« hat eine ausgefeilte Suchfunktion. Ihr könnt nach verschiedenen Hochschultypen suchen, nach Städten oder nur nach bestimmten Fächern. Die Seite ist gut verlinkt mit den Webseiten der Hochschulen.

Eine weitere Quelle ist das **Hochschulranking** des Centrums für Hochschulentwicklung (CHE) und der Wochenzeitung »Die Zeit«. Dort sind die einzelnen Fachbereiche zahlreicher Unis bewertet, und zwar sowohl von Dozenten als auch von Studierenden. So seht ihr schnell, wie gut beispielsweise die Fakultät für Betriebswirtschaftslehre an der von euch ins Auge gefassten Uni ist.

Und noch etwas: Es ist kein Verbrechen, das Studienfach zu wechseln, wenn ihr merkt, es liegt euch nicht. Blättert zu diesem

Thema auch mal zurück zu »Öfter mal was Neues« auf Seite 104. Schlenker und Neuausrichtungen gehören zum Leben dazu.

www.hochschulkompass.de/studium-interessentest.html (Studium-Interessentest)
www.studienwahl.de (Studienwahlseite der Bundesagentur für Arbeit)
www.hochschulkompass.de (Hochschulen zu gewünschten Fächern finden)
www.ranking.zeit.de (Ergebnisse des Hochschulrankings des Centrums für Hochschulentwicklung und »Die Zeit«)

© Benjamin Bauer

»Bitte, bitte studiert, was ihr könnt und was euch Spaß macht!«

INTERVIEW MIT TABEA MUSSGNUG

Tabea Mußgnug hat nach dem Abitur sehr lange überlegt, was sie denn nun studieren könnte. Schließlich entschied sie sich für Kunstgeschichte in Heidelberg und promovierte in dem Fach sogar. Nebenher schrieb sie das Buch »Nächstes Semester wird alles anders … Zwischen Uni und Leben!« (erschienen im Fischer Taschenbuch). Darin gibt sie amüsante Anekdoten aus dem Studiumsalltag wieder. Ein Zitat: »Das Problem am Sommersemester ist der Sommer. Und das Semester.«

Tabea, welche Studienfächer hast du nach dem Abi in Erwägung gezogen?

Eigentlich wollte ich immer Tierärztin werden, aber dafür waren meine Noten zu schlecht. Dann dachte ich über vieles nach, zum Beispiel Innenarchitektur, Modedesign, Forstwirtschaft und das typische »was mit Medien«. Schließlich habe ich aber zum Glück herausgefunden, was mich wirklich interessiert: Kunstgeschichte.

Ich habe schon als Kind immer meine Hände auf altes Gemäuer gelegt und zu meinen Eltern gesagt: »Wer das hier schon alles berührt hat!«

Bei der Wahl deiner Nebenfächer hattest du dann aber nicht von Anfang an so ein glückliches Händchen.
Ja, die Nebenfächer habe ich ein paarmal gewechselt, bis ich dann bei Religionswissenschaften und Byzantinischer Archäologie gelandet bin.

Was haben denn deine Eltern zu dieser exotischen Studienwahl gesagt?
Sie haben mir völlig freie Hand gelassen; ein richtiger Luxus, ich weiß. Aber ungefähr von jedem anderen außer meinen Eltern wurde ich gefragt: »Und was macht man dann damit?«

Hat dich das verunsichert?
Manchmal schon. Aber ich habe versucht, das nicht an mich ranzulassen. Auf der einen Seite kann ich nachvollziehen, dass sich diese Frage vielen Leuten aufdrängt, weil Geisteswissenschaften – anders als Medizin oder Jura – nun mal nicht mit einem bestimmten Berufsziel verknüpft sind. Andererseits hat mich diese Frage aber auch furchtbar genervt.

Was rätst du allen, die studieren wollen?
Bitte, bitte studiert, was ihr könnt und was euch Spaß macht! Ich halte nichts davon, sich nach irgendwelchen Trends zu richten. In Fächern, die einen interessieren, wird man es auch zu mehr bringen, glaube ich.

Insgesamt hast du, inklusive deiner Doktorarbeit, 16 Semester lang studiert. Dein Resümee?
Die Uni-Zeit war einfach toll! Jetzt, wo sie zu Ende ist, werde ich richtig wehmütig: Nie wieder werde ich auf einen Schlag so viele tolle Leute kennenlernen, gleichzeitig so viel lernen und so viel abends weggehen.

HOCHSCHULARTEN

Die Entscheidung, wo ihr ein Studium idealerweise absolviert, kann euch dieses Buch leider nicht abnehmen. Aber vielleicht hilft euch ja diese Übersicht über die gängigsten Hochschularten bei der Wahl. Wenn ihr wisst, zu welchem »Hochschul-Typ« ihr gehört – ob ihr beispielsweise eher interessiert seid an theoretischem Wissen oder eher am Sammeln von Berufserfahrung –, dann dürften euch die folgenden Informationen viel Arbeit ersparen. So nämlich könnt ihr eure Suche gezielt auf eine bestimmte Hochschulform beschränken.

Universität

Gut 100 Unis gibt es über ganz Deutschland verteilt. Die Auswahl an Fächern ist groß. Sie reicht von technischen, naturwissenschaftlichen Ausrichtungen bis hin zu sozial- und geisteswissenschaftlichen Gebieten. Fächer wie Medizin, Mathe, Informatik, BWL oder Jura haben die meisten Unis in ihrem Kanon. Ausgefalleneres wie beispielsweise Friedens- und Konfliktforschung oder Wirtschaftssinologie (also Wirtschaftschinesisch) wird nur an wenigen Unis angeboten, deren Besonderheit eine solche Richtung dann ausmacht.

Universitäten sind stärker als andere Hochschulen durch ihren Bezug zur Forschung geprägt. Sie bemühen sich aber auch, zunehmend praktischer zu werden. So ist beispielsweise mit dem Bachelor schon ein erster Abschluss nach etwa sechs Semestern möglich. Früher hatte man von rund fünf Jahren ausgehen müssen, ehe man eine Endnote sah. Ergänzt man seinen Bachelor- um einen Master-Abschluss, so erreicht man aber trotzdem eine vergleichbare Studiendauer. Ein flotter Ausbildungsweg ist die Uni also nicht.

Neben der schönen Freiheit des Studentenlebens hat man leider auch die Pflicht, sich durch in Beamtendeutsch verfasste Prüfungsordnungen zu quälen, lange Schlangen vorm Studentensekretariat zu ertragen und entweder eine halbe Stunde vor der Vorlesung im Hörsaal zu sein – oder einen Stehplatz in Kauf zu nehmen. Gerade an Großstadt-Unis sind die Lehrveranstaltungen oft überfüllt. Wer »Massenfächer« wie Germanistik, Sozialpädagogik, Jura oder BWL in Hamburg oder Köln studiert, muss einfach wissen, worauf er sich einlässt. Hinweise zu den Zulassungsverfahren der Universitäten bekommt ihr unter der Überschrift »Bewerbung um einen Studienplatz« (ab Seite 145).

www.hochschulkompass.de (Hochschulen zu gewünschten Fächern finden)

Fachhochschule

Hier steht die Lehre im Mittelpunkt. Für den Besuch einer Fachhochschule (FH) ist zum einen die allgemeine Hochschulreife, also das Abi, Voraussetzung, zum anderen meist ein fachbezogenes Vorpraktikum, nicht selten von der Dauer eines Jahres.

Fachhochschulen bieten sehr anwendungsorientierte Studiengänge an, weshalb sie oft den Beititel »University of Applied Sciences« (Universität für Angewandte Wissenschaften) tragen. In der Regel dauert das Studium etwa vier Jahre und beinhaltet ein bis zwei Praxissemester, die man irgendwo draußen in der rauen Arbeitswelt verbringt. Der Kanon reicht von den Sozialwissenschaften, wie beispielsweise der Sozialpädagogik, über wirtschaftswissenschaftliche bis hin zu naturwissenschaftlichen und technischen Fächern. Auf eurer Urkunde steht nach dem Studium »Bachelor« oder »Master«. Ein Fachhochschul-Abschluss ist universitären Abschlüssen nicht hundertprozentig gleichgestellt. Das heißt: Wenn man später an eine Uni wechseln will, kann es passieren, dass man noch ein paar Zusatzleistungen erbringen muss.

Eine Sonderform der FH ist die »Hochschule für öffentliche Verwaltung«. Wird man dort zugelassen, erhält man Zugang zu einer Beamtenlaufbahn und kann später etwa bei der Polizei oder anderen Behörden angestellt sein. Die Praxissemester verbringt man beispielsweise bei Gericht.

https://studieren.de/fachhochschulen.0.html
(Übersicht über alle Fachhochschulen)
www.hsbund.de (Hochschule des Bundes für öffentliche Verwaltung)
www.studis-online.de/hochschulen/verwaltung
(Übersicht aller Hochschulen für öffentliche Verwaltung)

Berufsakademie / Duale Hochschule

Hier steht die Praxis im Mittelpunkt. Die Berufsakademie (BA) oder Duale Hochschule ist ähnlich wie eine Ausbildung eine Mischung aus Lehre und Studium und deshalb eine beliebte Alternative zur »normalen« Universität. Berufsakademien und Duale Hochschulen bieten oft betriebswirtschaftliche oder technische Fächer an. Man ist bei einer Firma angestellt, erhält von ihr auch ein Gehalt und ist abwechselnd beim Unterricht und im Betrieb.

> **TIPP**
> Jedes Jahr bringt die Wochenzeitung »Die Zeit« einen »Studienführer« heraus. Darin werden die beliebtesten Studiengänge bewertet. Außerdem enthält er zahlreiche Tipps und schöne Texte rund ums Studi-Leben. Gibt's am Kiosk und online im »Zeit«-Shop: www.shop.zeit.de/sortiment/die-zeit-magazine/studium-und-orientierung

Das Studium dauert in der Regel drei Jahre. Eine Abschlussarbeit wird in Absprache mit dem Unternehmen verfasst. Danach besitzt man in seinem Fach meist den Titel »Diplom-BA« oder »Bachelor«. Weshalb die Plätze an den rund 60 hiesigen Berufsakademien so begehrt sind? Man hat gute Chancen, danach quasi fließend in den Beruf überzugehen. Häufig übernimmt die Firma die Studierenden nämlich nach ihrem Studium. Dafür sind im Vorfeld die Auswahlkriterien aber auch härter. Abitur ist Voraussetzung, oft kommen noch Eignungstests und Bewerbungsgespräche hinzu. Was man auch wissen muss: Dieses Studium ist straff organisiert, und man hat keine Semesterferien.

Listen der Ausbildungsfirmen finden sich auf den Seiten der verschiedenen Berufsakademien und Dualen Hochschulen. Auch mittels Stellenausschreibung könnt ihr auf eine Firma aufmerksam werden. Und manche von euch schaffen es eventuell sogar, durch persönliche Kontaktaufnahme ein Unternehmen dafür zu gewinnen, euch als BA-Studentin oder -Studenten einzustellen.

https://studieren.de/berufsakademien.0.html (Übersicht über alle Berufsakademien / Duale Hochschulen)

Künstlerische Hochschule

Viele träumen davon, an einer Musik-, Kunst- oder Filmhochschule zu studieren. Doch die Auswahlverfahren sind hart. Abitur ist Grundvoraussetzung – nur ganz besonders Begabte werden auch ohne genommen. Außer dem Abiturzeugnis müssen die Bewerberinnen und Bewerber – je nach Art der Kunst – Arbeitsmappen mit eigenen Werken oder selbstgedrehte Filme vorlegen. Ein Casting erwartet angehende Musikstudenten und Schauspielerinnen. Und schließlich entscheiden fast immer Theorie-Tests und Eignungsgespräche vor einer Jury über Aufnahme oder Ablehnung.

Die wenigen Studienplätze an Kunsthochschulen sind sehr begehrt. Hier bei einer Bewerbung zu scheitern ist also alles andere als eine Schande. Seht es als Trainingseinheit, und bewerbt euch weiter an verschiedenen Instituten, wenn euer Drang zur Kunst anhält. Je mehr Erfahrung ihr mit solchen Prüfungen habt, desto routinierter werdet ihr sie angehen – und desto mehr Leute wiedertreffen, die, wie ihr, schon anderswo keinen Platz ergattern konnten.

Wenn ihr online im Hochschulkompass »Künstlerische Hochschulen« eingebt, bekommt ihr die Liste aller rund 60 staatlich anerkannten Einrichtungen in Deutschland. Auf den einzelnen Hochschul-Webseiten müsst ihr euch dann über die Aufnahmekriterien und Fristen informieren; die sind wirklich überall anders.

www.hochschulkompass.de

Private (Fach-)Hochschule

In Deutschland gibt es über 100 private Hochschulen. Tendenz steigend. Nicht alle von ihnen tragen das Siegel »staatlich anerkannt«. Besonders bekannte Exemplare: die »Bucerius Law School« in Hamburg oder die »Hertie School« (früher mit dem Zusatz »of Governance«) in Berlin. Viele von ihnen sind wirtschaftlich oder juristisch ausgerichtet und geben sich international mit Englisch als Unterrichtssprache. Die privaten Hochschulen genießen oft hohe Anerkennung – nicht nur wegen der gutbezahlten Jobs, die viele Absolventinnen und Absolventen schon während des Studiums angeboten bekommen.

Privatunis sind konzipiert wie Unternehmen: Die Studierenden sind die »Kundschaft«, die sich Leistungen »kaufen«. Deshalb kann so ein Studium gut und gern 10 000 Euro im Jahr kosten. Im Gegenzug können die Unis dann aber auch hochqualifizierte Lehrende, beste Ausstattung und kleine Arbeitsgruppen bieten.

Reiche Eltern müssen trotzdem nicht unbedingt sein. Die Hochschulen bieten meist auch die Möglichkeit, das Studium mit Hilfe von Darlehen oder Stipendien zu finanzieren. Doch aufgepasst: Schon für eine Bewerbung verlangen manche Privatunis eine saftige Bearbeitungsgebühr. Ab Seite 146 bekommt ihr weitere Informationen zur Finanzierung eures Studiums.

Übrigens: Private Hochschulen können auch pleitegehen. Wählt also eine namhafte, die schon einige Jahre existiert und Auskunft darüber geben kann, wo ihre Absolventen gelandet sind.

www.privathochschulen.net/hochschulen
(Übersicht aller Privathochschulen)

Universität der Bundeswehr

Stillgestanden! Auch die Bundeswehr bietet die Möglichkeit zu studieren. Sie unterhält zwei Hochschulen: die »Helmut-Schmidt-Universität« in Hamburg und die »Universität der Bundeswehr« in München. Voraussetzung für ein solches Studium ist das Abitur. Außerdem muss man eine Offiziersprüfung bestehen, die sich, aus Sport-, Wissens- und Psycho-Test bestehend, nicht mal eben nebenbei meistern lässt. Der wichtigste Fakt aber: Ihr müsst euch zu 13 Jahren Wehrdienst verpflichten lassen.

Habt ihr euch dazu entschlossen, so bietet die Bundeswehr ein solides, kompaktes Studium. Die Vorlesungszeit ist in Trimester unterteilt. Ferien gibt es nur einmal pro Jahr, sodass mit einer vergleichsweise kurzen Regelstudienzeit von etwas mehr als drei Jahren gerechnet wird. Zudem erhält man ein Gehalt, mit dem sich gut »überleben« lässt. Das Fächerspektrum der beiden Bundeswehr-Unis ist nicht so breit wie das »richtiger« Universitäten. Und doch wird viel angeboten: Bildungs- und Erziehungswissenschaft, Maschinenbau, Luft- und Raumfahrttechnik, Psychologie und Wirtschaftsinformatik beispielsweise.

Die Dozenten übrigens haben nicht zwangsweise einen militärischen Dienstgrad; sie sind Wissenschaftler, die auch an anderen Universitäten tätig sein können. Und: Natürlich können auch Frauen dort studieren!

www.bundeswehrkarriere.de (Ausbildungsmöglichkeiten der Bundeswehr)
www.hsu-hh.de (Helmut-Schmidt-Universität in Hamburg)
www.unibw.de (Universität der Bundeswehr in München)

Kirchliche Hochschule
Neben den theologischen Fakultäten an den Unis unterhalten die Kirchen eigene Hochschulen, an denen beispielsweise Theologie, Kirchenmusik oder Sozialwesen unterrichtet wird. Ihre Studiengänge und Studienabschlüsse sind in der Regel staatlich anerkannt.

Pädagogische Hochschule
Ein speziell baden-württembergischer Hochschultyp: Wer in Baden-Württemberg studieren und im Bildungswesen (also zum Beispiel als Lehrerin) arbeiten möchte, kann an eine der sechs dortigen Pädagogischen Hochschulen gehen. Ein Ausbildungsangebot mit sehr gutem Ruf.

www.mwk.baden-wuerttemberg.de/de/hochschulen-studium/hochschullandschaft/hochschularten/paedagogische-hochschulen
(Übersicht der Pädagogischen Hochschulen)

ABSCHLÜSSE

Die Wahl des Studienabschlusses hat sich gegenüber früher stark vereinfacht. Seit 2010 vergeben die Universitäten in der Europäischen Union im Wesentlichen nur noch zwei akademische Abschlüsse: den Bachelor und den Master. Diese Vereinheitlichung des Hochschulsystems – auch als »Bologna-Prozess« bekannt, weil die Eckpunkte dieser Reform 1999 in Bologna erarbeitet wurden – ermöglicht es, ohne Probleme und unter gleichen Bedingungen in ganz Europa zu studieren und zu arbeiten. Die Abschlüsse besitzen überall dieselbe Wertigkeit.

Bachelor

Es gibt den Bachelor of Arts und den Bachelor of Science. Das Studium, das dem Erhalt des Bachelors vorangeht, dauert etwa sechs bis acht Semester. Es soll das wissenschaftliche Basiswissen vermitteln und mündet in eine Bachelorarbeit. Wer will, kann dann versuchen, direkt ins Berufsleben zu wechseln – oder weiterstudieren.

Master

Im Masterstudium findet dann eine Vertiefung des Wissens statt, das man zuvor erworben hat. Zudem spezialisiert man sich auf ein Gebiet. Dieses »Aufbaustudium« dauert zwei bis drei Jahre.

Staatsexamen

Juristinnen, Mediziner und Lehrerinnen beenden ihr Studium mit einem Staatsexamen. Das heißt, die Prüfungsinhalte werden von Behörden festgelegt.

Promotion und Habilitation

Wer nach dem Master eine Doktorarbeit schreibt und die zugehörige Prüfung besteht, hat mit Erfolg promoviert und kann sein Klingelschild mit »Dr.« aufmotzen. Die Habilitation ist dann die nächste Sprosse auf der akademischen Karriereleiter mit dem Ziel der eigenen Professur.

KURZ & KNAPP

Die deutschen Abschlüsse bis zur Bologna-Reform:

» Diplom: Früher schlossen Studien in den meisten mathematisch-naturwissenschaftlichen Fächern mit der Diplomarbeit ab. Man war dann also Diplom-Ingenieurin, Diplom-Biologe etc. An einigen wenigen Unis werden nach wie vor noch ein paar Diplom-Studiengänge angeboten.

» Magister: Ein Studium der Geistes- oder Sozialwissenschaften wurde mit dem Titel »Magister« (M.A.) belohnt. Wer ein Fach »auf Magister« studierte, hatte die Wahl: entweder studierte er zwei Hauptfächer, wie Politikwissenschaften und Geschichte, oder ein Hauptfach, kombiniert mit zwei Nebenfächern.

SICH UM EINEN STUDIENPLATZ BEWERBEN

Wie ihr an einen Studienplatz an einer Universität kommt, hängt von der Uni und dem Fach ab, das ihr studieren wollt. In einigen Fällen müsst ihr einen Eignungstest absolvieren. So will die jeweilige Fakultät prüfen, ob ihr die Voraussetzungen für das gewünschte Fach erfüllt. Am häufigsten kommen aber folgende Zulassungsvarianten vor:

Keine Zulassungsbeschränkung

Euer Wunschfach ist frei zugänglich. Sofern die Universität, an der ihr studieren möchtet, über genügend Plätze verfügt, dürft ihr einfach mit eurem Abizeugnis hingehen und euch einschreiben. An den meisten Hochschulen könnt ihr euch zunächst online einschreiben und müsst dann noch ein paar Dokumente, etwa euer Zeugnis, persönlich vorlegen. Erkundigt euch rechtzeitig, wann die **Immatrikulationsfrist** (also die Frist, sich anzumelden) endet und welche Unterlagen vonnöten sind. Zur persönlichen Einschreibung müsst ihr wahrscheinlich ins Studierendenzentrum oder Studierendensekretariat gehen. Mit Sicherheit hat sich dort am besagten Tag schon eine Schlange wartender Menschen aufgereiht. Ihr könnt dann stöhnen und meckern – und dabei eure Kommilitoninnen kennenlernen. Zumindest an den Großstadt-Unis ist langes Anstehen vor Uni-Büros keine Seltenheit.

Örtlicher Numerus clausus

In diesem Fall sind die Plätze in einem Fach knapp, und es gibt einen örtlichen »Numerus clausus«. Abkürzung: N.c. Auf Deutsch: »geschlossene Anzahl«.

Viele Hochschulen greifen aus Platzmangel zu diesem Weg der Studienplatzverteilung, bei dem jene Bewerber mit dem besten Abi-Durchschnitt bevorzugt aufgenommen werden. Wer relativ schlechte Noten hat, kann an manchen Unis noch per Losverfahren einen Platz ergattern. Wen der örtliche N.c. betrifft, der sollte es vorsichtshalber parallel an möglichst vielen Universitäten versuchen. Bewerben könnt ihr euch entweder direkt an der Hochschule, oder der Prozess läuft über die **Stiftung für Hochschulzulassung** (SfH) und ist auf deren Webseite Schritt für Schritt erklärt.

Bundesweiter Numerus clausus

Studiengänge der Medizin, Pharmazie, Tiermedizin und Zahnmedizin sind so begehrt, dass sie bundesweit an allen Hochschulen zulassungsbeschränkt sind und einem Numerus clausus unterliegen. Die Bewerbung und die Vergabe von Studienplätzen für diese Studiengänge erfolgt zentral über die Stiftung für Hochschulzulassung.

Man sollte wissen, dass man trotz N.c. auch ohne Top-Note eine Chance haben kann, denn der N.c. (auch der örtliche) wird immer erst nachträglich, also nach Eingang aller Bewerbungen, errechnet: Übersteigt die Zahl der Bewerbungen die vorhandene Zahl an Studienplätzen, dann werden nur die Besten zugelassen oder diejenigen, die schon lange auf den Studienplatz warten. Ansonsten kommen alle rein. Man kann es also auch mit einem niedrigen Abischnitt versuchen.

www.hochschulstart.de (Stiftung für Hochschulzulassung)

UND WOHER KOMMT DAS GELD?

So schön das Studentenleben auch ist – man braucht Geld. Von Luft und Büchern allein lässt sich nicht leben. Die Möglichkeiten: die Eltern anflehen, dem Staat auf der Tasche liegen, selbst rackern, von einer Stiftung ein Stipendium bekommen oder Schulden bei der Bank machen. Jede Variante klingt anstrengend, aber mindestens eine davon wird herhalten müssen.

Unterhaltspflicht der Eltern

Eure Eltern müssen – sofern sie es sich leisten können – weiterhin ran. Gesetzlich sind sie sogar dazu verpflichtet, während eurer ersten Ausbildung für euch aufzukommen. Wenn ihr Ausbildung oder Studium mehrmals abbrecht, müssen sie euch dann aber nicht mehr durchfüttern.

Wie viel Geld euch zusteht? Orientierung bietet die **»Düsseldorfer Tabelle«**, die von Familiengerichten zur Festsetzung von Unterhaltszahlungen bei Scheidungen zusammengestellt wurde. Zur Orientierung: 2022 sah sie 860 Euro monatlich für Studierende vor, die nicht mehr zu Hause leben. Der vorgeschlagene Betrag ändert sich aber in regelmäßigen Abständen. Und: Eure Eltern können euch natürlich nur so viel geben, dass sie selbst noch genug Geld haben für Essen, Miete, Altersvorsorge etc.

Im Normalfall könnt ihr euch sicher mit euren Eltern auf einen Betrag einigen, ohne diese Tabelle zu Rate ziehen zu müssen. Ihr habt übrigens eine bessere Diskussionsgrundlage, wenn ihr einmal einen Monat lang testet, wie viel Geld ihr zum Leben braucht.

www.olg-duesseldorf.nrw.de/infos/Duesseldorfer_Tabelle
(die »Düsseldorfer Tabelle«, nach Jahren sortiert)

Kindergeld

Das Geld steht euren Eltern, während ihr eine Ausbildung absolviert, noch immer zu. Wenn ihr brav seid, reichen sie es an euch weiter. Eure Eltern müssen das Geld aber, weil ihr volljährig seid, jetzt neu beantragen. Mehr dazu auf Seite 126.

BAföG

Die Langform von »BAföG« ist ein Mammutwort: »Bundesausbildungsförderungsgesetz«. Was sich dahinter versteckt? Die Antwort auf die Frage, wer für seine Ausbildung wie viel Geld vom Staat bekommt.

Leider ist der Antrag so kompliziert, dass man froh sein kann, wenn man es hinkriegt, seinen Namen ins richtige Feld zu schreiben. Aber für viele führt kein Weg am Geld vom Staat vorbei. Im Durchschnitt 1000 Euro braucht jemand, der studiert, pro Monat; je nach Stadt kann es mehr oder weniger sein. Dies allein mit Nebenjobs zu finanzieren bedeutet enormen Stress und ist selten ohne Beeinträchtigung des Studiums machbar. Deshalb also: BAföG. Die Hälfte des gezahlten Geldes will der Staat nach Studienabschluss zurückhaben – immerhin ohne Zinsen. Wer sein Studium mit besonders guten Noten und noch vor Ablauf der Regelstudienzeit abschließt, muss weniger abstottern. Also nicht vergessen, dem BAföG-Amt die überdurchschnittlichen Leistungen mitzuteilen!

Wenn ihr beim Ausfüllen des Antrags verzweifelt, holt euch Hilfe beim Studentenwerk. Das gibt es an jeder Uni. Den Antrag könnt ihr online ausfüllen. Und unter www.bafoeg-rechner.de könnt ihr euch vorab einmal ausrechnen, ob euch BAföG zusteht, und wenn ja, wie viel. Der Höchstsatz (inklusive Wohnpauschale und Krankenversicherung) lag Ende 2022 bei 809 Euro monatlich für Bis-25-Jährige, für Ältere bei 931 Euro.

TIPP

Thema: »Krankenversicherung«. Wer nicht mehr bei seinen Eltern mitversichert ist, kann einen Zuschuss zur Krankenversicherung beantragen. Ausgenommen ist jedoch, wer bereits den BAföG-Höchstsatz erhält.

Euer Anspruch hängt im Wesentlichen vom Einkommen eurer Eltern ab: Verdienen sie sehr viel, kriegt ihr wahrscheinlich kein BAföG oder nur wenig. Weitere Faktoren sind beispielsweise die Anzahl eurer Geschwister und die Frage, ob eure Eltern voneinander getrennt leben.

Stellt in jedem Fall einen Antrag! Vielleicht bekommt ihr ja immerhin einen kleinen Zuschuss bewilligt. Da ihr später nur die Hälfte zurückzahlen müsst, ist BAföG in jedem Fall viel lukrativer als ein Kredit.

Wer BAföG beantragen will, muss unter 45 sein. Und: Bis zu 45 000 Euro an Rücklagen dürft ihr haben, ohne dass es beim BAföG-Antrag ins Gewicht fällt; das Ersparte müsst ihr also nicht antasten. Zudem ist es erlaubt, bis zu 330 Euro im Monat mit einem Nebenjob hinzuzuverdienen.

www.bafoeg-rechner.de (Online-Rechner, der verrät, ob man Anspruch auf BAföG haben könnte)
www.bafög.de (Informationen und Antragstellung)

Sicher werdet ihr auf den Begriff **»elternunabhängiges BAföG«** stoßen. Normalerweise hängt der BAföG-Anspruch vom Einkommen der Eltern ab. In Ausnahmefällen wird das Geld der Eltern aber nicht in die Berechnung einbezogen. »Elternunabhängiges BAföG« kann beispielsweise beantragen, wer Vollwaise ist oder seine Eltern gar nicht kennt. Immer wieder gibt es Forderungen an die Politik, das BAföG doch generell von der Finanzkraft der Eltern zu entkoppeln. Bislang ist dieser Wunsch aber noch nicht Wirklichkeit geworden.

Jobben

Wer nicht BAföG-berechtigt ist, muss entweder darauf hoffen, genug Unterstützung von daheim zu bekommen – oder jobben. Bis zu 20 Wochenstunden sind während des Semesters erlaubt; bei mehr verliert man zum Beispiel den Anspruch auf den vergünstigten Studi-Tarif der Krankenkassen. Hast du einen sogenannten Minijob, musst du normalerweise nicht selbst Steuern und Sozialabgaben dafür abführen. Bei höheren Einkommen werden dann aber Abgaben fällig. Das heißt, ihr bekommt nicht mehr das vollständige Bruttogehalt.

Eine gute Verdienstmöglichkeit sind Ferienjobs: Man zahlt wenig Lohnsteuer und kann für einen gewissen Zeitraum so viel arbeiten, wie man will, ohne dass das Studium darunter leidet. Zudem bieten Messen oder andere Veranstaltungen oft gute Stundenlöhne.

Stipendien

Eine Alternative zum BAföG sind Stipendien. Deutschlands größtes Begabtenförderungswerk ist die Studienstiftung des deutschen Volkes. Sie ist überparteilich, und ihre Stipendiatinnen und Stipendiaten genießen hohes Ansehen. Auch einige Universitäten, Institute und private Hochschulen bieten Stipendien an. Zudem gibt es Stiftungen von Kirchen und den verschiedenen Parteien in Deutschland: die CDU-nahe Konrad-Adenauer-Stiftung, die SPD-nahe Friedrich-Ebert-Stiftung, die Grünen-nahe Heinrich-Böll-Stiftung, die FDP-nahe Friedrich-Naumann-Stiftung sowie die den Linken nahestehende Rosa-Luxemburg-Stiftung. Der Deutsche Gewerkschaftsbund fördert Studierende im Rahmen der Hans-Böckler-Stiftung.

> **TIPP**
>
> Wie kann ich mich für ein Stipendium bewerben? Was kommt im Auswahlverfahren auf mich zu? Welche Stiftung passt zu mir? Diese Themen beackert die Wochenzeitung »Die Zeit« auf ihren Spezialseiten unter www.zeit.de/thema/stipendien.

Die Höhe des Stipendiums ist meist – wie beim BAföG – vom Einkommen der Eltern abhängig. Allerdings steht jedem ein monatliches »Büchergeld« als Sockelbetrag zu. Bei der Studienstiftung des deutschen Volkes beispielsweise liegt dieser bei 300 Euro.

Das Gute an den Stipendien von Stiftungen: Man muss nichts zurückzahlen. Und sie machen sich überaus gut im Lebenslauf. Um aufgenommen zu werden, muss man nicht nur gute Noten, sondern auch »gesellschaftliches Engagement« nachweisen können. Außerdem braucht man meist ein oder zwei Gutachten von Dozenten (oder der Schulleiterin, wenn man gerade erst mit dem Studium anfängt und frisch von der Schule kommt). Auf den Webseiten der Stiftungen stehen sämtliche Aufnahmekriterien.

www.stiftungssuche.de/stipendien
(Auflistung sämtlicher Stipendien in Deutschland)
www.stipendiumplus.de (Informationsseite zu Stipendien der Arbeitsgemeinschaft der Begabtenförderungswerke)
www.studienstiftung.de (Studienstiftung des deutschen Volkes)
www.kas.de (Konrad-Adenauer-Stiftung)
www.fes.de (Friedrich-Ebert-Stiftung)
www.boell.de (Heinrich-Böll-Stiftung)
www.freiheit.org (Friedrich-Naumann-Stiftung)
www.rosalux.de (Rosa-Luxemburg-Stiftung)
www.e-fellows.net (Online-Stipendium)

Studienkredite und Bildungsfonds

Kein BAföG? Kein Stipendium? Kein Geld von den Eltern? Kein Nebenjob? Jetzt kommen als Finanzierungsmöglichkeiten noch Studienkredite und Bildungsfonds in Frage. Man nimmt also einen Kredit zur Finanzierung des Studiums auf und muss diesen später zurückzahlen – plus Zinsen. Man startet also mit großem Druck ins Arbeitsleben.

Studienkredite gibt es von verschiedenen Anbietern. Ihr solltet unbedingt die Konditionen vergleichen: reale Verzinsung, Rückzahlungsfrist etc. Der beste Kredit (ab und an werdet ihr auch auf den Begriff »Darlehen« stoßen) ist der mit dem niedrigsten Zinssatz – und dieser sollte über die gesamte Laufzeit des Kredits garantiert sein. So könnt ihr genau ausrechnen, wie viel ihr später zurückzahlen müsst. Wichtig: Im vereinbarten Zeitraum müsst ihr das Geld zurückgeben – egal, ob ihr dann noch studiert oder gerade auf Jobsuche seid. Die meisten Studierenden nutzen am Ende das Angebot der Kreditanstalt für Wiederaufbau, auch

KfW-Bank genannt. Sie stellt einen Studienkredit zur Verfügung, bei dem man bis zu 650 Euro im Monat bekommt, maximal 14 Semester lang. Binnen maximal 25 Jahren muss das Geld danach zurückgezahlt werden.

Als weitere Option gibt es noch den »Bildungskredit« genannten Ausbildungskredit der Bundesregierung. Den erhält man aber erst nach bestandener Vorprüfung. Der Betrag: maximal 300 Euro im Monat für zwei Jahre. Wer den Bildungskredit in Anspruch nehmen will, muss unter 36 sein. Ihr habt also noch ein bisschen Zeit. Der Vorteil des Bildungskredits: Im Vergleich zu privaten Anbietern ist der Zinssatz relativ niedrig.

Mit sogenannten Bildungsfonds werden Studierende unterstützt, die besonders gute Leistungen nachweisen können und ein mehrstufiges Auswahlverfahren bestehen. Eine Anbieterin ist die »CareerConcept AG«, die bis zu 1000 Euro im Monat auszahlt. Dass die Aufnahmebedingungen hart sind, hat folgenden Grund: Die Studierenden müssen hervorragende Jobchancen haben, um das Geld binnen weniger Jahre Berufstätigkeit komplett zurückzahlen zu können. Deshalb werden die vermeintlich »brotlosen« Geisteswissenschaftler auch kaum gefördert.

Bei allen Kreditvarianten müsst ihr bedenken: Ihr startet mit enormen **Schulden** ins Berufsleben. Kredite sind zunächst bequem. Ihr solltet sie aber wirklich nur dann nutzen, wenn es absolut keine andere Finanzierungsmöglichkeit mehr gibt. Lotet erst alle anderen Optionen aus.

www.finanztip.de/kredit/studienkredit (Infos zum Thema)
www.kfw.de/inlandsfoerderung/Privatpersonen/Studieren-Qualifizieren/F%C3%B6rderprodukte/KfW-Studienkredit-(174) (KfW-Studienkredit)
www.bva.bund.de/DE/Services/Buerger/Schule-Ausbildung-Studium/Bildungskredit/Antrag/Studierende/studierende_node.html (Bildungskredit der Bundesregierung)
www.bildungsfonds.de (Bildungsfonds von CareerConcept AG)
www.deutsche-bildung.de (Bildungsfonds der Deutsche Bildung AG)

Kapitel 4

Ein Unternehmen gründen

Wenn ihr zu der Sorte Mensch gehört, die sich nicht scheut, sich für eine Vision die Nächte um die Ohren zu schlagen, ist es für euch vielleicht das Richtige, ein eigenes Unternehmen zu gründen.

Eigentlich sind ein Studium oder eine Berufsausbildung generell eine gute Grundlage. Wer so lange nicht warten mag und eine gute Geschäftsidee hat, der kann es natürlich auch vorher probieren. Und selbst wenn sich eure Idee als nicht tragfähig erweisen sollte, so lernt ihr dabei doch jede Menge – und zwar Dinge, die euch eine Ausbildung oder Hochschule nicht beibringen kann. Also: Keine Angst vorm Scheitern! Inzwischen hat sich in Deutschland – auch dank vieler Start-ups, vor allem im Onlinebereich – eine richtige Gründerszene entwickelt, sodass Selbstständige keine seltene Spezies mehr sind. Und wer weiß: Vielleicht programmiert ihr ja das nächste »Call of Duty« oder baut den Nachfolger von Instagram.

SO GEHT'S

Ihr müsst ehrlich zu euch sein: Kommt ihr mit dem Risiko klar, kein geregeltes Einkommen zu haben, für alles verantwortlich zu sein und mehr zu arbeiten als etwaige Mitarbeiter? Gründerin oder nicht – das ist eine Typfrage. Unter www.fuer-gruender.de/wissen/existenzgruendung-planen/gruendertest-machen findet ihr einen Online-Fragebogen zum Selbsttest. Es gibt viele solcher Tests im Netz; probiert ruhig einige aus. Die gestellten Fragen weisen euch nämlich schon auf die Faktoren hin, die beim Thema »sich selbstständig machen« zu beachten sind. Betriebswirtschaftliches Grundwissen sollte – auch wenn ihr keine Ausbildung oder ein Studium hinter euch habt – beispielsweise vorhanden sein, denn ohne korrekte Buchführung geht nichts.

Am Anfang steht natürlich eine gute Idee. Dann müsst ihr den Markt analysieren: Gibt es meine Idee schon? Wie steht es um die Konkurrenz? Ist der Markt in meiner Branche womöglich schon gesättigt? Zieht ihr aus diesen Fragen eine positive Bilanz für euer Vorhaben, muss ein Finanzplan aufgestellt werden. Schaut euch um nach Förderprogrammen und Investoren, bei denen mit guten

Konzepten auch gutes Geld zu holen ist. Auch die Bundesagentur für Arbeit hilft Selbstständigen mit Gründungszuschüssen. Zudem gibt es allerlei Start-up-Wettbewerbe und Beratungsstellen, die euch sagen, wie man eine Finanzierung auf die Beine stellen kann. Viele schaffen es auch mittels Crowdfunding, indem sie im Netz genug Leute davon überzeugen, für ein Projekt zu spenden.

TIPP

Welche Methoden gibt es, um eine taugliche Geschäftsidee zu entwickeln? Unter dem Motto: »Alltagsprobleme sind getarnte Geschäftsideen« findet ihr hier ein paar Anregungen: www.youtube.com/watch?v=WZ2LwE_XEUI

Noch ein Hinweis: Wenn ihr gemeinsam mit Freunden oder Verwandten ein Unternehmen gründet, solltet ihr alle Absprachen in einem Vertrag festhalten. Wahrscheinlich könnt ihr euch im Moment nicht vorstellen, dass es je zum Streit kommt. Im Ernstfall kann aber genau das eine Beziehung retten; schließlich haben beide Seiten bestimmten Punkten vorher zugestimmt.

www.startupteens.de (Gründerportal für junge Leute)
www.gruenderlexikon.de (Infos rund um die Unternehmensgründung)
www.deutschland-startet.de/foerdermittel
(Förderprogramme der einzelnen Bundesländer)
www.theleanstartup.com
(Website rund um das Buch »The Lean Startup«, das beschreibt, wie man ein Produkt entwickelt, das auch jemand haben möchte)

© Kendra Storm Rae

»Mich kann in der Berufswelt nichts mehr schocken.«

INTERVIEW MIT LAURA WACKER

Laura Wacker war 23, als sie sich selbstständig machte und gemeinsam mit ihrer Schwester das Start-up »SugarShape« gründete. Das Unternehmen stellt Dessous für Frauen mit großer Oberweite her und verkauft sie über einen Onlineshop. Die Kundinnen können selbst mitbestimmen, wie die nächsten Kollektionen aussehen. Motto: »Wohlfühl-Garantie für deine Kurven«

Laura, wie kamst du darauf, ein eigenes Unternehmen zu gründen?

Nach dem Abitur habe ich ein Praktikum bei einem Start-up gemacht. Und obwohl ich nur Praktikantin war, durfte ich gleich unheimlich viel machen und bekam richtig Verantwortung. In einem größeren Unternehmen wäre das sicher anders gewesen. Jedenfalls habe ich dort Gründerluft geschnuppert und hätte auch am liebsten gleich in dieser Szene weitergemacht, bin danach aber erst einmal an die Uni gegangen.

Was hast du studiert?
Germanistik und Kulturwissenschaften. Egal, was man studiert – ich würde jedem empfehlen, einen Abschluss zu machen. Nebenher habe ich aber auch weiter in einem Start-up gearbeitet.

Und wie ist schließlich euer Dessous-Label entstanden?
Meine Schwester und ich, wir sind beide schlank, haben aber eine große Oberweite. Uns hat es immer geärgert, dass es einfach keine schöne Unterwäsche für uns gab. Entweder haben die Brusthalter nicht gepasst, oder sie sahen furchtbar aus. Viele unserer Freundinnen kannten das Problem. Der Mann meiner Schwester hat dann irgendwann zu uns gesagt: »Wieso macht ihr eure Unterwäsche denn nicht selbst?« Im ersten Moment haben wir darüber gelacht, aber uns ist dieser Gedanke nicht mehr aus dem Kopf gegangen.

Ein halbes Jahr später war das Unternehmen dann offiziell gegründet.
Genau. In der Zwischenzeit hatten wir uns mit anderen Gründern ausgetauscht, an Start-up-Wettbewerben teilgenommen, wir haben mit Schneidern über die Herstellung gesprochen und Investoren aufgetrieben, die bereit waren, uns das nötige Startkapital zu geben.

Wie geht das?
Zum Beispiel online über Crowdfunding-Plattformen. In unserem Fall war es so, dass wir in einem Video unsere Idee vorgestellt haben. Unser Ziel war es, binnen 60 Tagen 100 000 Euro einzusammeln. Nach nur vier Stunden hatten wir das Geld. Wir haben natürlich getobt vor Freude, waren richtig beflügelt.

Würdest du jungen Leuten empfehlen, sich selbstständig zu machen?
Wenn man ein Macher-Typ ist, auf jeden Fall! Ich war immer diejenige, die sich in der Schule gemeldet hat, wenn es um freiwillige Aufgaben ging, während alle anderen aus dem Fenster gestarrt haben. Gerade wenn man jung ist, hat man doch am wenigsten zu verlieren: Man hat noch keine Familie, kein Haus. Man kann

es probieren, und wenn es nicht klappt – so what? Dann hat man trotzdem viel gelernt und sucht sich eben einen festen Job.

Was hast du denn so alles gelernt?
Als Selbstständige springt man ins kalte Wasser. Ich habe gelernt, schnell Entscheidungen zu treffen. Ich kenne jetzt sämtliche Geschäftsbereiche, und ich weiß, Mitarbeiter anzuleiten oder knallharte Verhandlungen mit Investoren zu führen. Ich glaube, mich kann in der Berufswelt nichts mehr schocken.

TEIL 3

NEUE RECHTE, NEUE PFLICHTEN

Kapitel 1

Eigenes Geld

Finanzwelt – ich komme! Bisher galt für euch der »**Taschengeldparagraph**«, der euch lediglich im Rahmen eures Taschengelds erlaubte, Geschäfte zu »tätigen«, sprich: einzukaufen. Jetzt, mit 18, seid ihr unbeschränkt geschäftsfähig. Anders als vorher können Eltern unüberlegte oder überteuerte Anschaffungen eurerseits nun nicht mehr rückgängig machen, indem sie sagen: »Das war mit uns nicht abgesprochen.«

Wahrscheinlich habt ihr längst ein eigenes Konto, und spätestens jetzt wird es unabdingbar, um am wirtschaftlichen Leben teilzunehmen. Denn fast alles läuft ja inzwischen bargeldlos. Miete, Abo fürs Fitnessstudio, Handy-Flatrate, Großeinkauf bei Aldi und dm. Jeden Monat gibt es vieles zu bezahlen, doch richtiges Geld nehmen wir dafür selten in die Hand. Sobald ihr einen Job habt oder die Ausbildung beginnt, geht's nicht mehr ohne Konto, auf welches das Geld fließt. Aber was bedeuten all die Begriffe, denen man rund ums Konto begegnet – BIC, IBAN, Dispo? Die wichtigsten Wörter aus dem Bankenjargon werden auf den nächsten Seiten erläutert.

FINANZ-GLOSSAR

Anlage

Nein, damit ist hier nicht die Musikanlage gemeint, sondern die Geldanlage. Also: Wege, mit Geld Geld zu verdienen. Wie das gehen kann, lest ihr ab Seite 214.

BIC / SWIFT

Der BIC- oder SWIFT-Code besteht aus acht bis elf Zeichen und ist sozusagen die Adresse eurer Bank. Ihr findet ihn auf deren Webseite und eurer EC-Karte und müsst ihn manchmal bei Überweisungen angeben.

Dauerauftrag

Wenn ihr einen Dauerauftrag einrichtet – das geht wie bei normalen Überweisungen online –, wird regelmäßig zu einem festgelegten Termin von eurem Konto ein Betrag auf ein bestimmtes Empfängerkonto überwiesen. Typisches Beispiel: die monatliche

Mietzahlung an den Vermieter. Daueraufträge könnt ihr jederzeit kündigen.

Dispokredit

Auch Überziehungskredit genannt. Das ist der Kredit, der auf ein Girokonto gegeben wird, meist in Höhe von ein bis drei Monatsgehältern. Der Dispo ist praktisch, weil die Miete auch dann (per Dauerauftrag) von eurem Konto abgeht, wenn euer Arbeitgeber noch nicht gezahlt hat. Der teure Nachteil: Es fallen hohe Überziehungszinsen an.

EC-Karte

Mit der »Eurocheque-Karte« könnt ihr in den meisten Geschäften bargeldlos bezahlen oder am Automaten Geld abheben. Sie kann auch außerhalb Deutschlands in vielen Ländern genutzt werden.

IBAN

Die »International Bank Account Number«, kurz: IBAN, besteht bei deutschen Konten aus 22 Stellen und beginnt mit dem Ländercode DE. Hinter diesem Buchstaben- und Zahlen-Ungetüm verbirgt sich die Nummer eures Kontos. Die IBAN ist auf der zugehörigen EC-Karte angegeben.

Kontoauszug

Der Kontoauszug informiert euch über alle Geldbewegungen und den aktuellen Stand eures Kontos. Aufgelistet sind der alte Saldo, also der alte Kontostand, die Einnahmen und Ausgaben sowie der neue Saldo, also das, was ihr gerade draufhabt. Eure Eltern haben sich ihre Kontoauszüge noch am Bankautomaten ausgedruckt, heute ist der Blick in die aktuellen Umsätze im Onlinebanking viel einfacher. Prüft die letzten Umsätze regelmäßig. Ist beispielsweise eine Abbuchung verzeichnet, die ihr euch nicht erklären könnt, liegt womöglich ein Fehler der Bank vor oder sogar Betrug. Dann solltet ihr euch sofort an die Bank wenden und Widerspruch einlegen.

Kreditkarte

Mit der Kreditkarte lässt sich im Netz, in Restaurants, Hotels und vielen Geschäften per Unterschrift oder Pin-Code bezahlen – ein Komfort, den die EC-Karte im Grunde auch bietet. Was ist also der Unterschied? Bei der Kreditkarte erhält der Verkäufer das Geld ebenfalls sofort, euch werden die Beträge aber nicht einzeln und unmittelbar, sondern gesammelt einmal im Monat abgebucht. Die gängigsten Kreditkarten-Anbieter in Deutschland sind Visa und Mastercard.

TIPP

Bei manchen Girokonten gibt es eine Kreditkarte kostenlos dazu. Ist sie bei euch nicht gratis dabei, dann könnt ihr auch versuchen, erst mal ohne Kreditkarte auszukommen. Denn sie kostet Gebühren. Inzwischen bieten ja auch die meisten Onlineshops verschiedene Bezahlarten an, etwa per EC-Karte oder Sofortüberweisung. Wenn ihr die Kreditkarte nur ein-, zweimal im Jahr für eine Flugbuchung benötigt, fragt lieber eure Eltern, ob ihr deren Karte nehmen und ihnen das Geld dann geben könnt. Es lohnt sich nicht, die hohen Gebühren für zwei Einsätze im Jahr zu bezahlen.

Kryptowährung

Bitcoin, Ether, Binance Coin, Dogecoin – manche dieser Begriffe habt ihr sicher schon mal gehört. Es handelt sich dabei um Kryptowährungen, wobei sich Fans und Kritiker heftig darüber streiten, ob das Wort »Währung« überhaupt angemessen ist und nicht besser von »Glücksspiel« die Rede sein sollte.

Ursprünglich mit dem gutgemeinten Ziel erfunden, ein dezentrales, nicht von Staaten kontrollierbares Alternativgeld zu erschaffen, sind Bitcoin & Co. vor allem durch ihre ziemlich irre Wertentwicklung bekannt geworden, und zwar erst mal nur in eine Richtung: nach oben. Krypto-Millionäre, kaum älter als ihr, haben mit ihren Lamborghinis auf Instagram und TikTok den alten Traum vom Reichtum ohne Arbeit vorgelebt. Dann ging es aber auch in die Gegenrichtung: Jene mit weniger Glück haben bei Kursstürzen sehr gelitten. Einige haben nicht nur keinen Lamborghini gekriegt, sondern ihre ganzen Ersparnisse verloren. Und alle haben sich dabei, vor allem im Fall von Bitcoin, ziemlich klimaschädlich verhalten: Denn bei der digitalen Herstellung des Kryptogelds, dem sogenannten **Mining**, werden Unmengen Strom verbraucht. Und wenn man sich ansieht, wie das Kryptovermögen gestreut ist, zeigt sich eine noch ungleichere Verteilung als bei klassischen Vermögen. Einige wenige sitzen auf dem Löwenanteil.

Kurzum: Wer sein eigentliches Geld in Kryptogeld umtauscht, geht eine Wette ein. Die Chance auf den Lamborghini ist dabei ziemlich gering. Für die Geldanlage gibt es bessere Wege: mehr dazu ab Seite 214.

Lastschrift

Bei einer Lastschrift handelt es sich um eine einmalige oder regelmäßige Abbuchung von eurem Konto, die ihr zuvor jemandem gestattet habt, beispielsweise eurer Krankenversicherung für den monatlichen Beitrag. Ihr unterschreibt ein Formular, das sie zum Abbuchen des vereinbarten Betrags berechtigt, oder erteilt online diese sogenannte Einzugsermächtigung.

Falls jemand unbefugt Geld abbuchen lässt, sollte man innerhalb von sechs Wochen bei seiner Bank Widerspruch einlegen und den Betrag zurückbuchen lassen. Auch hier der Rat: Die Umsätze im Onlinebanking regelmäßig prüfen! Und für Miete und sonstige regelmäßige Kosten lieber einen Dauerauftrag einrichten.

Mobile Payment

Mobiles Bezahlen per Smartphone oder Uhr erleichtert den Alltag und ist hygienischer als Bargeld. Die größten Anbieter sind derzeit Apple Pay und Google Pay. Wichtig: Wenn das Handy oder die Uhr verloren geht – die dort hinterlegten Konten sofort sperren lassen!

Online- und Mobile-Banking

Hinter dem bequemen Online- und Mobile-Banking verbergen sich alle Bankgeschäfte, die man übers Internet tätigen kann: Kontostand abfragen, Überweisungen tätigen, Daueraufträge einrichten usw. – schon seit einer Weile ist das Standard und der Besuch in der Filiale einer Bank vor Ort eher selten geworden. Fürs Onlinebanking gibt es Zugangsdaten, die ihr entsprechend sicher aufbewahren solltet, am besten in einem Passwortmanager (mehr dazu auf Seite 233). Überweisungen und andere Transaktionen müsst ihr zusätzlich bestätigen, zum Beispiel mit einer TAN-Nummer, die euch die Bank aufs Handy schickt, oder in einer gesonderten App der Bank. (Mehr zur sogenannten Two-Factor Authentication auf Seite 232.)

PIN

PIN – das steht für »Persönliche Identifikationsnummer«. Meist handelt es sich dabei um eine vierstellige Geheimnummer, die ihr braucht, um Geld am Automaten abzuheben oder irgendwo mit Karte zu bezahlen (die Nummer immer verdeckt eingeben!). Einen Pin-Code werdet ihr auch zum Einloggen ins Onlinebanking-System erhalten.

Beim Geldabheben solltet ihr vorher kalkulieren, wie viel Bares ihr in den nächsten Tagen brauchen werdet: Habt ihr zu viel Geld einstecken, ist es verlockend, auch alles auszugeben. Die PIN eurer EC-Karte solltet ihr im Kopf haben und eigentlich nirgends notieren. Habt ihr Angst, sie zu vergessen, dann bewahrt sie an einem versteckten Ort auf, oder macht dafür einen Eintrag in eurem Passwortmanager. Notiert sie aber auf keinen Fall direkt auf der Karte oder auf einem Zettel im Portemonnaie! Klingt blöd, machen aber viele, und dann hat der Taschendieb wirklich leichtes Spiel.

Überweisung

Der bargeldlose Zahlungsverkehr läuft zu einem Großteil über Überweisungen. Dabei weist die Kontoinhaberin ihre Bank an, einen bestimmten Betrag abzubuchen und auf das Konto des Empfängers zu übertragen.

Der Dauerauftrag ist eine besondere Form der Überweisung und lohnt sich, wenn es sich um regelmäßige, stets gleich hohe Zahlungen handelt.

Zinsen

Zinsen sind der Preis für das Ausleihen von Geld. Leiht ihr euch beispielsweise durch einen Kredit Geld, so müsst ihr dafür Zinsen zahlen (Soll-Zinsen). Spart ihr hingegen und schafft das Geld zur Bank, leiht ihr es der Bank und bekommt dafür Haben-Zinsen – jedenfalls theoretisch. Tatsächlich war das Zinsniveau viele Jahre lang so niedrig, dass es kaum Haben-Zinsen mehr gab. Im Gegenteil: Manche Banken haben für hohe Beträge sogar »Negativzinsen« eingeführt; ein lustiges Wort dafür, dass man die Bank dafür bezahlen musste, sein Geld dort liegen zu haben.

www.verbraucherzentrale.de/wissen/geld-versicherungen/sparen-und-anlegen/finanzglossar-durchblick-von-a-wie-aktien-bis-z-wie-zins-15907 (weiterführendes Glossar)

DIE RICHTIGE BANK FINDEN

Sparkassen, Banken, Volksbanken, Raiffeisenbanken – da soll mal einer durchblicken. Rund 1600 Kreditinstitute gibt es in Deutschland. Aber welches ist nun das richtige, um dort ein Konto zu eröffnen?

TIPP

Schaut euch unter den Onlinebanken um! Man erkennt sie oft am »direkt« oder »24« im Namen. Einige von ihnen haben den Vorteil, dass sie, unabhängig vom Alter, kaum oder gar keine Kontoführungsgebühren erheben. So müsst ihr nicht ständig Ausbildungsnachweise bringen.

TIPP

Die Stiftung Warentest hat mehrere Onlinebanking-Apps unter die Lupe genommen und dabei geprüft, wie sicher sie sind und wie gut sie sich handhaben lassen. Die Ergebnisse könnt ihr für ein paar Euro einsehen unter: www.test.de/Banking-Apps-Die-besten-Apps-fuers-Smartphone-Banking-4849502-0

Einige Banken bieten bis zum Alter von 25 oder 28 gebührenfreie Girokonten an. Die einzige Bedingung ist meist, regelmäßig nachzuweisen, dass ihr Studentin, Auszubildender, Freiwilligen- oder Wehrdienstleistender seid. Eine Bank, die jetzt schon Kontoführungsgebühren von euch haben möchte, sollte also gleich durch das Raster fallen. Und auch die EC-Karte und natürlich die Nutzung des Onlinebankings sollten kostenlos im »Konto-Paket« drin sein. Je nach aktuellem Zinsniveau kann ein weiteres Auswahlkriterium sein, ob es auf euer Guthaben ein paar Prozent Zinsen gibt. Die Dispo-Zinsen, also die Kosten, die anfallen, wenn ihr das Konto überzieht, sollten hingegen niedrig sein. Gut ist außerdem, wenn es einen Geldautomaten dieser Bank in eurer Nähe gibt. Denn hebt ihr bei einer fremden Bank Geld ab, zahlt ihr happige Gebühren. Tourt ihr gern und oft durch andere Länder? Dann prüft auch, ob ihr von eurem Konto in den wichtigsten Reiseländern kostenlos Geld abheben könnt. Und wenn ihr mit eurem Smartphone bezahlen wollt, sollte eure Bank Apple Pay, Google Pay oder ein anderes Mobile-Payment-System (siehe Finanz-Glossar auf Seite 161) unterstützen, das ihr nutzt.

Auf diesen Seiten findet ihr Anbieter von kostenlosen Girokonten. Da sich die Konditionen bei Banken rasch ändern, solltet ihr jeweils checken, ob sie noch aktuell sind. Diese Links sollen vor allem als Inspiration dienen, wo ihr mit der Suche nach der geeigneten Bank beginnen könnt:

www.kostenloser-girokonto-vergleich.de
www.finanztip.de/girokonto
https://girokonto.focus.de

Kapitel 2

Mit dem Geld haushalten

Ihr fangt natürlich nicht erst jetzt an, mit eurem Geld »zu haushalten«. Auch vorher hattet ihr bereits – mehr oder weniger regelmäßige – Einkünfte und Ausgaben. Durch die aktuellen und kommenden Veränderungen in eurem Leben wird die Sache aber komplizierter. Auf der Haben-Seite stehen nun vielleicht höhere Beträge als gewohnt: die willkommenen Geldgeschenke zum 18. Geburtstag oder zum Abitur, das erste Azubi-Gehalt, die monatliche Überweisung der Eltern nach eurem Umzug in die Universitätsstadt. Die Soll-Seite füllt sich aber ebenso: der Handyvertrag mit höherem Datenvolumen als bisher, die Miete und die brutale Nebenkosten-Nachzahlung, Bahnfahrten zu den in alle Himmelsrichtungen verstreuten Freundinnen. Neue Ausgaben, mit denen ihr vorher nichts zu tun hattet oder für die eure Eltern aufkamen, können euch schnell überrumpeln. Darum solltet ihr euren persönlichen Geldverkehr jetzt etwas bewusster angehen. Verlasst euch nicht darauf, dass der Bankautomat immer etwas ausspuckt. Und überlasst eure sonstigen Finanzangelegenheiten (mehr zu diesem Thema ab Seite 214) nicht auf Dauer Mama und Papa. Zur neuen Freiheit gehört schließlich auch, selbst klarzukommen.

DIE AUSGABEN IM BLICK

Den Überblick über eure Finanzen behaltet ihr mit einem ganz simplen Trick: Macht einfach mal ein paar Monate am Stück Buchhaltung. Fangt mit einem Kassensturz an und zählt zusammen, was ihr in bar und auf dem Konto habt. Legt euch dann eine Liste an und notiert am Ende des Tages oder in einer ruhigen Minute zwischendurch, was ihr ausgegeben habt. Das muss nicht auf den Cent genau sein, und ob es nun schwarze oder grüne Oliven waren, die ihr gekauft habt, ist auch egal. Rundet die Beträge ruhig auf oder ab und überlegt euch ein paar sinnvolle Kategorien, nach denen ihr die Ausgaben einteilt.

KURZ & KNAPP

Kategorien für eure Buchführung könnten sein:

» Lebensmittel
» Haushaltswaren, Putzmittel, Klopapier
» Club, Konzert, Kneipe, Kino
» Musik, Netflix, Bücher, Games
» Kleidung, Hygiene, Friseur
» Monatskarte, Bahnfahrkarten
» Auto, Benzin, Reparaturen
» Miete, Strom, Telefon, Internet
» Lernmaterialien / Ausbildungskosten (Diese Spalte kann bei Zuschussverhandlungen mit den Eltern ungemein überzeugend sein.)
» Ungewöhnliche Ausgaben (Urlaub, Weihnachten, neuer Laptop etc.)

Wie detailliert ihr eure Liste gliedert und pflegt, hängt nur davon ab, wie ausgeprägt euer Buchhaltungs-Gen ist. Der eine kritzelt alles in den Kalender und rechnet am Monatsende zusammen, die andere erstellt eine ausgefeilte Excel-Tabelle. Vielleicht nervt euch das Ganze auch schon am zweiten Abend; wenn ihr es aber zwei, drei Monate durchhaltet, werdet ihr danach ein sehr genaues Gefühl dafür entwickelt haben, wie viel ihr in einer durchschnittlichen Woche braucht. Zu wissen, wo das ganze Geld hingegangen ist, kann zwar schmerzlich sein, aber es verhindert eben auch unangenehme Überraschungen.

TIPP

Es gibt mehrere Apps, mit denen man seine Einnahmen und Ausgaben verwalten kann. Beispiele: der »Monefy«-Ausgabenmanager, das Haushaltsbuch »Money Manager« und das »Buddy«-Haushaltsbuch.

KREDITE

Kredite sollten in den nächsten paar Jahren eigentlich noch nicht in Frage kommen. Das geplante Schuldenmachen ist an sich zwar überhaupt nichts Schlimmes, sondern für große Anschaffungen und Investitionen oft ein notwendiges Instrument, aber man bindet sich damit für lange Zeit an einen Geldgeber. Deshalb muss man seine Lebens- und damit Einkommensverhältnisse der nächsten Jahre einigermaßen einschätzen können.

Wichtig zu wissen: Bei Krediten zahlt man immer drauf, denn das ist schließlich das Geschäft, das der Kreditgeber dabei macht: Er verleiht sein Geld gegen Zinsen. Also, auch wenn das neue iPhone lockt und der letzte Urlaub mit den Jungs oder Mädels schon so lange her ist – das sind keine Argumente für einen Kredit. Das mühsame Abstottern (»Tilgen«) wird auch braungebrannt und mit weißen Kopfhörern im Ohr nicht einfacher. Wenn ihr euch beim neuen Handy für eine Ratenzahlung entscheidet, ist das übrigens auch nichts anderes als ein Kredit. Das Handy gilt als eines der häufigsten Dinge, für das sich junge Menschen verschulden.

Wer einmal schauen möchte: Die meisten Banken haben Online-Rechner, in die ihr Kreditsumme (das Geld, das euch ausgezahlt wird) und Laufzeit (die Zeit, in der ihr den Kredit und die Zinsen zurückzahlt) eingeben könnt. Dann seht ihr, wie viel ihr im Monat abbezahlen müsstet. Vergleicht mit diesen Zahlen mal eure Buchhaltung der letzten Monate: Hättet ihr die Kreditraten tatsächlich zahlen können? Ihr könnt auch mal versuchen, den entsprechenden Betrag im nächsten Monat zu sparen. Einfach wird's bestimmt nicht.

SCHULDEN GEMACHT

Ihr habt mit dem Handy zu viel telefoniert? Ihr habt irgendwie die Rechnung für die Haftpflichtversicherung vergessen und dann auch noch diese limitierten Sneakers bestellt? Und nun flattern die Mahnungen ins Haus? Egal, wie es passiert ist – wenn ihr so viele Außenstände gemacht habt, dass ihr sie in nächster Zeit nicht zurückzahlen könnt, dürft ihr das Problem nicht verschleppen, sondern müsst es angehen. Ihr seid damit zumindest nicht allein: Studien zufolge ist jeder Zehnte unter den Bis-30-Jährigen verschuldet.

Solche Zahlungsausfälle werden übrigens registriert, nämlich von der **Schufa**. Die Schufa heißt mit vollem Namen »Schutzgemeinschaft für allgemeine Kreditsicherung« und ist eine Art TÜV

TIPP

Ihr wollt wissen, welche Daten die Schufa über euch vermerkt hat? Einmal im Jahr steht euch eine kostenlose »Datenkopie« zu. Ihr könnt sie online anfordern unter www.meineschufa.de/de/datenkopie. Passt auf, dass ihr die Gratisversion nehmt. Die kostenpflichtige Bonitätsauskunft braucht ihr nur, wenn sie jemand verlangt, zum Beispiel eine Vermieterin.

für eure Kreditwürdigkeit. Sogenannte Negativmerkmale bekommt dort verpasst, wer fällige Zahlungen nicht leistet. Beispiel: Eine Frau möchte einen Fernseher auf Raten kaufen. Ehe der Händler dieses Geschäft eingeht, fragt er bei der Schufa die Daten der Kundin an. Teilt die Schufa nun mit, dass diese Kundin noch einige Rechnungen offen hat, bekommt sie das Gerät nicht. Auch bei Bewerbungen um eine Mietwohnung muss man oft einen (tadellosen) Schufa-Nachweis erbringen.

Bei jungen Menschen sind oft Smartphones und Einkaufstouren in Onlineshops der Grund für die Verschuldung. Bevor ihr 18 wart, haben die Eltern für eure Schulden gehaftet. Mit eurer vollen Geschäftsfähigkeit ist das nun vorbei. Trotzdem sind die Eltern in den meisten Fällen noch die erste Anlaufstelle. Sie werden nicht vor Freude tanzen, aber einspringen, wenn es hart auf hart kommt. Handelt es sich um größere Beträge, die auch das Budget oder den Willen eurer Eltern überschreiten, könnt ihr euch an gemeinnützige **Schuldnerberatungen** (siehe Links) wenden.

Verschafft euch immer als Erstes einen Überblick über alle offenen Forderungen und versucht dann, sie der Dringlichkeit nach zu bezahlen. Mit vielen Gläubigern (das sind die Leute oder Firmen, denen ihr Geld schuldet) kann man durchaus reden. Wenn ihr ihnen höflich erklärt, wann und wie ihr vorhabt, die Schulden zu begleichen, lassen sie sich vielleicht auf verlängerte Fristen oder Ratenzahlungen ein.

www.meine-schulden.de (Infos und Schuldnerberatungssuche)
www.schuldnerberatungen.org (Schuldnerberatungssuche)
www.schuldnerberatungen.org/ebook-verschuldung-jugendlicher.pdf
(Info-Broschüre zum Vermeiden von Schulden)

SPAREN

Wenn ihr auf den nächsten Urlaub spart oder euch beim Onlineshopping übernommen habt, muss irgendwo Geld her. Entweder, indem ihr mehr einnehmt, oder, indem ihr weniger ausgebt.

Zum Sparen nehmt ihr euch am besten zuerst die großen Brocken vor. Notiert all eure regelmäßigen Ausgaben. Geht dann jeden Punkt durch, und fragt euch: Brauche ich das Auto wirklich, oder komme ich genauso gut und umweltfreundlicher mit Rad, Bus und Bahn überallhin? Gibt es günstigere Handyverträge? Gibt es Abos, die ich kündigen könnte? Danach sind die unregelmäßigen Ausgaben dran. So wie die Miete muss auch der Essenseinkauf sein. Da könnt ihr zwar ebenfalls sparen, indem ihr komplett auf Kochbeutelreis und Spaghetti umsteigt, aber das ist auf Dauer ungesund. Sparen könnt ihr am schnellsten und besten da, wo es leider wehtut: an den schönen Seiten des Lebens. Diese Woche geht's dann mal nicht in die Pizzeria und nicht zu H&M.

KURZ & KNAPP

10,5 Tipps zum Sparen:

» Niemals hungrig einkaufen gehen! Der Appetit legt euch viel mehr in den Einkaufswagen, als ihr eigentlich braucht.

» Anschaffungen, die warten können, solltet ihr nie kurz vor Weihnachten tätigen. Danach gibt es viele, davor kaum Sonderangebote.

» Im Supermarkt stehen die teuren Waren auf Augenhöhe. Günstiger sind die Produkte ganz unten und ganz oben. In den Tiefkühltruhen liegen oft die teureren Sachen rechts, weil die meisten Kunden Rechtshänder sind und zuerst danach greifen.

» Saisonprodukte besser außerhalb der Saison kaufen: Wenn ihr einen Liegestuhl für den Balkon wollt, bekommt ihr ihn im November billiger als im Mai. Bei frischen Lebensmitteln ist es aber umgekehrt. Gemüse und Obst sind dann am günstigsten (und am besten fürs ökologische Gewissen), wenn es im eigenen Land geerntet werden kann. Im Netz findet ihr zahlreiche Saisonkalender, zum Beispiel unter www.regional-saisonal.de/saisonkalender.

» Kurz vor Ladenschluss in der Bäckerei nach übrig gebliebenem Brot fragen. Das kostet manchmal nur die Hälfte.

» Elektrogeräte wie Computer, Drucker und Stereoanlage ziehen auch dann viel Strom, wenn sie auf Standby stehen. Ständig den Stecker zu ziehen und wieder einzustecken ist aber auch nervig. Legt euch Steckdosenleisten mit Netzschalter zu, mit dem ihr allen Geräten auf einmal den Saft abdrehen könnt. Aufs Jahr gerechnet macht das tatsächlich einen Unterschied.
» Elektroherde und Backöfen könnt ihr schon einige Minuten vor Ende der eigentlichen Koch-, Back- oder Bratzeit ausschalten. Die Restwärme reicht meist.
» Das Wasser für die Spaghetti muss nicht erst langsam zum Kochen gebracht werden, wenn ihr es vorher im Wasserkocher erhitzt. Der braucht dafür viel weniger Zeit und Energie als der Herd.
» Nach Kleidung in Secondhandshops stöbern. Oder eigene Klamotten verkaufen, die ihr nicht mehr braucht. Das geht auf realen Flohmärkten oder online, zum Beispiel via Momox.de, eBay.de oder Maedchenflohmarkt.de.
» Zum Lüften die Fenster nicht kippen, sondern für fünf bis zehn Minuten richtig aufreißen. Dabei die Heizung ab- und (wenn nötig) anschließend wieder aufdrehen. Die Luft wird dabei rasch ausgetauscht, und die Wände kühlen nicht aus. So wird es danach schneller wieder warm, die Heizung muss nicht so viel arbeiten. Auf die gleiche Weise bekommt ihr die Feuchtigkeit nach dem Duschen und Kochen aus Bad und Küche, was verhindert, dass Schimmel bei euch einzieht.
» Toilettenpapier kann man beidseitig benutzen – der Erfolg liegt klar auf der Hand …

Kapitel 3

Die Steuererklärung

»Anlage N, Ziffer 21, rechte Spalte …« – solche Worte murmelnd, verbrachten eure Eltern jedes Jahr einige Nächte am Computer oder am Küchentisch. Wenn ihr euch morgens auf den Schulweg machtet, saßen sie noch immer da. Die qualvolle Zeit der Steuererklärung. Auch Microsoft-Gründer Bill Gates, einer der reichsten Menschen der Welt, muss sich damit herumschlagen (naja, oder seine Berater): Für Gates' Steuererklärung jedenfalls haben die US-Finanzbehörden einen eigenen Computer eingerichtet, denn das übliche Steuerprogramm kapitulierte bei seinen hohen Beträgen. Solche Probleme werdet ihr – jedenfalls vorerst – wohl nicht haben. Trotzdem ist die Steuererklärung leider nichts, was man mal eben zwischen Dusche und Nutellabrot erledigen kann.

WER SIE ABGEBEN MUSS

Eine Steuererklärung abgeben muss jeder, der mehr als das sogenannte **Existenzminimum** verdient. Dieses Existenzminimum ist ein Grundfreibetrag, den man nicht versteuern muss. Der Betrag ändert sich regelmäßig; 2022 lag er bei 10 347 Euro im Jahr. Habt ihr also beispielsweise nur einen **»Minijob«**, betrifft euch das leidige Thema noch nicht. Bekommt ihr mehr als das Existenzminimum, wird die Lohnsteuer direkt von eurem Gehalt abgezogen und vom Arbeitgeber ans Finanzamt weitergeleitet. Ihr bekommt sie aber zurück, wenn ihr – auf das ganze Jahr gerechnet – am Ende doch nicht mehr als den steuerfreien Grundbetrag verdient habt. Damit das Finanzamt das mitbekommt, macht ihr einen **Lohnsteuer-Jahresausgleich**. Mitunter kann es sich sogar lohnen, eine Steuererklärung abzugeben, obwohl man noch nicht dazu verpflichtet ist, etwa wenn man weite Strecken zurücklegen muss, um zur Arbeit zu kommen.

Bei eurem Arbeitgeber müsst ihr eure **steuerliche Identifikationsnummer** angeben. Hinter dieser Nummer wird registriert, was für die Steuerbehörden wichtig ist. Das Bundeszentralamt für Steuern schickt euch die Nummer zu. Sie ist lebenslang gültig.

Der niedrigste Steuersatz, der sogenannte **Eingangssteuersatz**, liegt derzeit bei 14, der **Spitzensteuersatz** bei 42 Prozent. Je mehr man verdient, desto höher ist der zu zahlende Prozentsatz.

Und wo wir schon bei der Begriffsklärung sind: »Brutto« ist das, was ihr verdient, »netto« das, was am Ende übrig bleibt – nach Abzug der Steuern und Sozialabgaben.

Abgabetermin für die Steuererklärung ist jeweils der 31. Juli des Folgejahres. Das zuständige Finanzamt ist das der Stadt, in der ihr euren Hauptwohnsitz habt. Einreichen kann man seine Steuererklärung inzwischen elektronisch via www.elster.de. Im Portal muss man sich registrieren und bekommt die Zugangsdaten dann per Mail und Post. Also meldet euch mit genügend zeitlichem Vorlauf an.

KURZ & KNAPP

Formulare und Unterlagen, die ihr einreichen müsst:

- Obligatorisch ist der vierseitige Mantelbogen. Dort trägt man Basisdaten wie Name, Geburtsdatum, Adresse, Steuer-Identifikationsnummer und die Kontoverbindung ein. Das Formular sieht komplizierter aus, als es ist.
- Darüber hinaus gibt es mehrere weitere Formulare, die ihr nur auszufüllen braucht, wenn sie euch betreffen, etwa: Anlage N (die benötigt ihr wahrscheinlich; Einkünfte aus nichtselbstständiger Tätigkeit und Werbungskosten), Anlage Kind (solltet ihr Kinder haben), Anlage KAP (bei Kapitaleinkünften), Anlage R (Renteneinkünfte; also erst mal irrelevant), Anlage Vorsorgeaufwand und Anlage AV (für die Altersvorsorge), Anlage G (Gewerbeeinkünfte), Anlage S (bei selbstständiger Tätigkeit), Anlage V (bei Einnahmen aus Vermietung und Verpachtung), Anlage SO (bei sonstigen Einkünften wie Unterhaltsleistungen).
- Außerdem vorlegen müsst ihr die Jahreslohnsteuerbescheinigung. Ihr bekommt sie am Jahresende vom Arbeitgeber.
- Für eventuelle Rückfragen müsst ihr Rechnungen, Quittungen oder Kontoauszüge aufbewahren. Als Nachweis für jene Kosten, die ihr absetzen wollt.

www.elster.de (das »Online-Finanzamt«)
www.meine-erste-steuererklaerung.de
(Hilfe bei der ersten Steuererklärung)
www.steuerzahler.de/aktion-position/steuerrecht/meine-erste-steuererklaerung (Hilfe bei der ersten Steuererklärung)

DAS GEHEIMNIS: ABSETZEN, ABSETZEN, ABSETZEN!

Nehmt die Steuererklärung sportlich: Eure Aufgabe ist es, möglichst viel »von der Steuer abzusetzen«. Das bedeutet, das ganze Jahr über Belege zu sammeln und Kosten nachzuweisen, die ihr von eurem Gesamteinkommen abziehen dürft. So verringert sich das Einkommen, auf das die Steuern erhoben werden – unter Umständen sogar bis unter den eingangs erwähnten Grundfreibetrag. Es gibt drei große Kategorien absetzbarer Ausgaben:

Werbungskosten

Das sind Ausgaben, die ihr tätigt, um einen Job (eine Erwerbstätigkeit, daher der Name »Werbungskosten«) zu kriegen oder den, den ihr bereits habt, auszuüben und zu sichern. Das klingt abstrakt, ist aber ganz einfach: Die tägliche Fahrt zur Arbeit und zurück ist nötig, damit ihr euren Job ausüben könnt. Die Kosten dafür könnt ihr also als Werbungskosten absetzen. Zu den Werbungskosten zählen auch die Kosten für eine Bewerbung inklusive eventueller Reisekosten, außerdem Fachliteratur, Mitgliedsbeiträge für Gewerkschaften, Kosten für einen beruflich bedingten Umzug oder Fortbildungen.

Das Finanzamt rechnet euch für solche Ausgaben automatisch einen Pauschalbetrag an, den sogenannten **Arbeitnehmer-Pauschbetrag** in Höhe von 1200 Euro. Wenn ihr mehr als diesen Betrag geltend machen könnt, müsst ihr alle entsprechenden Kosten belegen. Das heißt umgekehrt: Wenn ihr mit euren Ausgaben darunter liegt, könnt ihr euch das Sortieren von Quittungen und abgestempelten Fahrkarten sparen – der Pauschbetrag wird unabhängig davon angesetzt.

Sonderausgaben

Sonderausgaben sind Privatausgaben, die ausnahmsweise abgesetzt werden dürfen, weil sie politisch erwünscht sind. Dazu zählen insbesondere Vorsorgeaufwendungen, also Geld, das ihr für Risiko- und Altersvorsorge einsetzt. Beiträge für die gesetzliche Sozialversicherung, Lebens-, Unfall- und Haftpflichtversicherung könnt ihr hier ansetzen (mehr zum Thema Versicherungen und

Vorsorge findet ihr ab Seite 199). Hierfür gelten gewisse Obergrenzen, die sich regelmäßig ändern. Außerdem könnt ihr die Kosten für eine Putzkraft und Spenden als Sonderausgaben aufführen. Und auch Ausgaben für Studium und Weiterbildung.

Außergewöhnliche Belastungen
Das sind zum Beispiel Kosten für die Berufsausbildung von Kindern, für die Pflege Angehöriger oder auch für Zahnersatz. Auf außergewöhnliche Belastungen werdet ihr wahrscheinlich noch etwas warten müssen – aber das ist ja vielleicht ganz gut so.

DER FREISTELLUNGSAUFTRAG

Den Freistellungsauftrag (FSA) braucht ihr, um zu vermeiden, dass ihr Steuern – genauer gesagt: die Abgeltungssteuer – auf Zinserträge zahlen müsst. Zinserträge (also Gewinne, die ihr mit Zinsen macht) sind nämlich bis zu 801 Euro pro Jahr steuerfrei. Aber eben nur mit einem Freistellungsauftrag. Den stellt ihr direkt bei eurer Bank. Ihr könnt den Betrag (wie gesagt: 801 Euro) auch auf mehrere Freistellungsaufträge aufteilen, solltet ihr mehrere zinsbringende Anlagen bei verschiedenen Instituten besitzen.

> Reicht den Freistellungsauftrag am besten direkt bei der Eröffnung eines Kontos oder Depots ein.

Vergesst nicht, diesen Auftrag zu erteilen. Die Bank erinnert euch nämlich in der Regel nicht daran. Zinserträge, die darüber liegen, werden zu satten 25 Prozent versteuert. Das FSA-Formular könnt ihr im Onlinebanking-Bereich ausfüllen, ändern oder löschen.

Den Freistellungsbetrag könnt ihr unbefristet erteilen, sodass ihr nicht Jahr für Jahr wieder daran denken müsst. Behaltet aber im Auge, ob vielleicht der Kontostand bei der einen Bank stark steigt, sodass ihr die Summe des dortigen Freistellungsauftrags erhöhen solltet. Notiert euch, bei welcher Bank ihr wie viel angegeben habt.

www.finanztip.de/freistellungsauftrag (Infos zum FSA)

Kapitel 4

Recht und Gesetz

Eure Religion konntet ihr schon mit 14 frei wählen. Euren Ausweis habt ihr mit 16 bekommen. Mit 18 aber kommen die meisten Neuerungen auf euch zu. So könnt ihr nun am politischen Leben teilnehmen, müsst für begangene Straftaten mit härteren Strafen rechnen und könnt selbst euer Testament machen. Auf den nächsten Seiten erwartet euch ein Überblick über die wichtigsten Gesetzespunkte, die sich jetzt ändern.

DIE SITUATION VON PFLEGEKINDERN

Eigentlich ist man mit dem 18. Geburtstag nicht schlagartig erwachsen. Meistens hat man ja doch ein bisschen Zeit, es ruhig angehen zu lassen und den Eltern noch eine Weile auf der Tasche zu liegen. Etwas schwieriger gestaltet sich die Situation allerdings bei Pflegekindern, also Kindern oder Jugendlichen, die zwar nicht von »neuen« Eltern adoptiert wurden, aber doch die meiste Zeit in einer anderen als ihrer leiblichen Familie aufgewachsen sind. Für sie kommt das Erwachsensein plötzlich: Denn Pflegekinder sind ab dem 18. Lebensjahr im gesetzlichen Sinne keine Pflegekinder mehr. Und die Unterstützung, die die Pflegefamilie seitens des Jugendamts bekommen hatte, sowie das Kindergeld fallen weg.

Nun ist es aber in den seltensten Fällen so, dass Pflegekinder – wie alle anderen auch – pünktlich mit dem Weckerklingeln am 18. Geburtstag einen Job haben und finanziell auf eigenen Beinen stehen. Deshalb könnt ihr, sofern betroffen, beim Jugendamt die **»Hilfe für junge Volljährige«** beantragen. Steht dort rechtzeitig, also etwa sechs Monate vor dem 18. Geburtstag, auf der Matte! Beruft euch bei der Antragstellung aufs Kinder- und Jugendhilfegesetz §41 SGB VIII. Unten findet ihr den Link zu einem Beispielantrag. Die Hilfe kann im Rahmen von betreutem Wohnen oder auch in der Pflegefamilie erfolgen. Die Praxis zeigt, dass immer seltener Hilfe für junge Volljährige in der Pflegefamilie gewährt wird – und wenn, dann zeitlich begrenzt und höchstens für ein Jahr. Trotzdem sollte man es versuchen.

Sucht ihr euch eine eigene Wohnung, so habt ihr Anspruch auf Beihilfe für die Einrichtung der Wohnung und »angemessenen

Hausrat«. Auch dafür muss ein Antrag beim Jugendamt gestellt werden. Zudem könnt ihr natürlich auch alle anderen staatlichen Hilfen beantragen, etwa BAföG und Berufsausbildungsbeihilfe (siehe Seite 147 und 127).

Beim Thema »Kindergeld« gibt es leider oft Probleme. Bislang bekamen es eure Pflegeeltern. Fortan steht es, rechtlich gesehen, wieder euren leiblichen Eltern zu, und zwar bis zum 25. Lebensjahr, wenn ihr euch in Ausbildung oder Studium befindet. Sucht hier unbedingt die Hilfe des Jugendamts auf, um das Geld zu erhalten (sofern es euch eure leiblichen Eltern nicht überlassen wollen, versteht sich).

Nicht vergessen dürft ihr zudem, euch um die Versicherungen zu kümmern. Aus der Kranken- und Haftpflichtversicherung eurer Pflegeeltern fallt ihr nämlich mit dem Erwachsenenalter heraus. Mehr dazu ab Seite 199.

Für Pflegekinder ist die Situation also leider etwas schwieriger. Versucht, die Probleme gemeinsam mit euren Pflegeeltern zu lösen, und holt euch stets Hilfe beim Jugendamt. Außerdem findet ihr Ansprechpartner im Internet, etwa beim Arbeitskreis Pflegekinder oder unter »Moses-Online«.

www.arbeitskreis-pflegekinder.de
www.moses-online.de
www.moses-online.de/artikel/beispiel-einen-antrag-hilfe-junge-volljaehrige (Beispielantrag auf Hilfe für junge Volljährige)

EINEN VEREIN GRÜNDEN

»Verein für ...« – was nach diesen drei Punkten stehen kann, ist schnell gesagt: alles. Verein für technische Holzfragen oder für Reinkarnation, Verein für angewandte Geometrie oder für deutsche Rassehunde, Junggesellenverein oder Verein gegen Vereine. Knapp 600 000 solcher Clubs Gleichgesinnter gibt es in Deutschland. Vereine beleben einen Ort.

Wenn ihr einen Verein für frischgebackene 18-Jährige gründen wollt, so habt ihr jetzt das notwendige Alter. Außer der Volljährigkeit bedarf es mindestens sechs weiterer »natürlicher und voll geschäftsfähiger Personen«, also volljähriger Mitglieder. Mit diesen verfasst ihr eine Satzung und somit das Grundgesetz eures Vereins, in dem Regeln und Ziele festgehalten werden. Dann ladet ihr in die nächstbeste Kaschemme zur Gründungsversammlung, bei der alle Gründungsmitglieder der Satzung zustimmen müssen und ein Vorstand gewählt wird. Der Vorstand geht dann mitsamt der Satzung und einem Protokoll der Versammlung zum Amtsgericht und stellt dort den Antrag, ins Vereinsregister aufgenommen zu werden.

Mit Aktivitäten in einem Verein oder einem Ehrenamt könnt ihr übrigens auch bei Bewerbungen – ob um einen Job oder ein Stipendium – punkten. Verstecken sollte man sein Engagement also nicht. Es gibt auch keinen Grund dafür. Man muss sich immer mal wieder vor Augen halten, wie wichtig Ehrenämter sind. Ein Beispiel: Weniger als 10 Prozent des Brandschutzes in Deutschland werden von Berufskräften bestritten. Ohne die Freiwilligen Feuerwehren ginge es also überhaupt nicht.

www.vereinsrecht.de/mustersatzung-fer-vereine.html
(Beispiel für eine Vereinssatzung)

WÄHLEN UND WÄHLEN LASSEN

Eine der wesentlichsten Neuerungen in eurem Leben: Ihr dürft jetzt wählen. Denkt nicht: »Ach, meine Stimme zählt doch eh nicht!«, sondern geht einfach hin. Schon die groteske Erfahrung, in irgendeiner Turnhalle hinter einer kleinen Papp-Kabine zu verschwinden, um dann auf Altpapier Kreuzchen zu machen, sollte es euch wert sein. Und nicht zuletzt ist Wählen die einfachste Möglichkeit politischer Einflussnahme.

Es gibt Europa-, Landtags-, Stadt- oder Gemeinderatswahlen. Mit Sicherheit am spannendsten: die Bundestagswahl. Mit der sogenannten **Erststimme** wählt ihr einen Direktkandidaten aus eurem Wahlkreis, also eurer Umgebung, der in den Bundestag einziehen soll. Mit der **Zweitstimme** wählt ihr eine Partei und bestimmt somit die Stärke ihrer Fraktion im Bundestag. Mindestens fünf Prozent muss eine Partei erreichen, um in den Bundestag einziehen zu dürfen. Die Partei mit den meisten Zweitstimmen stellt am Ende gewöhnlich auch die Kanzlerin oder den Kanzler.

Außer dem Recht, wählen zu gehen (»**aktives Wahlrecht**«), habt ihr jetzt auch das Recht, euch selbst wählen zu lassen. Das nennt sich dann »**passives Wahlrecht**«. Na, Lust, euch als Kanzlerkandidatin aufstellen zu lassen? Das geht tatsächlich schon mit 18. Wer allerdings Bundespräsident werden möchte, muss mindestens 40 sein. Solltet ihr eine Karriere als Landrätin oder Bürgermeister anstreben, so gilt es, sich erst einmal schlauzumachen. Die Kriterien sind nämlich je nach Kommune und Bundesland verschieden; mitunter muss man am Wahltag bereits 25 Jahre auf dem Buckel haben.

© Uwe Halling

»Vom Beklagen und Nichtstun wird definitiv nichts besser.«

INTERVIEW MIT LUCAS HALLE

Lucas Halle ist etwas ganz Besonderes: nämlich der jüngste Bürgermeister Deutschlands. Im Alter von gerade einmal 24 Jahren wurde er 2022 von den Stimmberechtigten der Gemeinde Zehdenick zu ihrem Oberhaupt gewählt. Zehdenick liegt in Brandenburg und zählt rund 13 000 Einwohnerinnen und Einwohner. Lucas Halle gehört der SPD an. Als Mitglied der Freiwilligen Feuerwehr und Spieler des Zehdenicker Fußballvereins hat er sich auf lokaler Ebene schon immer gern engagiert.

Lucas, ist es ein komisches Gefühl, den Titel »jüngster Bürgermeister Deutschlands« zu tragen?
Ja, schon. Als ich frisch gewählt war, war mein Alter noch gar kein großes Thema. Das wurde es dann aber mit der Zeit. Wenn ich mich zum Beispiel mit anderen Bürgermeistern treffe, kommt eigentlich immer irgendjemand auf meinen Sonderstatus zu sprechen.

Was hat dich dazu bewogen, dich als Bürgermeisterkandidaten aufstellen zu lassen?
Zum einen die Liebe zu meiner Heimatstadt. Zum anderen war ich schon in der Schule gern Klassensprecher. Ich hatte bereits früh ein Bewusstsein dafür, welche Probleme es gibt und wie man sie anpacken könnte. Als dann der damalige Bürgermeister von Zehdenick überraschend zurücktrat, der Posten also frei wurde, dachte ich mir: Why not? Statt nur zu jammern, könnte ja auch ich versuchen, hier ein paar Veränderungen loszutreten – und die Interessen der Jüngeren stärker zu berücksichtigen.

Was möchtest du in Zehdenick denn verändern?
Zum Beispiel möchte ich, dass die Stadt für jüngere Menschen attraktiver wird. Es wäre toll, wenn es hier ein paar mehr kulturelle Möglichkeiten gäbe, die eine oder andere Bar oder mehr Restaurants, damit nicht alle denken, sie müssten erst nach Berlin fahren, nur um mal etwas zu erleben.

Als Bürgermeister hast du sicher eine Menge zu tun: Hast du überhaupt noch Kontakt zu Gleichaltrigen?
Natürlich. Ich verkehre nicht bloß noch in »höheren Kreisen«. Ich habe weiterhin viel Kontakt zu meinen Freunden – auch wenn ich mich nicht mehr so oft verabreden kann wie früher. Und »Komplettausfälle«, weil die Nacht zu lang wurde, liegen auch nicht mehr drin. Meine Freunde haben mich übrigens im Wahlkampf stark unterstützt und vor zehn Jahren schon scherzhaft gesagt: »Der Lucas, der wird mal Bürgermeister.« Die wussten also damals schon mehr als ich.

Wie kommst du als junger Mensch, der gern Klartext redet, denn mit der umständlichen Behördensprache klar?
Nach dem Abi habe ich ein duales Studium in öffentlicher Verwaltung absolviert. Das heißt, ich habe einen Verwaltungshintergrund; mir ist diese Sprache also nicht fremd. Trotzdem versuche ich aber, nach außen verständlich zu kommunizieren, deutlich zu sagen, was gemeint ist, und mich nicht in Paragraphen zu verlieren.

Findest du eigentlich, junge Menschen sollten in Deutschland generell schon vor ihrem 18. Lebensjahr, zum Beispiel mit 16, wählen dürfen?
Ich glaube, auf allen politischen Ebenen fallen die Belange Jüngerer zu sehr unter den Tisch. Deshalb wäre ich sehr dafür, ja.

Und ärgert es dich, wenn jemand, der wählen dürfte, nicht wählen geht?
Total! Zumal sich das ja auch potenziert: Wenn einer nicht zur Wahl geht und jemand anderem davon erzählt, dann geht derjenige vielleicht auch nicht hin. Natürlich ist es auch Aufgabe der Politik zu zeigen, dass sie ihr Bestes für die Bürgerinnen und Bürger tut. Gleichzeitig sollten aber auch die Menschen ihre Gelegenheit zur Mitbestimmung nutzen und wählen gehen. Vom Beklagen und Nichtstun wird definitiv nichts besser. Man darf nicht einfach passieren lassen, sondern muss versuchen, Einfluss zu nehmen. Und der erste Schritt dazu ist nun mal das Kreuz auf dem Stimmzettel.

EINE PARTEI GRÜNDEN

Irgendwie nervt er, dieser ewige Hickhack der etablierten Parteien. Und anscheinend geht keine das an, was wirklich dringend ist. Eine Partei gründen müsste man – und das dürft ihr jetzt auch. Voraussetzung: die deutsche Staatsbürgerschaft. Auch die Mehrheit des Vorstands und der Parteibasis muss einen deutschen Pass besitzen. Etwa 400 Mitglieder braucht ihr übrigens, um als Partei anerkannt zu werden. Wichtig, um bei Bundestagswahlen antreten zu können: Die Mitglieder müssen über ganz Deutschland verteilt sein, denn dafür braucht es Landesverbände und Landeslisten.

Unter www.bundeswahlleiter.de findet ihr heraus, wer gerade Bundeswahlleiter ist. Bei ihm müsst ihr vorsprechen und die Liste der Landesverbände sowie ein Programm, eine Satzung und ein Gründungsprotokoll einreichen.

Der letzte Schritt: Der Bundeswahlausschuss muss prüfen, ob eure Partei zulässig ist. Dabei kommt es darauf an, dass die 400 Mitglieder ordentlich auf sich aufmerksam machen, denn um anerkannt zu werden, muss jede Landesliste von einem Tausendstel der wahlberechtigten Bevölkerung mit einer Unterschrift unterstützt werden (das sind zum Beispiel in Bayern etwa 2000 Unterschriften). Also: Plakate kleben, öffentliche Kundgebungen veranstalten, und dann das Land verändern!

Zu anstrengend? Dann fangt vielleicht doch im örtlichen Jugendverband einer der »alten« Parteien an. Die können frischen Wind auch gebrauchen.

www.bundeswahlleiter.de

BESTRAFT WERDEN

Kinder unter 14 gelten als »strafunmündig« bzw. »schuldunfähig«. Eine Playstation zu klauen bleibt für sie also folgenlos (abgesehen von dem Theater, das die Eltern machen werden). Die rechtliche Situation ändert sich ab dem 14. Geburtstag. Dann gilt das Jugendstrafrecht, das im Falle von kriminellen Handlungen zwar

Strafen vorsieht; die allerdings fallen noch nicht so hart aus wie im allgemeinen (Erwachsenen-)Strafrecht. Der Gedanke dahinter: Jugendliche befinden sich noch in einer Orientierungsphase, da können eher Ausrutscher passieren.

Bis zum 21. Geburtstag gelten junge Menschen juristisch als »Heranwachsende«. Begeht ihr eine Straftat, so *kann* nach Ermessen des Gerichts auf euch noch das Jugendstrafrecht angewandt werden. Dabei wird abgewogen, wie reif ihr zur Tatzeit wart und ob es sich um eine »jugendtypische« Straftat handelt, wie etwa kleinere Diebstähle oder Graffiti-besprühte Wandflächen.

ERBEN

Erben kann man schon, bevor man überhaupt geboren ist: Stirbt der Urgroßvater, der seine Urenkel großzügig bedacht hat, so ist auch der Urenkel ein Erbe, der es sich gerade erst in Mutters Bauch gemütlich gemacht hat.

Bis zum 18. Geburtstag waren eure Eltern mit eurer Vermögensverwaltung betraut; jetzt könnt ihr frei über das Erbe verfügen.

www.erbrecht.de (Deutsche Vereinigung für Erbrecht und Vermögensnachfolge e. V. mit Beispielfällen und Expertensuche)

VERERBEN

Ihr wollt, dass eure Sammlung signierter Fußballtrikots im Todesfall auch wirklich an den Richtigen weitergegeben wird? Die **Testierfähigkeit**, also die Fähigkeit, ein Testament zu verfassen, beginnt schon mit dem 16. Lebensjahr. Allerdings: Bis zum 18. Geburtstag muss die oder der Jugendliche ein Testament von einem Notar aufsetzen bzw. beglaubigen lassen. Ihr als 18-Jährige könnt euer Testament jetzt gemütlich und allein bei Tee, Kerzenschein und Klaviermusik zu Hause machen. Datum, Ort sowie die komplette Unterschrift müssen unbedingt auf dem Testament vorhanden sein, und den Regelungen des Erbrechts darf nicht widersprochen werden. Da ihr diese sicher nicht so genau kennt, haltet euch lieber an ein Mustertestament (siehe Links). Euer letzter Wille muss komplett handschriftlich verfasst sein, nicht per Computer, sodass eindeutig ist, dass ihr ihn selbst aufgesetzt habt.

Übrigens: Nur ein Drittel aller selbstverfassten Testamente ist gültig, bei den anderen haben sich Fehler eingeschlichen. Mal tauchen komischerweise weitere Testamente auf, oder die Echtheit kann nicht nachgewiesen werden. Handelt es sich um ein größeres Vermögen, das vererbt werden soll, geht also doch lieber auf Nummer sicher und lasst es beglaubigen. Ohnehin hättet ihr dann ja auch genügend Geld für einen Notar, der das Testament vor Anfechtungen sichert.

www.testament-verfassen.de
www.finanztip.de/testament-checkliste

HEIRATEN

Love is in the air! Ihr dürft jetzt heiraten. Sofern ihr diesen gewichtigen Schritt denn schon tun wollt. Wichtig: Die Eheleute müssen *beide* volljährig sein. 18-jähriger Mann und 16-jährige Frau – das geht also nicht. Selbst wenn eine derartige Ehe im Ausland geschlossen wurde, so besitzt diese in Deutschland keine Gültigkeit und kann aufgehoben werden.

Ach so, und noch etwas: Jetzt, wo ihr heiraten dürft, könnt ihr euch natürlich auch scheiden lassen.

FÜR EIN KIND SORGEN

Jungen Frauen, die ein Kind bekommen, bevor sie volljährig sind, steht die elterliche Sorge für ihr Kind noch nicht zu. Ist der Vater bereits 18 oder älter, kann er das Sorgerecht bekommen. Voraussetzung: Die Mutter und deren Eltern müssen damit einverstanden sein.

Ist keiner von beiden erwachsen, wird das **Sorgerecht** zunächst auf eine erwachsene und voll geschäftsfähige Person übertragen; das ist dann häufig die Mutter oder der Vater der minderjährigen Mutter. Unter Umständen übernimmt auch das Jugendamt die Vormundschaft für das Baby. Mit dem Ende der eigenen Minderjährigkeit ändert sich das: Dann wird das Sorgerecht für das Kind auf die nun 18-jährige Mutter übertragen.

TIPP

Für junge Frauen, die in einer gesetzlichen Krankenkasse versichert sind, sind verschreibungspflichtige Verhütungsmittel (wie die Pille, der NuvaRing oder hormonhaltige Spiralen) bis zum 22. Lebensjahr kostenlos. Bei geringem Einkommen kann es auch danach noch Unterstützung geben. Informationen dazu stellen Beratungsstellen wie »Pro Familia« zur Verfügung.

Was das eigentlich ist, das »Sorgerecht«? Es besteht aus drei Teilbereichen: der Personensorge, der Vermögenssorge und der gesetzlichen Vertretung. Es umfasst also nicht nur Rechte, sondern auch große Pflichten. Der, dem das Sorgerecht für ein Kind zusteht, muss es pflegen, betreuen und darauf aufpassen, kurz: gut versorgen. Außerdem finanziell dafür aufkommen und rechtliche Fragen in seinem Interesse klären, etwa Behördliches wie Anmeldungen an der Schule.

www.jung-und-schwanger.de (Informationsportal für junge Schwangere sowie deren Partner)
www.profamilia.de (Beratungsstelle)

BLUT (UND ORGANE) SPENDEN

Ihr wollt Leben retten? Mit einer Blut- oder Plasmaspende könnt ihr das jetzt tun.

Für einen kurzen Gesundheitscheck ist jeweils eine Ärztin oder ein Arzt vor Ort. Entnommen wird dann ein halber Liter Blut. Zwischen zwei Spenden muss ein Zeitraum von mindestens 56 Tagen liegen. Das hängt unter anderem damit zusammen, dass der Körper Zeit braucht, um neue rote Blutkörperchen zu bilden. Männer können maximal sechs Blutspenden innerhalb eines Jahres abgeben, Frauen vier. Reich wird man damit nicht: Manchmal gibt's hinterher 20 Euro, manchmal einen Gutschein für eine Mahlzeit, manchmal Schokolade.

Und wo wir gerade beim lebensrettenden Spenden sind: Eure Einwilligung zur Organ- oder Gewebespende konntet ihr bereits mit 16 geben. Ihr habt euch aber mit dem Thema noch nicht befasst? Dann holt das jetzt nach, und besorgt euch einen Organspendeausweis. Darauf könnt ihr euren Wunsch vermerken. So werden eure Angehörigen nicht vor fürchterliche Entscheidungen gestellt, und sie können in eurem Sinne handeln. Eine Einwilligung zur Organspende bedeutet, dass jemandem im (sehr, sehr unwahrscheinlichen) Falle seines Hirntods Organe entnommen werden dürfen. Dies kann anderen Menschen, die beispielsweise schon lange auf eine neue Bauchspeicheldrüse oder eine neue Lunge warten, das Leben retten.

www.blutspenden.de/blutspendedienste (Blutspendedienste in eurer Nähe finden)
www.organspende-info.de (Infos zur Organspende)
www.organspende-info.de/organspendeausweis-download-und-bestellen (Organspendeausweis bestellen)

ALLE FILME SCHAUEN

»FSK« steht für »**F**reiwillige **S**elbst**k**ontrolle der Filmwirtschaft«. FSK 6, 12 und 16 habt ihr bereits hinter euch gelassen. Nun also auch die letzte: die FSK 18. Jetzt dürft ihr auch solche Filme schauen, die nach Mitternacht im Kino laufen.

Über Streamingdienste habt ihr wahrscheinlich schon vorher Filme und Serien geguckt, die eigentlich nicht für eure Altersklasse zugelassen waren. Nun, ihr habt es überlebt. Trotzdem sind die FSK-Angaben, also die Altersfreigaben für einen Film, nicht ganz für die Katz: Sie sollen sicherstellen, dass das körperliche, geistige oder seelische Wohl von Kindern und Jugendlichen einer bestimmten Altersgruppe nicht beeinträchtigt wird. Denn je nach Alter kann man bestimmte Bilder und Handlungen noch nicht einordnen, nicht verarbeiten. Aber auch bei Erwachsenen gilt: Filme prägen in vielerlei Hinsicht das Denken und was wir für »normal« halten. Hinterfragt euren Filmkonsum also hin und wieder einmal.

GLÜCKSSPIELE SPIELEN

Spielbank, Casino, Spielothek. Das Thema »Glücksspiel« ist in Deutschland Ländersache. Das heißt, in jedem Bundesland gelten andere Regeln. In den meisten habt ihr aber ab 18 Zutritt zu solchen Etablissements. Auch an (Sport-)Wetten, Lotto- und Online-Glücksspielen dürft ihr jetzt teilnehmen. Unterschätzt jedoch nicht das Suchtpotential dieser Freizeitbeschäftigung. Wenn ihr merkt, dass ihr nicht loskommt, holt euch (kostenlos und anonym) Hilfe unter der Telefonnummer 0800 137 27 00.

www.check-dein-spiel.de/tests/selbsttest (Selbsttest für Spielsucht)

KURZ & KNAPP

Woran ihr bei euch eine Spielsucht erkennt:

» Ihr habt das unwiderstehliche Verlangen, immer wieder spielen zu müssen.
» Ihr könnt nicht aufhören zu spielen, obwohl ihr schon allerhand Geld verloren habt.
» Ihr müsst euch Geld leihen oder es auf kriminelle Weise beschaffen.
» Ihr müsst immer höhere Einsätze verwenden, um noch einen Kick zu spüren.
» Wenn ihr nicht spielen könnt, werdet ihr nervös und seid gereizt.

SCHNAPS UND ZIGARETTEN KAUFEN

Bier, Wein oder Sekt dürft ihr schon seit eurem 16. Geburtstag erwerben. Hochprozentiges wie Wodka, Gin und Schnaps war laut Jugendschutzgesetz bisher für euch (eigentlich) tabu. Jetzt dürft ihr es kaufen. Dasselbe gilt für Tabakwaren.

Aber: Dass Zigaretten schädlich sind und ihr euch betrunken niemals ans Steuer setzen (und euren Alkoholkonsum auch sonst kontrolliert angehen) solltet, habt ihr wahrscheinlich schon mal

> **TIPP**
> Den eigenen Promillewert berechnen. Erfahren, wie der Alkoholabbau im Blut funktioniert und was das Wort »Cocktail« eigentlich bedeutet. Auf dieser Seite steht alles: www.kenn-dein-limit.info

irgendwo gehört, oder? Laut der Weltgesundheitsorganisation stirbt alle zwölf Sekunden (!) ein Mensch an den Folgen seines Alkoholkonsums. Alkohol ist außerdem der Auslöser für über 200 Krankheiten und Störungen. Wenn ihr Suchtsymptome bei euch selbst oder im Freundeskreis feststellt, kontaktiert eine Beratungsstelle (siehe Links).

Ansprechpartner bei Suchtproblemen:
www.dhs.de/service/suchthilfeverzeichnis
www.kenn-dein-limit.de/alkoholberatung

Was gegen Kater hilft:

» vor dem Feiern ausreichend essen
» beim Feiern die Regel einhalten: pro Glas Alkohol ein Glas Wasser
» vor dem Schlafen nochmal richtig viel Mineralwasser trinken
» Am Morgen danach Stirn und Schläfen mit Pfefferminzöl einreiben
» ein gutes Katerfrühstück essen (ob Rollmops oder Müsli, entscheidet ihr)
» an die frische Luft gehen.

SICH TATTOOS UND PIERCINGS STECHEN LASSEN

Rein rechtlich gibt es keine Altersgrenze für Tätowierungen und Piercings. Nur wollen viele Studios bei Minderjährigen eine Einverständniserklärung seitens der Eltern sehen, um nachträglichen Ärger zu vermeiden. Jetzt, wo ihr 18 seid, fragt euch keine Tätowiererin mehr danach.

Wichtig: Wählt ein seriöses, sauberes Studio, in dem ihr über alle Risiken aufgeklärt werdet. Und schlaft lieber eine Nacht länger drüber.

TEIL 4

FRÜHER AN SPÄTER DENKEN

Kapitel 1

Versicherungen

Ja, es ist eine Qual. Versicherungsverträge sind unvergleichlich unsexy. Aber es hilft nichts; man muss sich damit beschäftigen. Ein kleiner Trost: Ihr braucht nicht jedes Plus-24-ExtraYoung-KombiSafe-Zusatzbonuspaket, das ihr in Prospekten und auf den Webseiten der Versicherer findet. Welche Versicherungen für euch unverzichtbar, welche empfehlenswert und welche nicht ganz so dringend sind, erfahrt ihr auf den nächsten Seiten.

Vielleicht tut euch das Geld weh, das die Versicherungen jedes Jahr haben wollen. Man könnte es so schön in Urlaube stecken oder, wenn schon vernünftig, für später zurücklegen. Aber das Geld ist gut investiert. Das Prinzip ist ganz einfach: Zuerst gegen Risiken und Schicksalsschläge wappnen und dann die Millionen verdienen, anlegen und ausgeben.

Noch ein Hinweis: Die im Folgenden genannten Beitragssätze, Einkommensgrenzen etc. können sich ändern – und tun das auch regelmäßig. Informiert euch deshalb bei Bedarf im Internet über die aktuellen Zahlen.

DIE GESETZLICHEN SOZIALVERSICHERUNGEN

Fünf Versicherungen sind in dem Monster namens »Sozialversicherung« zusammengefasst: Die Kranken-, Pflege-, Renten-, Unfall- und die Arbeitslosenversicherung. Mitglied wird man ganz automatisch, sobald man einen sozialversicherungspflichtigen Job annimmt; dann seid ihr »pflichtversichert«. Ein Sonderfall sind die »geringfügigen Beschäftigungen«, auch »**Minijobs**« genannt. Die sind – mit Ausnahme der Rentenversicherung, in die auch Minijobber Beiträge einzahlen müssen – versicherungsfrei. Auch von der Rentenversicherungspflicht für geringfügig Beschäftigte könnt ihr euch befreien lassen, was aber nur empfehlenswert ist, wenn es wirklich sehr auf die paar Euro mehr in der Tasche ankommt. Den Antrag nimmt euer Arbeitgeber entgegen, eine Begründung müsst ihr dabei nicht liefern.

Pflichtversichert in der Sozialversicherung sind auch nicht erwerbstätige Ehepartner und Kinder (sie sind dann ohne eigene Beitragszahlung »familienversichert«), Studierende und Rentnerinnen und Rentner sowie Arbeitslose. Selbstständige und Leute, die eine bestimmte Einkommensgrenze überschreiten (diese Einkommensgrenze ändert sich jährlich), dürfen sich mit Einschränkungen freiwillig in der Sozialversicherung oder auch privat versichern.

Die Sozialversicherungsbeiträge teilen sich Arbeitnehmer und Arbeitgeber. Die Zahlungen zur Unfallversicherung tragen Arbeitgeber sogar zu 100 Prozent.

Was ist »Schwarzarbeit«?
Angemeldete »Minijobs« gehören nicht dazu. Unter »Schwarzarbeit« versteht man Jobs, die keiner Behörde gemeldet sind. Insbesondere im Baugewerbe, in Handwerksbetrieben oder als Putzkräfte in Privathaushalten kommen diese vor. Schwarzarbeiter und -arbeiterinnen führen weder Steuern noch Sozialversicherungsbeiträge ab. Sie verdienen ihr Geld also »am Staat vorbei«. Schwarzarbeit ist illegal.

Die gesetzliche Krankenversicherung

Bis maximal zu eurem 25. Lebensjahr könnt ihr entweder bei eurer Mutter oder bei eurem Vater beitragsfrei mitversichert sein (Familienversicherung). Selbst versichern müsst ihr euch nur dann, wenn euer eigenes Einkommen eine bestimmte Grenze überschreitet. Diese Grenze ändert sich jährlich; 2022 lag sie bei 470 Euro im Monat.

Bei Auszubildenden mit einem Lohn bis zu 325 Euro im Monat trägt der Arbeitgeber die Beiträge vollständig. Bei Azubi-Gehältern, die darüber liegen, gilt: Die eine Hälfte zahlt ihr, die andere der Arbeitgeber.

Für Studierende über 25 gibt es eine studentische Krankenversicherung mit einem Beitrag von etwa 80 Euro im Monat. Ihr könnt ihn bis zum 30. Lebensjahr nutzen.

Wer arbeitet und nicht mehr studiert, muss sich selbst in der gesetzlichen Krankenversicherung versichern. Die Beiträge unterscheiden sich von Kasse zu Kasse, hier lohnt sich ein Vergleich – und gegebenenfalls ein Wechsel! Der kann eine Ersparnis von mehreren 100 Euro im Jahr bringen.

Noch ein Hinweis für Reisende: Bei schweren Krankheitsfällen im Ausland und bei sehr exotischen Reisezielen reicht der Versicherungsschutz eurer hiesigen Krankenkasse nicht. Für solche Fälle schließt ihr darum besser eine spezielle Auslandskrankenversicherung ab. Mehr dazu steht auf Seite 64.

KURZ & KNAPP

Der Unterschied zwischen der gesetzlichen und der privaten Krankenversicherung ist folgender: Die gesetzlichen Sozialversicherungen funktionieren nach dem Solidaritätsprinzip. Die nicht vom jeweils versicherten Unheil betroffene Mehrheit der Mitglieder unterstützt die wenigen Betroffenen. So ist es auch bei der gesetzlichen Krankenversicherung. Mit geringen Unterschieden je nach Versicherungsgesellschaft sind die Leistungen für jeden gleich. Abhängig von Einkommen und Kasse bezahlt man aber unterschiedlich viel. Das Solidaritätsprinzip ermöglicht auch, dass Kinder bis 25 bei den Eltern mitversichert sein können, ohne zusätzliche Beiträge zu zahlen.

Bei privaten Krankenversicherungen dagegen sind die Beiträge von Alter, Gesundheitszustand und anderen Merkmalen abhängig. Außerdem kann man wählen, welchen Schutz und welche medizinische Behandlung man haben möchte. Privat Versicherte liegen deshalb im Krankenhaus oft im Einzelzimmer. Partner und Kinder können nicht beitragsfrei mitversichert werden, weshalb sich die private Krankenversicherung für junge, fitte Alleinstehende zwar oft, für Familien aber gewöhnlich nicht mehr lohnt.

Die gesetzliche Pflegeversicherung

Sie unterstützt euch, wenn ihr pflegebedürftig werdet. Das ist meistens erst im Alter der Fall; wenn ihr nur für kurze Zeit Pflege benötigt, etwa weil ihr einen Sportunfall hattet, greift diese Versicherung nicht. Die Pflegeversicherung ist, wie die Krankenversicherung, eine Pflichtversicherung: Wer dort Mitglied ist, ist es zugleich auch hier. Es gelten dieselben Regeln für die Familienversicherung. Der Beitragssatz beträgt 3,4 Prozent vom Bruttoeinkommen für Kinderlose und 3,05 Prozent für Mütter und Väter. Studierende zahlen auch hier einen ermäßigten festen Betrag: 25,57 Euro ohne bzw. 22,94 Euro mit Kind (Stand: Mai 2022).

Die gesetzliche Rentenversicherung

Die gute alte Rente: Die **Bundesversicherungsanstalt** zahlt am Ende eines langen Berufslebens jeden Monat eine ordentliche Summe zum Leben aus. Es hat auch immer dafür gereicht, den Enkeln ein paar Münzen zuzustecken: »Kauf dir ein Eis!« So war das früher. So ist es theoretisch auch heute noch, aber das Solidaritätsprinzip stößt besonders bei der Rentenversicherung an seine Grenzen. Die Rente reicht oft nicht mehr als einzige Einkommensquelle im Alter. Ihr wisst es wahrscheinlich noch aus dem Sozialkunde-Unterricht: Die Menschen im Land werden immer älter und kriegen nicht besonders viele Kinder. Es gibt also viele Rentnerinnen und Rentner, die Geld brauchen, und zu wenige Junge, die etwas in die Rentenkasse pumpen. Kurzum: Ihr könnt euch nicht darauf verlassen, später von eurer gesetzlichen Rente leben zu können, sondern müsst zusätzlich privat vorsorgen – mehr dazu ab Seite 204.

Der Beitrag zur Rentenversicherung, von dem wiederum der Arbeitgeber die Hälfte schultert, beträgt 18,6 Prozent vom Bruttoeinkommen. Die Höhe der späteren Rente richtet sich entscheidend danach, wie viele Jahre und in welcher Höhe ihr Beiträge gezahlt habt. Wer lange gearbeitet, gut verdient und damit viel eingezahlt hat, darf auch mehr erwarten. Minderjährige Kinder und Ehepartner bekommen aus der Rentenversicherung eine **Hinterbliebenenrente**, wenn der Versicherte stirbt. Eigenes Einkommen der Hinterbliebenen wird allerdings teilweise abgezogen.

Die Rentenversicherung zahlt auch bei Erwerbsunfähigkeit. Diese **Erwerbsminderungsrente** ist aber sehr viel niedriger als das letzte Einkommen – und das auch nur bei »voller Erwerbsminderung«, wenn man weniger als drei Stunden am Tag arbeiten kann. Schafft man bis zu sechs Stunden, ist man nur teilweise erwerbsgemindert und erhält nur die Hälfte der Rente, also noch mal weniger als wenig. Voraussetzung ist außerdem, dass man fünf Jahre lang sozialversicherungspflichtig gearbeitet, also Beiträge gezahlt hat. Aus diesen Gründen ist eine private Versicherung gegen Berufsunfähigkeit dringend zu empfehlen. Mehr dazu auf Seite 205.

Die gesetzliche Unfallversicherung

Sie hilft euch bei Arbeitsunfällen und Berufskrankheiten. Träger der Unfallversicherung sind die Berufsgenossenschaften, die Beiträge zahlt euer Arbeitgeber zu 100 Prozent. Aus diesem Grund habt ihr mit der Unfallversicherung normalerweise nicht so viel zu tun wie mit den anderen Sozialversicherungen. Solltet ihr zum Beispiel einen Unfall auf dem Weg zu eurem Arbeitsplatz haben, müsst ihr das aber sofort dem Arbeitgeber melden. Er kümmert sich dann um die Meldung bei der Versicherung. Das gilt auch für Unfälle auf dem Weg zur Ausbildungsstelle oder zur Hochschule. Wer sich auch gegen Unfälle im Haus oder in der Freizeit absichern will, braucht eine private Berufsunfähigkeits- oder Unfallversicherung.

Die gesetzliche Arbeitslosenversicherung

Alle Angestellten zahlen Beiträge in die Arbeitslosenversicherung ein und erwerben damit nach einiger Zeit einen Anspruch auf Arbeitslosengeld, sollten sie ihren Job verlieren. Für diesen Anspruch muss man in den 30 Monaten vor der Arbeitslosigkeit mindestens 12 Monate lang in einem versicherungspflichtigen Arbeitsverhältnis gestanden, sprich: Beiträge eingezahlt haben. Das ist die sogenannte **Anwartschaft**.

Selbstständige können freiwillig in die Arbeitslosenversicherung einzahlen; sie entrichten dann einen Beitrag in Höhe von rund 80 Euro im Monat. Für alle anderen beträgt der Beitragssatz 2,4 Prozent vom Bruttolohn. Das aus der Arbeitslosenversicherung finanzierte Arbeitslosengeld (ALG I) wird für allerhöchstens zwölf Monate, bei Arbeitslosen ab 58 Jahren für maximal 24 Monate gewährt (ab 50 Jahren steigt die Bezugsdauer schrittweise an). Wer danach noch arbeitslos ist, kann das Arbeitslosengeld II beantragen, umgangssprachlich »Hartz IV« genannt (nach Peter Hartz, dem Vorsitzenden jener Kommission, die es Anfang der 2000er Jahre erarbeitet hat). »Hartz IV« wird nicht über die Versicherung finanziert, sondern über Steuern.

DIE PRIVATE RENTENVERSICHERUNG

Sie funktioniert ganz ähnlich wie eine Kapitallebensversicherung (mehr dazu auf Seite 209). Ihr zahlt eine bestimmte Zeit lang jeden Monat einen festen Betrag ein und bekommt dafür später eine monatliche Rente – bis ans Lebensende. Wenn ihr lange lebt, hat sich das Geschäft für euch gelohnt. Andernfalls macht die Versicherung einen Gewinn, der die Renten anderer Versicherter finanziert. Mehr zum Thema findet ihr auf Seite 226.

DIE PRIVATHAFTPFLICHTVERSICHERUNG

Damals, als ihr euch mit eurem Schulrucksack mit den spitzen Anhängern daran auf die Motorhaube des Nachbarn gesetzt habt, hafteten eure Eltern für den Schaden – zum Glück hat ihre Haftpflichtversicherung das Ausbessern der Kratzer bezahlt. Jetzt haftet ihr, da volljährig, für alle Schäden selbst, die ihr fahrlässig oder vorsätzlich anrichtet. Bis zum Ende der Ausbildung können Azubis und Studierende aber noch über den Vertrag der Eltern mitversichert bleiben. Wenn Auszubildende schon einmal berufstätig waren oder verheiratet sind, geht das allerdings nicht mehr. Studierende mit Hauptwohnsitz in einer anderen Stadt sollten prüfen, ob sie noch bei den Eltern mitversichert sind oder sich gegebenenfalls einen eigenen Vertrag zulegen (zum Thema Hauptwohnsitz siehe Seite 31).

TIPP

Wenn möglich, wählt Versicherungen mit Vertragslaufzeiten von einem Jahr. Die verlängern sich automatisch, sodass ihr keinen Finger rühren müsst, solange ihr zufrieden seid. Ihr könnt aber drei Monate vor Ablauf kündigen und gegebenenfalls zu einem besseren Anbieter wechseln. Kündigungen immer per Einschreiben schicken! Ein Recht auf außerordentliche Kündigung habt ihr übrigens nach Schadensfällen und Beitragserhöhungen.

Die private Haftpflichtversicherung ist zwar freiwillig, schafft aber ein gutes Gefühl. Denn sie zahlt nicht nur die Brille eurer Freundin, auf die ihr versehentlich euren Hintern platziert habt, sondern auch, wenn ihr einen Unfall verursacht habt. Werden andere nach so einem Unfall invalide, müsst ihr ihnen lebenslang eine Rente zahlen – in schweren Fällen kommen schnell riesige Beträge zusammen. Eine Haftpflicht sollte darum mindestens eine Summe von vier oder fünf Millionen Euro abdecken. Einen Vertrag bekommt ihr schon für rund 50 Euro im Jahr. Wenn ihr mit Freundin oder Freund zusammenzieht, reicht übrigens eine gemeinsame Haftpflichtversicherung, auch wenn ihr nicht verheiratet seid. Es sollten aber beide im Vertrag stehen.

DIE BERUFSUNFÄHIGKEITSVERSICHERUNG

Die Berufsunfähigkeitsversicherung (kurz: BUV) zahlt euch eine Rente, wenn ihr im Laufe eures Berufslebens ganz oder teilweise arbeitsunfähig werden solltet. Sie soll die Zeit überbrücken, bis die gesetzliche Altersrente einsetzt. Weil heute etwa jeder vierte Arbeitnehmer vor dem Rentenalter berufsunfähig wird, ist die BUV eine der wichtigsten Versicherungen weit und breit – und zugleich die am meisten unterschätzte. Wer in eurem Alter eine hat, der ist ein Exot. Dabei ist jetzt der beste Zeitpunkt, eine BUV abzuschließen. Denn: Je jünger und gesünder ihr seid, desto geringer sind die zu zahlenden Beiträge. Wenn ihr erst mit 30 oder 35 einsteigt und schon hier ein Wehwehchen und dort ein Zipperlein zu beklagen habt, müsst ihr deutlich mehr berappen.

Noch mal drauflegen müsst ihr, wenn ihr euch einen Beruf ausgesucht habt, den die Versicherungsgesellschaften als risikoreich einstufen. Darin stimmen sie übrigens verblüffend oft mit elterlichen Einschätzungen überein. Bürohengste kommen recht gut weg, Footballprofis und Punkgitarristen haben es dagegen nicht so leicht – und auch Schornsteinfeger sind in diesem Fall ausnahmsweise glücklos.

Manchmal werden auch die Krankheiten, die sich bereits bemerkbar gemacht haben, als Schadensfall ausgeschlossen, oder man wird nur bis zum 55. Lebensjahr versichert. Wenn dann mit 56 der Rücken knirscht, dann darf man sich mal so richtig ärgern. Im schlimmsten Fall können einen die Versicherer sogar ganz ablehnen, und man sitzt ohne BUV da. Wenn alles glattgeht bis zum Rentenalter, ist das natürlich kein Problem. Taucht aber eine Krankheit auf, die das Weiterarbeiten einschränkt, wird es brenzlig. Am häufigsten sind Rücken- oder Gelenkprobleme und psychische Erkrankungen. Der Staat zahlt nur etwas, wenn man praktisch gar nicht mehr arbeiten kann. Und auch dann nur wenig. Kurzum: Eine Berufsunfähigkeit kann schnell den finanziellen Ruin bedeuten. Wenn eure Eltern also nicht gerade noch eine Villa auf Malle und eine auf Sylt haben, die man im Notfall verscherbeln kann, dann braucht ihr eine Berufsunfähigkeitsversicherung. Unbedingt.

BUV: am besten pur

Sehr häufig werden Berufsunfähigkeitsversicherungen im Bündel mit Kapitalanlagen oder Risikolebensversicherungen (mehr dazu ab Seite 209) angeboten. Die BUV heißt dann BUZ (Berufsunfähigkeitszusatzversicherung). Das ist für euch aber selten ein guter Deal. Denn wer noch keine Familie zu versorgen hat, der braucht erst mal keine Risikolebensversicherung. Zudem raten Finanzexperten grundsätzlich dazu, Vorsorge und Anlage zu trennen. So könnt ihr euch auch für jede Versicherung den besten Anbieter raussuchen – sonst kauft ihr unter Umständen eine gute BUV zusammen mit einer schlechten Lebensversicherung oder umgekehrt. Besser ist es also, wenn ihr eine reine BUV abschließt. Auch dafür gibt es noch so viele Angebote zu vergleichen, dass es einem den Tag versauen kann. Es lohnt sich aber: Eine Beitragsersparnis von mehreren 100 Euro im Jahr kann durchaus vorkommen!

TIPP

Versicherungsvermittlerinnen und -vermittler bekommen Provision für den Abschluss eines Vertrags. Manch einer ist deshalb etwas übereifrig und versucht, den Abschluss zu beschleunigen – nicht unbedingt zu euren Gunsten! Gesundes Misstrauen ist besser als blindes Vertrauen.

Besonders im Falle der BUV ist das billigste Angebot nicht unbedingt das beste. Viel wichtiger sind **gute Versicherungsbedingungen.** Folgende Punkte solltet ihr dabei beachten – und wenn nötig, lieber ein paar Euro mehr zahlen:

» Eure Versicherung sollte eine sogenannte Nachversicherungsgarantie enthalten. Das bedeutet, dass ihr die gewünschte Rente, die ihr im Falle der Berufsunfähigkeit erhaltet, später gegen Beitragszuschlag erhöhen könnt, wenn sich eure Lebensumstände deutlich verändern. So müsst ihr nicht schon mit eurem klammen Azubigehalt eine spätere Rente von 2000 Euro finanzieren, sondern könnt die Summe jeweils eurer Lebenssituation anpassen. Das Gute an der Nachversicherungsgarantie ist, dass die Anpassung der Rente ohne erneuten Gesundheitscheck möglich ist.

» Will die Versicherungsgesellschaft eine bestimmte Krankheit als Schadensfall ausschließen, weil ihr »vorbelastet« seid, lasst euch darauf möglichst nicht ein. Und schon gar nicht, wenn solche Ausschlüsse im Vertrag sehr allgemein formuliert sind (»Allergie«, »Rückenleiden«).

» Die Versicherung sollte auch unbedingt auf die »abstrakte Verweisung« verzichten. Tut sie das nicht, darf sie nämlich im Falle einer teilweisen Berufsunfähigkeit die Zahlung mit dem Argument verweigern, ihr könntet ja in einen anderen Beruf wechseln. Da müsstet ihr dann aber erst mal einen Job finden. Das wird durch eine wie auch immer geartete gesundheitliche Beeinträchtigung ganz bestimmt nicht leichter.

» Die Versicherungsgesellschaften lassen eure Beiträge am Kapitalmarkt arbeiten. Sie unterscheiden sich darin, was sie mit den erwirtschafteten Überschüssen anstellen. Es gibt drei gängige Varianten: Bonussystem, verzinsliche Ansammlung und Beitragsverrechnung. Beim Bonussystem werden die Überschüsse weiter angelegt und erhöhen dann gegebenenfalls eure Rente. Je später die eventuelle Berufsunfähigkeit kommt, desto höher ist darum die Rente. Bei der verzinslichen Ansammlung wird bei Vertragsende eine Gesamtsumme ausgezahlt. Beide Varianten sind schlecht zu kalkulieren, denn man weiß nicht, was am Ende dabei herauskommt. Besser ist die Beitragsverrechnung. Hier wisst ihr genau, wie hoch eure Rente im Falle des Falles sein wird. Die Überschüsse werden euch jährlich gutgeschrieben und mit euren Beiträgen verrechnet. Wenn die Versicherung also clever gewirtschaftet hat, kann das eure Beiträge spürbar senken.

» Manche Versicherer werben mit einer Beitragsrückgewähr. Das klingt verlockend, denn der Gedanke, dass bei bleibender Gesundheit die Beitragszahlungen verschwendet waren, schmerzt. Prüft solche Angebote aber sehr genau. Auch hier wird Sparen und Vorsorge verknüpft. Meist seid ihr ohne Beitragsrückgewähr besser bedient. Es ist wie bei der Kfz-Haftpflicht: Wenn ihr keinen Unfall baut, gehen die Beiträge ebenfalls »ins Nichts«. Dennoch sind sie gut angelegt.

Der steinige Weg zum Vertrag

Mit den Online-Beitragsrechnern der Versicherungen bekommt ihr schon einen ersten Eindruck von den Kosten, die euch erwarten. Je nach Anbieter und Versicherungsbedingungen kommt ihr schnell auf mehrere 100 Euro im Jahr. Das ist eine Menge Geld, die ihr ohne Unterstützung eurer Eltern anfangs vermutlich nicht aufbringen könnt. Überzeugt sie von der Wichtigkeit eines Berufsunfähigkeitsschutzes. Wenn ihr die Beiträge wirklich nicht stemmen könnt, wartet bis zum Berufseinstieg und kümmert euch dann schnell um eine BUV.

Für ein Versicherungsangebot müsst ihr entscheiden, wie hoch die gewünschte Berufsunfähigkeitsrente sein soll. Expertinnen raten zu 75 Prozent des aktuellen Nettoeinkommens. Da ihr noch nicht im richtigen Berufsleben stehen werdet, hilft euch diese Empfehlung wenig. Überlegt euch den Betrag also gemeinsam mit euren Eltern, die haben mehr Erfahrung in Sachen Lebenshaltungskosten. Eine Rente von 1000 Euro im Monat solltet ihr mindestens ansetzen.

TIPP

Wenn eine Berufsunfähigkeitsversicherung gar nicht zustande kommt oder zu teuer ist, kann eine Erwerbsunfähigkeitsversicherung eine Alternative sein. Sie zahlt allerdings nur dann, wenn ihr überhaupt nicht mehr arbeiten könnt.

Ein verbindliches Angebot bekommt ihr erst nach einer umfangreichen Gesundheitsprüfung. Die Versicherer wollen eine ganze Menge wissen: Krankenhausaufenthalte, Arztbesuche, Medikamente. Bei guten Versicherern sollten sich die Fragen auf Krankenhausaufenthalte der letzten zehn Jahre und Arztbesuche, Unfälle, Erkrankungen und Behandlungen der letzten fünf Jahre beschränken. Achtung: Verschweigt auf keinen Fall irgendetwas! Das rächt sich, wenn der Versicherer mit dieser Begründung später die Zahlungen verweigert. Ihr entbindet eure Ärzte gegenüber dem Versicherer nämlich von ihrer Schweigepflicht – im Zweifel kriegen sie also alles raus. Und sollte euch ein Versicherungsvermittler sagen, diese oder jene Vorerkrankung sei nicht so wichtig, besteht darauf, sie dennoch ins Protokoll aufzunehmen!

Wenn euch ein Versicherer ein schlechtes Angebot macht oder ganz ablehnt: Nicht aufgeben, sondern weitere Angebote einholen! Durchhaltevermögen zahlt sich aus, denn die Versicherer unterscheiden sich in der Bewertung von Risiken.

LEBENSVERSICHERUNGEN

Private Lebensversicherungen können die gesetzliche Rentenversicherung ergänzen. Sie sichern im Todesfall die Hinterbliebenen ab oder zahlen am Ende des Berufslebens oder der Vertragslaufzeit – dem sogenannten **Erlebensfall** – eine Summe oder Rente aus, die den Lebensabend finanzieren soll. Zu unterscheiden sind Risikolebensversicherungen und Kapitallebensversicherungen.

Die Risikolebensversicherung

Die Risikolebensversicherung sichert den Todesfall des Versicherten ab. Sie ist für euch erst ab dem Zeitpunkt sinnvoll, zu dem ihr eine Familie zu versorgen habt. Die soll mit der ausgezahlten Summe eine Zeit lang über die Runden kommen, wenn euer Einkommen wegfällt – zum Beispiel, bis die Ausbildung der Kinder abgeschlossen ist. Wenn die Familie 20 Jahre lang abgesichert werden soll, multipliziert man sein Nettoeinkommen mit dem Faktor 20 und erhält so die Versicherungssumme. Wer also beispielsweise 24 000 Euro netto im Jahr hat, sollte einen Vertrag über 480 000 Euro abschließen. Das klingt immens, aber es soll ja auch für zwei Jahrzehnte reichen. Paare können übrigens gemeinsam eine Risikolebensversicherung abschließen, das ist billiger.

Die Kapitallebensversicherung

Das ist Familienabsicherung und eigene Altersvorsorge auf einmal. Denn diese Versicherung zahlt in jedem Fall: Bei Tod des Versicherten die volle Versicherungssumme, und im Erlebensfall wahlweise ebenfalls die komplette Summe oder eine lebenslange Rente. Klingt super, ist aber natürlich auch deutlich kostspieliger als eine reine Risikolebensversicherung. Auch hier gilt: Solange ihr keine Familie abzusichern habt, benötigt ihr diese Versicherung nicht, und getrennte Verträge für Vermögensbildung und Risikovorsorge sind sinnvoller. Hinzu kommt, dass die Versicherer nur eine niedrige Verzinsung garantieren. Die restliche Rendite ist abhängig von den erwirtschafteten Überschüssen und damit schlecht planbar. Wahrscheinlich fahrt ihr mit einem reinen Geldanlage-Produkt (mehr dazu ab Seite 214) besser.

KURZ & KNAPP

So kommt ihr zu eurem Versicherungsvertrag:
Im Internet gibt es Vergleiche für jede Art von Versicherung. Sie können hilfreich sein, um sich einen ersten Eindruck zu verschaffen. Allerdings: Meist berücksichtigen diese Services nur eine Auswahl von Anbietern, sodass der für euch günstigste unter Umständen nicht dabei ist. Also verlasst euch nie auf nur eine dieser Seiten, konsultiert mehrere! Konkretere Berechnungen könnt ihr dann mit den Online-Beitragsrechnern der einzelnen Versicherungsgesellschaften durchführen.
Manche der Online-Rechner haben übrigens auch den Vorteil, dass hier nicht gleich eure persönlichen Daten gespeichert werden. Die nutzen die Versicherer nämlich sehr gern, selbst wenn zwischen euch und der Gesellschaft kein Vertrag zustande kommt.
Die meisten Versicherungsgesellschaften betreiben »Online-Filialen« (die erkennt man oft an »24« oder »direkt« im Namen) mit günstigeren Angeboten. Außerdem entstehen seit einigen Jahren immer mehr Start-ups im Versicherungsbereich, die mit einfachen Angeboten, benutzerfreundlichen Apps und Webseiten sowie häufig günstigen Preisen punkten können. Oft arbeiten diese auch mit etablierten Versicherungen zusammen, die sich so neue Kundengruppen erschließen. Verträge könnt ihr dort gleich online abschließen, und der Schriftverkehr läuft überwiegend digital. Aber lest euch auch hier penibel die Versicherungsbedingungen und das »Kleingedruckte« durch! Am besten geeignet sind die Online-Versicherungen für wenig komplexe Versicherungen wie eine private Haftpflicht-, Hausrats- oder Autoversicherung.
Mit den ersten Eindrücken aus dem Internet könnt ihr Unterlagen bei den Versicherungskandidaten anfordern, die euch passend erscheinen. Oder ihr wendet euch an eine Vermittlerin in eurer Nähe. Die Adressen findet ihr auf den Webseiten der Versicherer. Wenn ihr zu einem Termin bei der Versicherungsvertreterin geht, eignet euch vorher möglichst viel Wissen an. Lest euch dort alle Dokumente in Ruhe durch, und lasst euch alles genau erklären – und zwar so oft, bis ihr es verstanden habt. Beim ersten Termin solltet ihr noch nichts unterschreiben: Lasst euch die Unterlagen mitgeben, und prüft sie zu Hause in Ruhe. Und wenn ihr eine Verwandte habt, die in der Branche arbeitet oder einfach nur viel Erfahrung hat: Macht sie zu eurer Beraterin!

DIE PRIVATE UNFALLVERSICHERUNG

Sie soll Unfälle im Haushalt oder in der Freizeit abdecken, ergänzt also gewissermaßen die gesetzliche Unfallversicherung. Allerdings: Wer eine Berufsunfähigkeitsversicherung abgeschlossen hat, kann sich die Unfallversicherung in der Regel sparen. Ausnahmen können gefährliche Sportarten sein, die der BUV-Vertrag unter Umständen nicht abdeckt – Hochseefischer und Paraglider nach vorn! Ansonsten gehört eine Unfallversicherung nicht zu den unbedingt notwendigen Versicherungen. Solltet ihr aber weder eine BUV noch eine Erwerbsunfähigkeitsversicherung bekommen, kann eine Unfallversicherung wenigstens einen Teil dieser Risiken abdecken. Sie ist leichter zu bekommen, weil meistens keine Gesundheitsprüfung nötig ist. Je nach Leistungsumfang bekommt ihr einen Vertrag ab etwa 80 Euro im Jahr.

RECHTSSCHUTZVERSICHERUNGEN

Rechtsschutzversicherungen sind sehr beliebt, aber eher verzichtbar. Sie können sehr angenehm sein, wenn ihr zum Beispiel euren Vermieter mal in angemessener Härte auf das geltende Mietrecht hinweisen wollt. Aber die Versicherer wollen auch ordentlich Geld für diese Unterstützung. Außerdem: Vieles, was teuer werden kann – zum Beispiel eine Scheidung –, schließen die Versicherungsunternehmen von vornherein aus. Rechtsbeistand in beruflichen Angelegenheiten kann man auch als Mitglied einer Gewerkschaft oder eines Berufsverbandes bekommen; er ist im Beitrag enthalten. Und Mietrechtsschutz erhält man häufig günstiger als Mitglied eines Mietervereins. Wer nur wenig Einkommen hat, bekommt unter Umständen Prozesskostenhilfe vom Staat. Die Kombi-Pakete der Rechtsschutzversicherer sind also oft unnötig. Denkt aber, wenn ihr ein Auto besitzt, mal über eine reine Verkehrsrechtsschutzversicherung nach. Die ist bezahlbar, und die Wahrscheinlichkeit, dass diese einmal benötigt wird, leider nicht gering.

DIE HAUSRATVERSICHERUNG

Sie schützt euren Hausrat – also alles, was bei euch so an Möbeln und Geräten herumsteht – unter anderem gegen Einbruch, Feuer und Blitz. Kurz gesagt: Wenn ihr außer einem Billy-Regal, einer Matratze auf dem Boden und einem alten Laptop nichts besitzt, ist eine Hausratversicherung unnötig. Sammelt ihr aber Designerlampen und Biedermeier-Sofas, ist sie durchaus sinnvoll. Mehr dazu findet ihr auf Seite 31 unter »Versichert wohnen«.

Da draußen warten noch viele andere Versicherungen auf euch. Wenn ihr euch ein Pferd zulegt, braucht ihr eine Tierhalterhaftpflicht-, und wenn ihr einen Picasso ersteigert, eine Kunstversicherung. Models lassen gern mal ihr Gesicht und Pianistinnen ihre Finger versichern. Hier findet ihr nur die allgemein wichtigen und häufigsten Versicherungen. Gute Quellen für weitergehende Informationen sind die Verbraucherzentralen (alle Adressen unter www.vzbv.de) und die Zeitschrift »Finanztest« (www.test.de). Sie gehört zur Stiftung Warentest und ist damit quasi papiergewordene Neutralität. Keine Sorge, wenn ihr beim Lesen anfangs eure Mühe habt. Es braucht eine Weile, bis euch die Begriffe bekannt vorkommen werden. Mit der Zeit wisst ihr dann immer besser Bescheid. Das »Finanztest«-Online-Abo gibt's für rund 60 Euro im Jahr.

Kapitel 2

Mit Geduld zu mehr Geld

Ihr seid gegen alle Widrigkeiten des Lebens mit Versicherungen gewappnet? Dann geht es nun darum, das süße Leben im Alter zu sichern – oder realistischer: einen gewissen Lebensstandard zu halten. Dass man sich nicht mehr ausschließlich auf die gesetzliche Rente verlassen kann, also die Rente, die ihr eines Tages vom Staat bekommt, hat sich ja inzwischen herumgesprochen. Es gilt also, zusätzlich privat vorzusorgen. Experten raten sogar dazu, 10 Prozent des Bruttoeinkommens zu sparen, um auf gleichem Niveau den Ruhestand verbringen zu können.

»Auch das noch!«, denkt ihr jetzt vielleicht. Nun sollt ihr mit eurem überschaubaren Einkommen aus Ausbildungsgehalt oder Nebenjob-Lohn und Elternunterstützung nicht nur all die Versicherungsbeiträge und eure Miete bezahlen, sondern auch noch daran denken, wie ihr mit 67 über die Runden kommt? Ja! Wenigstens daran denken solltet ihr tatsächlich so früh wie möglich, denn wie bei Versicherungen gilt auch hier: Je früher ihr anfangt, desto mehr kommt am Ende dabei raus.

Und eine Geldanlage dient ja nicht immer nur dem Leben im Ruhestand. Auch vorher schon habt ihr sicher größere Wünsche, für die sich das nötige Geld nicht mal eben vom Monatsgehalt abzweigen lässt. Könnt ihr dann auf angelegtes Geld zurückgreifen, ist das in jedem Fall besser, als sich in teure Kredite zu stürzen. (Warum die keine so gute Idee sind, steht auf Seite 170.) Das alles soll aber natürlich nicht heißen, dass ihr euch nichts mehr zwischendurch gönnen und nur noch eisern sparen sollt. Ihr sollt schließlich auch noch so etwas wie ein Leben haben.

DAS MAGISCHE DREIECK

So sprechen Bankerinnen und Banker: Alle Formen der Geldanlage spielen sich in einem Dreieck aus **Sicherheit**, **Rendite** und **Liquidität** ab. Die ideale Anlage wäre eine mit möglichst geringem Risiko (Sicherheit), hohem Gewinn (Rendite) und permanenter Verfügbarkeit (Liquidität). Das funktioniert aber in der Realität leider nicht, denn diese Anforderungen schließen sich gegenseitig aus. Was Wahnsinnsgewinne einfahren soll, ist gleichzeitig hochspekulativ, also mit hohem Verlustrisiko versehen. Was ständig verfügbar sein soll, kann nicht langfristig und damit gewinnträchtig angelegt werden. Nach diesem Schema könnt ihr alle Anlageformen analysieren.

Einen Überblick über die wichtigsten findet ihr auf den folgenden Seiten. Die Bezeichnungen können sich von Anbieter zu Anbieter stark unterscheiden, denn manche Bank glaubt, mit einem bemüht originellen Namen mehr Kundschaft zu bekommen. In diesen Fällen: Vergleicht die Konditionen, oder bittet die Kundenberaterin um Aufklärung. Informiert euch außerdem vor der Entscheidung, wo ihr Geld anlegen möchtet, wie es gerade um das Zinsniveau steht. In den 2010er Jahren wurden Festgeldkonten, Tagesgeldkonten und andere Anlageformen, die auf Zinserträgen basieren und früher eine tolle Empfehlung waren, sehr uninteressant. Es gab dort schlicht nichts mehr zu holen. Bei Redaktionsschluss dieses Buchs (Stand: Mai 2022) machten die Zinsen wieder ganz behutsame Schrittchen nach oben. Noch lange nicht so, dass sich Zinsanlagen wieder richtig lohnen, aber das kann sich ändern. Darum: Ein Blick auf die Webseiten der Zeitungen oder auf spezialisierte Seiten wie test.de oder finanztip.de lohnt sich.

Girokonto

Auch euer stinknormales Konto ist eigentlich schon eine Geldanlage. Keine ertragreiche allerdings, mit Zinsen dürft ihr hier nicht rechnen. Ein Muss ist das Girokonto trotzdem. Mehr dazu findet ihr auf Seite 161.

Sparbuch

Auch so ein Klassiker. Mit dem guten alten Sparbuch von Eltern oder Großeltern habt ihr vielleicht zum ersten Mal erahnt, was Vermögen bedeutet. Ihr könntet bald wieder mit einem Sparbuch zu tun bekommen, wenn ihr eine eigene Wohnung mietet. Häufig wird nämlich die Kaution auf einem Sparbuch hinterlegt. Ansonsten ist das Sparbuch mittlerweile ziemlich out.

Befristete Anlagen

Auch Termineinlagen genannt. Dazu gehört das Festgeld, das eine feste Laufzeit und einen festen Zinssatz bietet. Eine Variante davon hat zwar keine feste Laufzeit, aber eine bestimmte Kündigungsfrist. Ihr müsst also, wie beim Auszug aus einer Wohnung, eine gewisse Zeit vorher Bescheid sagen, wenn ihr an euer Geld wollt. Häufig könnt ihr aber über eine bestimmte Summe, zum Beispiel bis zu 2000 Euro im Monat, ohne eine solche Vorankündigung verfügen. Grundsätzlich gilt: Je länger Laufzeit und Kündigungsfrist, desto höher die Verzinsung. Ihr wisst schon: das magische Dreieck. Aber: Wenn die Zinsen zum Zeitpunkt des Vertragsabschlusses generell eher niedrig sind, solltet ihr euer Geld nur dann für mehrere Jahre fest anlegen, wenn ihr davon ausgeht, dass die Zinsen auch auf dem niedrigen Niveau bleiben – von steigenden Zinsen profitiert ihr nämlich sonst nicht. Recherchiert also erst mal im Internet oder fragt jemanden, der sich auskennt, mit welcher Zinsentwicklung die Fachwelt in den nächsten Jahren rechnet. Oder wählt stattdessen ein Tagesgeldkonto, das zeitlich flexibler ist.

TIPP

Achtet bei der Auswahl eines Anbieters für eure Geldanlage immer darauf, dass das Unternehmen der deutschen oder zumindest der europäischen Einlagensicherung unterliegt. Das bedeutet, dass euer Geld im Fall einer Bankpleite bis zu einer Höhe von mindestens 100 000 Euro geschützt ist.

Tagesgeldkonto

Ein Tagesgeldkonto kann ein interessantes Geschäft sein, denn euer Geld ist dort täglich verfügbar und erzielt trotzdem eine höhere Rendite als auf einem normalen Girokonto. Zinssätze für Tagesgeldkonten konnten früher 4 oder gar 5 Prozent erreichen, Anfang 2022 schafften es selbst gute Angebote nur ganz knapp über 0 Prozent, und manche Banken wollen sogar Negativzinsen, also Zinsen von euch kriegen statt an euch zahlen. Wenn diese Anlageform durch deutlich steigende Zinsen wieder interessanter wird, lohnt es sich, sämtliche Anbieter zu vergleichen. Oft sind die bekannten Banken nicht die mit den höchsten Zinssätzen.

Ratensparpläne

Eine sichere, regelmäßige Form des Geldsparens: Ihr überweist – ganz nach Plan – monatlich eine feste Summe eurer Wahl auf ein Konto und bekommt darauf Zinsen sowie in regelmäßigen Abständen einen Bonus. Der Zinssatz sollte dabei fest und der Sparplan möglichst flexibel kündbar sein. Wenn euch das Prinzip gefällt, monatlich einen kleinen Betrag abzuzwacken, ihr aber eine höhere Chance auf Gewinn sucht, schaut euch besser nach einem Wertpapiersparplan um (mehr dazu auf Seite 219).

Bundeswertpapiere
Ihr könnt auch ganz feierlich beim Vaterland anlegen. Wertpapiere des Bundes gibt es mit Laufzeiten zwischen wenigen Monaten und 30 Jahren; in der Regel mit jährlicher Verzinsung, die ihr im Voraus kennt. Ihr geht damit ein extrem geringes Risiko ein, denn für die Rückzahlung haftet der deutsche Staat, ein guter Schuldner. Ihr verdient aber andererseits wenig damit: Auch diese Anlageform hat unter der allgemeinen Niedrigzinslage gelitten und seit langer Zeit kaum noch etwas abgeworfen. Nähere Informationen und die aktuellen Zinssätze für Bundeswertpapiere findet ihr auf der Webseite der Finanzagentur: www.deutsche-finanzagentur.de.

Aktien
Aktien sind Anteile an einem Unternehmen. Sie werden an der Börse gehandelt, wo junge Menschen mit hochgekrempelten Ärmeln herumschreien und seltsam gestikulieren – und wo vor allem ganz stille, viel schnellere Computerprogramme in Sekundenbruchteilen zig Millionen verschieben. Als Aktionärin oder Aktionär bekommt man in vielen Fällen am Ende eines Geschäftsjahres je Aktie eine sogenannte Dividende, das ist die Beteiligung am Unternehmensgewinn. Diese Dividenden sind bei manchen Unternehmen deutlich höher als die Zinsen, die man auf Sparangebote von Banken erhält. Noch interessanter für die Geldanlage sind mögliche Kursgewinne, die die Aktie an der Börse macht. Der Aktienkurs bildet sich aus Angebot und Nachfrage, also durch Verkauf und Kauf im täglichen Börsenhandel. Wenn viele kaufen (wollen), steigt der Kurs; wollen viele gleichzeitig eine Aktie loswerden, sinkt er.

Früher legten sich Aktionäre prachtvoll gestaltete Aktien in den Tresor, heute verwaltet man sie digital in einem Depot bei seiner Bank oder bei einem Online-Broker, denn die sind bei den

Gebühren für Depotnutzung und Aktienhandel meist deutlich günstiger als die Hausbank.

Eine Anlage in Aktien ist riskanter als andere Anlageformen. Ihr solltet also nur einen Teil des Geldes, das ihr auch langfristig entbehren könnt, in Aktien stecken. Sonst müsst ihr eventuell hohe Verluste hinnehmen, wenn mal Ebbe auf dem Konto ist und ihr Aktien genau dann verkaufen müsst, wenn sie gerade einen sehr niedrigen Kurs verzeichnen. Auf lange Sicht – und damit sind eher 20, 30 als 5 Jahre gemeint – bringen Aktien aber oft hohe Gewinne. Und das Gute in unsicheren Zeiten: Aktien sind Anteile an Unternehmen, hinter denen häufig auch »echte« Werte stehen. Wer eine Aktie an einem Industrieroboter-Hersteller hält, hat damit einen Anteil an den Fabrikgebäuden, Grundstücken, an jedem Kugelgelenk, mit dem der Roboter sich bewegt; das gibt eine gewisse Sicherheit. In anderen Fällen verbirgt sich hinter dem Aktienkurs eines Unternehmens eher die Hoffnung der Aktionäre auf zukünftige Gewinne. Das ist häufig der Fall bei Firmen, die ganz oder zu einem wesentlichen Teil im Internet ihr Geld verdienen.

Das Risiko, wenn ihr Aktien einzelner Unternehmen kauft, liegt darin, aufs falsche Pferd zu setzen oder zum falschen Zeitpunkt einzusteigen. Wenn ihr nicht ganz große Börsen-Cracks werden und euch nicht täglich mit Börsenkursen beschäftigen wollt, fahrt ihr darum mit Aktienfonds besser als mit Einzelaktien.

Fonds

Ein Fonds (auch: »Investmentfonds«) ist eine Art Sammelbüchse für das Geld vieler einzelner Anleger. Man hat also keine direkten Anteile an einem Unternehmen, sondern Anteile am Fonds. Die Menge macht's. Die Gesamtsumme legen Fondsmanager möglichst gewinnbringend an, und zwar – je nach Ausrichtung des Fonds – in Aktien oder anderen Wertpapieren, Immobilien oder auch ganz gemischt. Es gibt auch sogenannte Dachfonds, die wiederum nur Anteile an anderen Fonds halten.

Der große Vorteil von Fonds ist, dass ihr nicht selbst Profis sein müsst, um dort anzulegen. Und ihr erreicht schon mit geringem Einsatz eine breitgestreute Anlage. Das Risiko wird also gegenüber dem Kauf von Einzelaktien eines Unternehmens viel mehr verteilt und damit geringer. Die Spielwiese der Fonds ist riesig. Es gibt einige tausend verschiedene Fonds in Deutschland, geschlossene und offene, auf Nordamerika, Osteuropa oder einzelne Länder beschränkte, außerdem auf eine bestimmte Auswahl konzentrierte, zum Beispiel Fonds nur mit Firmen aus bestimmten Branchen. Wenn ihr euer Geld ethisch ganz sauber anlegen möchtet, gibt es auch dafür Fonds, die zum Beispiel keine Aktien von Unternehmen kaufen, die klimaschädlich produzieren, Waffen oder Zigaretten herstellen. Solche Fonds lassen sich oft im Zusammenhang mit dem Begriff **Impact Investing** oder der Abkürzung **ESG** (steht für **Environmental, Social and Governance**) finden; beides kennzeichnet stark ethisch getriebene Anlageformen.

Einsteiger fahren am besten mit sogenannten **ETF** (**Exchange Traded Funds**), die einen sehr breiten Aktienindex abbilden. Ein Index ist so etwas wie eine Liste von Wertpapieren, die einen bestimmten Markt darstellt. Ein solcher Index ist zum Beispiel der »MSCI World«, der etwa 1500 Aktien aus 23 Ländern beinhaltet. Da ist das Risiko geringer als bei einem kleineren Fonds, der nur wenige Länder oder Aktien umfasst. Indexfonds haben übrigens auch geringere Nebenkosten als andere Fonds, bei denen diese unterschiedlichen Gebühren (**»Ausgabeaufschläge«**) und Verwaltungskosten manchmal einen großen Teil des Gewinns wieder auffressen. Kurz: Es spricht einiges dafür, erst mal Indexfonds anstelle von anderen Fonds oder Aktien zu kaufen.

Wenn ihr tiefer in die Materie einsteigen wollt, findet ihr im Internet gute Quellen. Informationen zum Thema »Geldanlage« bekommt ihr natürlich auch bei eurer Bank; die möchte allerdings oft vor allem ihre eigenen Produkte verkaufen, deshalb sich lieber erst einmal im Internet schlaumachen!

Wertpapiersparplan / Fondssparplan

Am allerbesten fahrt ihr, wenn ihr nicht auf einmal so viele Fondsanteile wie möglich kauft, sondern einen sogenannten Wertpapier- oder Fondssparplan wählt: Damit könnt ihr jeden Monat für einen bestimmten, von euch festgelegten Betrag (geht oft schon ab 25 oder 50 Euro) Anteile an einem oder mehreren Fonds kaufen. Das hat den Vorteil, dass ihr quasi automatisch sinnvoller auf Kursschwankungen reagiert: Sind die Kurse gesunken, kriegt ihr für euren fixen Betrag mehr Anteile als vorher, steigen sie, kauft ihr entsprechend weniger. So sinkt euer Risiko enorm gegenüber einem Einmaleinsatz, der vielleicht gerade zu einem schlechten Zeitpunkt – also bei teuren Kursen – erfolgt.

Mit so einem Wertpapiersparplan könnt ihr euch dann einen für euch passenden Mix zusammenstellen, je nach verfügbarem Budget zum Beispiel so:

- Wenn ihr monatlich 25 Euro abzweigen könnt, startet mit einem auf den weltweiten Index »MSCI World« ausgerichteten ETF. Vorteil: reduziertes Risiko durch breite Streuung.
- Wenn ihr euch weitere 25 Euro im Monat leisten könnt, lasst diesen Teil in einen dividendenorientierten Fonds fließen. Vorteil: jährliche Beteiligung, wenn die Unternehmen im Fonds Gewinn machen.
- Und sobald noch mehr übrig ist, könnt ihr diesen Teil in einen eher wachstumsorientierten Fonds investieren. Vorteil: mehr Chance auf Gewinn – allerdings mit höherem Risiko und stärkeren Kursschwankungen.

Überlegt euch vorher sehr gut, wie viel ihr riskieren wollt und könnt, denn auch bei einem Wertpapiersparplan gilt wie bei Aktien generell: Ihr solltet nur Geld investieren, das ihr auch langfristig entbehren könnt, damit ihr nicht gezwungen seid, in einem schlechten Moment wieder zu verkaufen, weil ihr dringend Bares braucht. Wenn die Kohle also regelmäßig knapp wird, wartet lieber noch etwas mit der Aktienanlage.

Wenn der Wertpapiersparplan einmal eingerichtet ist, müsst ihr euch keinen großen Kopf um eure Aktien mehr machen: Ab und zu ein Kontrollblick auf das Depot genügt, und vielleicht einmal im Jahr ein ausführlicherer Check, ob die von euch gewählten Fonds weiterhin empfehlenswert sind. Einen sehr umfangreichen Fonds-Check mit Empfehlungen für verschiedene Bedürfnisse, der euch dabei hilft, gibt es zum Beispiel bei »Finanztest« (www.test.de).

Gold

Gold wird für die Geldanlage häufig empfohlen, um das Vermögen zu »diversifizieren«, also auf unterschiedliche Anlageformen zu verteilen. Der Grund dafür ist, dass der Goldpreis sich oft anders verhält als die Kurse anderer Anlageformen. Es kann also sein, dass Gold wertvoller wird oder zumindest seinen Wert hält, wenn Aktienkurse sinken. An sich keine dumme Idee, aber zum Start eurer Geldanlage könnt ihr auf Gold noch gut verzichten. Wenn am Monatsende etwas übrig ist, verteilt das besser auf andere der hier aufgeführten Sparformen.

Auf diesen Seiten erfahrt ihr mehr über Geldanlagen:
www.finanztip.de
www.test.de

Kapitallebensversicherungen
Das sind Lebensversicherungen, die Kapital bilden – also auch eine Form der Geldanlage. Informationen findet ihr dazu auf Seite 209.

Bausparen
Bausparen, der angebliche Inbegriff des Spießertums. Kümmert euch nicht um solche Bewertungen. Wenn ihr einen Bausparvertrag habt oder abschließt, muss es ja nicht jeder erfahren. Der Bausparvertrag hat die Funktion, euch auf dem Weg zum eigenen Heim zu unterstützen. Das Prinzip: Durch das Ansparen einer bestimmten Summe erwerbt ihr einen Anspruch auf ein günstiges Darlehen von eurer Bausparkasse, das für sogenannte wohnwirtschaftliche Zwecke verwendet werden soll. Das kann von der neuen Dusche bis zum Strandhaus alles sein. Unterhalb gewisser Einkommensgrenzen gibt es staatliche Zuschüsse obendrauf – und zwar gute 10 Prozent, allerdings nur bis zu einer Höchstsumme von 70 Euro pro Jahr. Durch diese ist ein Bausparvertrag auch im Umfeld schwacher Zinsen nicht unattraktiv.

> **TIPP**
> Es gibt keine echte »schwarze Liste« mit unseriösen Anbietern auf dem Finanzmarkt. Die Verbraucherzentralen sammeln jedoch Meldungen zu schwarzen Schafen. Bei der Bundesanstalt für Finanzdienstleistungsaufsicht (www.bafin.de; unter »Datenbanken«) könnt ihr zumindest herausfinden, ob ein Unternehmen offiziell am Markt zugelassen ist. Wenn nicht: Finger weg!

Wenn ihr euch für einen entscheidet, könnt ihr euch bei der jährlichen Sparsumme am staatlichen Zuschuss orientieren und genau so viel ansparen, dass ihr den Zuschuss bekommt. Die Bausparsumme sollte ohnehin nicht zu hoch sein, denn je höher, desto länger müsst ihr sparen, bis ihr an das Geld rankommt. Achtet außerdem auf niedrige Gebühren, die sonst einen guten Teil der Rendite wieder auffressen.

Bitcoin und Co.

Einige Leute behandeln Kryptowährungen wie Bitcoin oder virtuelle Artefakte wie **NFTs** (**Non-Fungible Tokens**, eine Kombination von digitalem Objekt und dazugehörendem digitalen Besitzzertifikat) als Geldanlage und hoffen, damit spektakulär reich zu werden. Bei spektakulären Versprechungen solltet ihr allerdings grundsätzlich skeptisch bleiben und – erst recht mit eurem vermutlich noch beschränkten Anlagebudget – besser die Finger davon lassen.

Falls ihr wirklich Spielgeld zur Verfügung habt, dessen Verlust ihr verkraften könntet, und Kryptogeld oder NFTs ausprobieren wollt: nur nach gründlicher Recherche und mit gesundem Misstrauen. In mehreren Fällen kam es bei diesem ganz modernen Thema nämlich zu ganz altmodischem Diebstahl, und Krypto-Wallets wurden leergeräumt. Mehr zu Kryptowährungen findet ihr auf Seite 163.

© Foto Mohr

»Frauen müssen wissen, welche finanziellen Konsequenzen ihre Lebensentscheidungen haben.«

INTERVIEW MIT ANNE E. CONNELLY

Anne E. Connelly ist Top-Managerin in der Investmentfondsbranche. Schon lange wundert sie sich darüber, dass sich so wenige Frauen aktiv um ihr Geld kümmern. Um das zu ändern, hat sie das Internetportal herMoney.de gegründet, ein Finanzportal für Frauen. Mit Artikeln, Podcasts, Events und Coachings will Anne Frauen dazu ermuntern, sich zu Geldthemen schlauzumachen.

Anne, im Schnitt verdienen Frauen 18 Prozent weniger als Männer. Woran liegt das?

Es gibt mehrere Gründe. Zum einen, weil Frauen, wenn sie Kinder haben, häufig in Teilzeit arbeiten. Zudem wählen sie Berufe, die weniger gut bezahlt sind. Und sie sind selten in führenden Funktionen. Auch verhandeln Frauen kaum beim Berufseintritt oder danach.

Welche Folgen hat der geringere Verdienst?

Wenn ich im Laufe meiner bezahlten Erwerbstätigkeit wenig verdiene, dann hat dies drastische Auswirkungen auf meine Rentenansprüche im Alter. Frauen in Westdeutschland erhalten im Schnitt 40 Prozent weniger Rente als Männer. Interessant ist, dass Frauen in Ostdeutschland nur 17 Prozent weniger Rente kriegen als die Männer. Hier zeigt sich, wie stark unsere Sozialisierung nachwirkt. Denn in den neuen Bundesländern arbeiten deutlich mehr Frauen in Vollzeit mit Kindern als in den alten Bundesländern.

Du willst Frauen zu finanzieller Eigenständigkeit ermuntern. Aber: Was ist denn so schlimm daran, sich zu Hause um die Kinder zu kümmern, während der Partner das Geld für die Familie verdient?

Daran ist zunächst nichts schlimm, wenn man dieses Familienmodell wählt. Frauen müssen aber wissen, welche finanziellen Konsequenzen ihre persönlichen Lebensentscheidungen haben. Entscheide ich mich dafür, unbezahlte Arbeit für die Familie zu erbringen, dann sollte im Gespräch mit dem Partner über einen finanziellen Ausgleich gesprochen werden. Das ist essentiell, denn bei einer Trennung steht die Frau sonst nur mit kurzfristigem Trennungsunterhalt da und muss recht schnell wieder für ihren Lebensunterhalt selbst aufkommen.

Woher kommt diese Abneigung vieler Frauen, sich mit Finanzthemen zu befassen?

Hier schlägt wieder die Sozialisierung zu. Man muss nur schauen, welche Bilder und Filme uns in der Kindheit geprägt haben; da waren nur selten starke Frauen zu sehen. Das ändert sich Gott sei Dank jetzt. Historisch gesehen wurden Frauen immer vom Investieren ab- und von Geld ferngehalten. Erst seit 1962 dürfen Frauen ohne Erlaubnis ihres Mannes ein eigenes Konto eröffnen. Es ist also tief verwurzelt und bricht jetzt langsam auf.

Was rätst du – Frauen wie Männern –, die gerade erst anfangen, ihr eigenes Geld zu verdienen: Wie findet man sich zurecht im Geld- und Geldanlagendschungel mit all seinen Fremdwörtern?

Auf meinem Portal herMoney.de gibt es einen Startbereich, der die ersten Schritte erklärt. Außerdem gibt es ein breites mediales Angebot, zum Beispiel auf YouTube, oder auch Finanzbücher. Ich würde da einfach mal reinschnuppern, um das Richtige für mich zu finden.

VERMÖGENSWIRKSAME LEISTUNGEN

Vermögenswirksame Leistungen (VL) sind ein Trick, um aus einem kärglichen Azubi-Gehalt mehr Geld zu machen: Euer Arbeitgeber, also euer Unternehmen, hilft euch dabei! Zusätzlich zum Gehalt wird monatlich ein bestimmter Betrag für euch angelegt. Abhängig von der Branche, in der ihr arbeitet, können das bis zu 480 Euro im Jahr werden. Informiert euch gründlich über die für euch geeigneten Anlagemöglichkeiten. Ob ihr bereits eine Familie gegründet habt, spielt ebenso eine Rolle wie die Höhe eures Gehalts. Bei Aktienfonds und Bausparverträgen gibt es noch staatliche Zuschüsse – die sogenannte **Arbeitnehmersparzulage** –, die ihr beim Vergleich mit anderen Geldanlagen berücksichtigen solltet. Wichtig: Hört euch nicht nur bei eurer Hausbank um!

Wenn ihr euch beispielsweise für einen Bausparvertrag entschieden habt, dann schließt ihr mit der Bausparkasse einen Vertrag über die Verwendung der Vermögenswirksamen Leistungen ab. Nach Abschluss des Vertrags erhaltet ihr eine Bescheinigung. Diese legt ihr dem Arbeitgeber vor und gebt dabei die Kontoverbindung an, auf die eure VL künftig überwiesen werden sollen – in diesem Fall also die Kontoverbindung der Bausparkasse. Wenn ihr nicht wisst, wer in eurem Betrieb die richtige Ansprechpartnerin für solche Dinge ist: in der Buchhaltung oder beim Betriebsrat fragen.

Wenn ihr wollt, könnt ihr von eurem restlichen Gehalt auch noch etwas drauflegen. So wird mehr angespart als das, was der Arbeitgeber für euch monatlich zurücklegt. Dafür müsst ihr eurem Unternehmen mitteilen, wie viel Geld eures Gehalts zusätzlich in Vermögenswirksame Leistungen »umgewandelt« werden soll. Diese Summe steht euch dann also nicht mehr direkt zur Verfügung. Die staatliche Arbeitnehmersparzulage müsst ihr jedes Jahr beim Finanzamt beantragen. Meist schicken die Banken und Bausparkassen automatisch die Antragsformulare. Trotzdem solltet ihr ein Auge darauf haben, denn nach Ablauf der Antragsfrist gibt's nix mehr!

Sechs Jahre lang wird eingezahlt, und ein Jahr wird das Geld zusätzlich »ruhen«. Nach sieben Jahren steht es dann zu eurer freien Verfügung, ihr könnt es ausgeben oder weiterhin anlegen.

BETRIEBLICHE ALTERSVORSORGE

Die betriebliche Altersvorsorge (kurz: BAV) soll euch dabei helfen, eure »Versorgungslücke« im Rentenalter zu stopfen. Dabei wird meist ein Teil eures Gehalts in Beiträge für eine solche BAV umgewandelt (**»Entgeltumwandlung«**). Auf diese Form der BAV habt ihr sogar ein Recht. Bis zu gewissen Grenzen sind diese Beiträge steuer- und sozialabgabenfrei, was die Sache interessant macht. Bei anderen Formen der betrieblichen Altersvorsorge zahlt der Arbeitgeber sogar noch etwas drauf. Beachten müsst ihr allerdings, dass ihr solche Verträge oft nicht von einem zum nächsten Arbeitgeber mitnehmen könnt. Das kann die Sache mühsam und auch weniger profitabel machen, wenn ihr mit jedem neuen Vertrag Gebühren zahlen müsst.

Wie ihr zur BAV kommt:

» Informiert euch bei eurem HR-Ansprechpartner, bei der Chefin oder im Intranet, wie es in eurem Unternehmen mit der betrieblichen Altersvorsorge aussieht.

» Wenn nichts vorgesehen ist, kommt auf das Thema «Entgeltumwandlung» zu sprechen und verhandelt über einen Zuschuss. 15 Prozent müssen Arbeitgeber dazulegen; dazu sind sie gesetzlich verpflichtet.

RIESTER-RENTE

Die nach dem ehemaligen Minister Walter Riester benannte Riester-Rente soll ebenfalls helfen, die gesetzliche Rentenlücke zu schließen, in diesem Fall durch staatliche Zulagen und Steuererleichterungen. Gefördert werden alle, die in der gesetzlichen Rentenversicherung pflichtversichert sind. Sie müssen bestimmte vom Staat zertifizierte Altersvorsorgeverträge abschließen, um in den Genuss der Förderung zu kommen. Auf die Beiträge in diesen Vorsorgeverträgen gibt es eine Grundzulage, die jährlich 175 Euro beträgt. Sobald ihr Kinder habt, gibt es eine zusätzliche Kinderzulage. Die ist mit 300 Euro noch höher als die Grundzulage, denn Familien sollen durch die Riester-Rente besonders gefördert werden. Und: Für Berufseinsteiger bis zum 25. Lebensjahr gibt es einen einmaligen Bonus von 200 Euro.

Die Beiträge für Riester-Verträge sind als Sonderausgaben in der Steuererklärung (mehr dazu ab Seite 178) absetzbar.

»Riestern« lässt sich mittels verschiedener Produkte, etwa einer klassischen »Riester-Rentenversicherung«, einem »Riester-Banksparplan« oder einem »Riester-Fondssparplan«. Mehrere Banken bieten die Produkte an. Renditestark sind sie leider alle nicht, sie gelten aber als sichere Produkte.

TIPP

Bevor ihr euch auf ein Riester-Produkt festlegt: Die Zeitschrift »Finanztest« ist auch hier wieder eine gute Ratgeberin. Sie testet die einzelnen Angebote regelmäßig und erklärt, welche Sparform für wen am besten ist: www.test.de/thema/riester-rente

Kapitel 3

Sicher im Internet

Fragt ihr euch manchmal, wie eure Eltern das früher ausgehalten haben – so ganz ohne Internet? Keine schnelle Nachricht, wenn man zu spät kommt. Kein Gruppenchat mit den besten Freundinnen. Kein Google Maps. Keine Online-Buchungen, sondern Schlangestehen am Bahnschalter. Kein Google, das, wenn das Bier aus ist, verrät, wie lange die Tankstelle noch auf hat. Und auch keine Wikipedia, wenn man den Kumpels erklären möchte, wie extrem giftig Würfelquallen sind.

> **TIPP**
>
> Eure Eltern glauben, das Internet sei Teufelszeug, mache abhängig und dumm? Schenkt ihnen das Buch »Netzgemüse« von Tanja und Johnny Haeusler (erschienen bei Goldmann). Die digitale Welt wird darin sehr verständlich und ganz ohne Panikmache erklärt. Eure jüngeren Geschwister werden es euch danken.

So richtig vorstellen kann man sich die vor-digitale Ära nicht mehr. Auf alle Fälle hatten Festnetzanschluss, Telefonbuch, Straßenatlas, Duden, Tageszeitung, Lexikon und Briefmarken eine weitaus größere Bedeutung.

EURE DATEN

Während ihr mit dem Computer oder Smartphone im Internet unterwegs seid, hinterlasst ihr jede Menge Datenspuren; manchmal mit Absicht, aber meist, ohne dass ihr es merkt. Für Unternehmen sind personenbezogene Daten wie Adresse, Alter und Interessen eine Goldgrube. Denn mit diesen Informationen können sie euch gezielt mit Werbung erreichen. Kurzum: Werbefinanzierte Dienste wie Google oder Instagram erscheinen auf den ersten Blick kostenlos, sie sind es aber nicht. Ihr zahlt mit euren Daten.

Und dann sind da leider auch noch Kriminelle und Sicherheitsbehörden, die gesteigerten Appetit auf die Informationen haben, die Internetnutzer hinterlassen. Im Grunde bedeutet das Netz einen ständigen Zwiespalt zwischen Sicherheit und Privatsphäre auf der einen und Komfort auf der anderen Seite.

Praktisch, dass die neue Social-Media-App auf euer Adressbuch zugreift, um zu sehen, wer noch so alles erreichbar ist – aber

TIPP

Jeder hat das Recht auf »informationelle Selbstbestimmung«. Das heißt, welche personenbezogenen Daten ihr von euch preisgeben möchtet und wer sie verwenden darf, das sollt ihr selbst entscheiden können, nicht irgendwelche Großkonzerne. Sämtliche Datenschutz-Rechte sind in der Datenschutz-Grundverordnung (DSGVO) verankert. Einen Überblick über deren Inhalt erhaltet ihr hier unter diesem Linkmonstrum: www.bfdi.bund.de/DE/Buerger/Inhalte/Allgemein/Datenschutz/Grundlagen-Datenschutzrecht.html

gleichzeitig gebt ihr so euer soziales Umfeld preis. Praktisch, dass die Suchmaschine so gut Sachen findet – aber gleichzeitig wird dabei Buch geführt über alles, was euch gerade interessiert. Praktisch, dass das Betriebssystem eures Smartphones euren Standort an die Fahrplan-App übergibt, so müsst ihr nicht immer die nächstgelegene Haltestelle eintippen – aber gleichzeitig entsteht so ein Bewegungsprofil eures ganzen Lebens. Also alles abschalten und mit einem Aluhut auf dem Kopf Briefe aus der Waldhütte schreiben? Nein, Panik ist nicht angesagt. Aber ihr solltet euch über die Risiken und möglichen Gegenmaßnahmen informieren. Nur so könnt ihr fundiert entscheiden, wo ihr für euch die Grenze zieht. »Ich habe doch nix zu verbergen« stimmt jedenfalls fast nie, und das wäre ja sonst auch ein ziemlich ödes Leben.

KURZ & KNAPP

Jede Menge Tipps zum Datenschutz im Internet:

» Grundregel: Gebt nur so wenige persönliche Informationen weiter wie nötig. Füllt bei Registrierungen immer nur die Pflichtfelder (meist mit Sternchen gekennzeichnet) aus. Macht Profile in sozialen Netzwerken nur für Freundinnen und Freunde sichtbar, und schaltet die Ortungsfunktion eures Handys nur für einzelne vertrauenswürdige Apps ein. Stichwort: »Datensparsamkeit«.

» Das Stichwort »Datensparsamkeit« sollte auch in euren Steckbriefen auf Social Networks wie Instagram oder TikTok gelten: Eure Freundinnen und Freunde wissen, wie alt ihr seid und wo ihr wohnt. Das müsst ihr dort nicht hinschreiben.

» Verwendet sichere Passwörter und Passwortmanager-Programme. Mehr dazu ab Seite 232.

- Sichert auch euer WLAN daheim mit einem guten Passwort. Nutzt offene Netzwerke, zum Beispiel in einem Café, nur mit VPN (mehr dazu auf Seite 234), damit beim E-Mail-Schreiben und Onlineshoppen nicht jeder, der will, eure Zugangs- und Kreditkartendaten mitlesen kann.
- Öffnet keine Anhänge in Mails unbekannter Absender und keine in Mails, die euch komisch vorkommen, obwohl ihr den Absender zu kennen glaubt. Phishing-Betrüger kapern Konten eurer Kontakte oder verschicken Mails mit scheinbar seriösem Absender, zum Beispiel einer Bank, und versuchen dann, euch zur Eingabe von Login-Daten zu verleiten (»Phishing« ist eine Wortneubildung aus »Password« und »Fishing«).
- Überlegt euch genau, welche Fotos ihr von euch ins Netz stellt. Fragt euch im Zweifel: »Was würde Oma dazu sagen?«, bevor ihr etwas veröffentlicht. Und geht am besten davon aus, dass vermeintlich gelöschte Informationen doch weiterhin gespeichert bleiben. Übrigens besitzt ihr das »Recht am eigenen Bild«, was bedeutet, dass Fotos von euch nur mit eurem Einverständnis veröffentlicht werden dürfen.
- Denkt nicht nur an euren, sondern auch den Datenschutz anderer: Also fragt eure Freunde, die sich mit euch aufs Selfie gequetscht haben, ob sie damit einverstanden sind, dass ihr das Bild verbreitet. Das Gleiche gilt, wenn ihr bekannt geben wollt, mit wem ihr gerade in der Kneipe hockt.
- Überprüft und aktualisiert regelmäßig eure Privatsphäre-Einstellungen bei den sozialen Netzwerken.
- Entdeckt ihr unerwünschte Daten oder Bilder von euch im Netz, bittet die Person, die sie eingestellt hat, die Inhalte umgehend zu löschen. Kennt ihr den Webseitenbetreiber nicht, könnt ihr diesen vielleicht über das Impressum ausfindig machen. In sozialen Netzwerken gibt es Melde-Buttons. Als Beweis solltet ihr Screenshots anfertigen. Hilft dies nichts, könnt ihr euch an die Datenschutz-Aufsichtsbehörde eures Bundeslandes (siehe Link unten) wenden und in ganz gravierenden Fällen an die Polizei.

www.klicksafe.de (Hinweise zur sicheren Internetnutzung)
www.handysektor.de (zahlreiche leicht verständliche Informationen über Apps, Smartphones, Tablets)
www.bfdi.bund.de/DE/Service/Anschriften/anschriften_table.html (Adressen von Kontaktstellen bei Datenmissbrauch)

Sicherheit für euren Computer

Nicht nur online gibt es gewisse Sicherheitsregeln zu beachten, auch euer Computer enthält natürlich sensible Informationen. Installiert deshalb regelmäßig die von den Herstellern bereitgestellten **Sicherheitsupdates** für euer Betriebssystem und sämtliche anderen Programme. Informiert euch auch, wie ihr eure **Festplatte oder einzelne Dateien verschlüsseln** könnt. Die meisten Computer haben die Möglichkeit zur Festplattenverschlüsselung bereits eingebaut: Mac-Computer nennen diese Funktion »FileVault«, Windows-Rechner haben »BitLocker« standardmäßig an Bord. Für Backups empfiehlt sich die Verschlüsselung natürlich ebenfalls. Bei Smartphones ist das Thema »Datenschutz« stark in Bewegung – online findet ihr den neusten Stand und zu allen erwähnten Sicherheitsmaßnahmen gute, verständliche Anleitungen.

Das Internet vergisst nichts, heißt es immer so schön. So kann man beispielsweise unter archive.org Kopien bereits gelöschter Webseiten aufrufen.

Passwörter

12345 – diese Zahlenfolge wird leider immer noch von vielen als Passwort verwendet. Bei den ganz Vergesslichen klebt sie dann vielleicht sogar noch als Erinnerungs-Post-it am Computer. Ein solches Passwort bringt überhaupt nichts. Denn Hacker verfügen über Tools, die automatisch Zeichenkombinationen oder ganze Wörterbücher einschließlich gängiger Kombinationen aus Begriffen und angefügten Zahlen testen. Also investiert lieber ein paar Minuten in die Sicherheit eurer Login-Daten.

Am besten ist es, für jeden Zugang ein anderes Passwort zu verwenden. Sollte mal eines geknackt werden, ist dann nicht gleich die komplette Online-Identität in Gefahr. Nachteil: So kommt man schnell auf Dutzende, wenn nicht Hunderte verschiedener Passwörter, die man sich natürlich nicht alle merken kann. Installiert euch darum einen Passwortmanager (siehe unten). Und wenn möglich, nutzt beim Einloggen ein zweistufiges Verfahren, das sich **»Two-Factor Authentication«** (kurz: 2FA) oder **»Two-Step Verification«** nennt. Das ist ein Identitätsnachweis, bestehend aus zwei verschiedenen Komponenten. Ein Beispiel, das ihr vom

Onlinebanking her sicher kennt: Ihr meldet euch mit eurer Benutzerkennung an und bekommt dann zusätzlich einen einmalig gültigen Sicherheitscode aufs Handy geschickt oder müsst die Anmeldung in einer weiteren App bestätigen. Immer mehr Onlinedienste und auch soziale Netzwerke ermöglichen eine Anmeldung mittels Two-Factor Authentication.

https://safety.google/authentication (Einrichten der 2FA bei Google)
www.facebook.com/help/instagram/566810106808145 (Einrichten der 2FA bei Instagram)
https://www.facebook.com/help/148233965247823 (Einrichten der 2FA bei Facebook)

KURZ & KNAPP

Worauf es bei einem sicheren Passwort ankommt:

- Voreingestellte Passwörter immer ändern.
- Verwendet keine existierenden Begriffe, also keine, die auch im Wörterbuch stehen.
- Benutzt nicht euren Namen oder den von Freundinnen, Familienmitgliedern oder Haustieren. Geburtsjahr oder -tag sind ebenfalls tabu.
- Ein Passwort sollte eine Mischung aus Zahlen, Sonderzeichen, Klein- und Großbuchstaben enthalten.
- Man kann sich Wörter mit bestimmten Regeln ausdenken, etwa, indem man festlegt, ein S immer durch ein $ zu ersetzen, ein E durch 3 oder ein i durch !. Mit Letzterem würde aus »igittigitt« schon mal »!g!tt!g!tt«. Derartige Tricks kennen aber natürlich auch die Hacker. Also besser zusätzlich noch mit Zahlen und weiteren Sonderzeichen arbeiten.
- Ab und an die Passwörter wechseln, vor allem, wenn in den Medien von einem Datenleck bei einem Dienst berichtet wird, den ihr benutzt.
- Passwörter und Kreditkartendaten etc. nicht unverschlüsselt per E-Mail oder WhatsApp verschicken.

Passwortmanager

Um euch das Leben leichter und sicherer zu machen, solltet ihr ein Passwortmanager-Programm installieren. Das speichert all eure Zugangsdaten in einer verschlüsselten Datenbank. Ihr müsst euch nur noch ein einziges Hauptkennwort merken. Das muss dann aber echt gut sein, und ihr dürft es auf gar keinen Fall vergessen, sonst kommt ihr an eure ganzen anderen Passwörter nicht mehr ran.

Der Passwortmanager generiert euch auch beliebig viele sichere Passwörter, ihr müsst euch also nicht selbst um die ganzen Regeln für gute Passwörter kümmern. Und mancher punktet mit Zusatzfunktionen wie Warnmeldungen, wenn ein Dienst, zu dem ihr Zugangsdaten gespeichert habt, von einem Datenleck betroffen ist. Sinnvoll ist es, wenn es auch eine Version fürs Smartphone gibt, sodass ihr auf beiden Geräten Zugriff auf die Passwort-Datenbank habt. Wenn ihr Zugangsdaten gemeinsam mit der Familie oder WG benutzen möchtet, sucht euch ein Programm mit der Option für getrennte »Tresore« (Passwort-Datenbanken) und mehrere Benutzer. Empfohlen werden vor allem »1Password« und »LastPass Premium« (beide kosten um die 30 Euro im Jahr). Eine kostenlose Variante wäre «KeePassXC«.

https://1password.com/de
https://www.lastpass.com/de
https://keepassxc.org

Sicherer surfen und kommunizieren

Es ist leider noch immer nicht so richtig bequem, anonym und sicher zu surfen und zu kommunizieren. Aber es tut sich was: Die Anbieter haben verstanden, dass die Werkzeuge auch ohne Informatikstudium benutzbar sein müssen. Inzwischen gibt es zum Beispiel mehrere Dienste, die die **Verschlüsselung von E-Mails** auch für ganz normale Internetnutzerinnen und -nutzer ermöglichen. Beispiele: ProtonMail oder Posteo. Verschlüsselt ihr nicht, bedenkt beim Schreiben: Der Inhalt einer E-Mail ist ungefähr so geheim wie der einer Postkarte. Jeder, der will, kann mitlesen.

Die Privatsphäre-Einstellungen in eurem **Browser** solltet ihr einmal von oben bis unten durchgehen und scharf einstellen. Dort könnt ihr zum Beispiel Cookies löschen und blockieren (dann verfolgt euch einmal gesehene Onlinewerbung nicht auf anderen Webseiten), Pop-ups sperren oder das Abfragen eures Standorts blockieren lassen. Ihr könnt euren Browser außerdem mit ein paar Ergänzungen, sogenannten Add-ons, aufrüsten. Empfehlenswert ist zum Beispiel »HTTPS Everywhere«, das euch von http- zu sichereren https-Webseiten umleitet, wann immer das möglich ist. Das gibt's für die Browser Firefox und Chrome. Firefox gilt übrigens gemeinhin als sicherer als Chrome, Edge oder Safari. Daneben gibt es auch ein paar unbekanntere Browser wie zum Beispiel Brave, die noch mehr Wert auf Datenschutz legen. Das Add-on »Disconnect« blockiert unzählige kleiner Dienste, die beim Surfen Daten sammeln, etwa Statistik-Software oder Onlinewerbung. Das hat den angenehmen Nebeneffekt, dass Webseiten dadurch auch schneller laden. Webseitenbetreiber schneidet ihr damit aber auch von Werbeeinnahmen ab, von denen sie leben. Wenn ihr fair seid, setzt ihr darum die, die ihr oft und gern nutzt, auf die »Whitelist«, sodass dort nichts mehr blockiert wird.

Um sicherer im Netz zu surfen, kann man sich zudem ein **Virtual Private Network**, kurz **VPN**, einrichten. Das ist so eine Art Tunnel zwischen eurem Computer und den Webseiten, die ihr aufruft. Ein VPN solltet ihr immer eingeschaltet haben, wenn ihr in offenen WLAN-Netzen herumsurft, etwa im Café oder im ICE. Anbieter gibt es viele, zum Beispiel »NordVPN«, »ProtonVPN«, »Surfshark« oder »ExpressVPN«. Die Preise liegen bei weniger als 5 bis 15 Euro im Monat. Der Schutz ist das Geld wert. Sucht einen aktuellen Vergleichstest im Internet, der auch auf die Vertrauenswürdigkeit der VPN-Anbieter eingeht!

Auch die meisten **Messaging-Dienste** gelten als alles andere als sicher. Der beliebteste – »WhatsApp» – gehört übrigens zu Meta Platforms (dem Mutterkonzern von Facebook), wodurch dieses Unternehmen auf einem besonders großen Berg an Texten und Bildern von euch sitzt. Auch hier gibt es Alternativen. Stark auf Datenschutz geachtet wird zum Beispiel bei »Signal« und »Threema». Wenn man ein paar Freundinnen davon überzeugt, sich eine der sichereren Apps herunterzuladen, kann man dort genauso gut chatten wie anderswo. Zieht also gemeinsam dorthin! Auch wenn ihr dann mehrere Apps nutzen müsst, weil nicht alle mitziehen wollen – der Anfang ist gemacht!

Datensichere E-Mail-Anbieter:
https://proton.me
https://posteo.de
https://mailbox.org/de

Datensichere Messaging-Anbieter:
https://signal.org/de/
https://threema.ch/de

Add-ons für den Browser:
www.eff.org/de/https-everywhere
www.disconnect.me

VPN-Anbieter:
www.nordvpn.com/de
https://surfshark.com
https://protonvpn.com/
www.expressvpn.com/de
www.netzwelt.de/vergleich/vpn-anbieter-vergleich-2022-20-besten-vpn-dienste-test.html (Vergleich von VPN-Anbietern)

Weitere Infos:
www.privacytools.io (hervorragende Sammlung der sichersten Alternativen zu E-Mail-Programmen, Browsern, Messenger-Apps etc.)
https://ssd.eff.org (»Surveillance Self Defense«, eine verständliche Einführung mit konkreten Tool-Empfehlungen von der US-Bürgerrechtsorganisation »Electronic Frontier Foundation«)
www.openpgp.org (Verschlüsselungstechnik »Pretty Good Privacy«)

© Georg Molterer

»Um frei zu sein, brauchen wir das Gefühl, uns privat austauschen zu können.«

INTERVIEW MIT MAXIMILIAN SCHREMS

Maximilian Schrems stammt aus Österreich und hat in Wien Rechtswissenschaften studiert. Während seines Studiums beschäftigte er sich viel mit IT-Recht und Datenschutz. Bekannt wurde er, weil er bereits als Student auf juristischem Weg versucht hat, das soziale Netzwerk Facebook zur Einhaltung von Datenschutzrichtlinien zu bewegen. Inzwischen hat er die Initiative NOYB gegründet. »NOYB« steht für »none of your business«, bedeutet also »das geht dich nichts an«, und kämpft gegen Datenschutzverletzungen von Unternehmen.

Max, jede Europäerin, jeder Europäer kann von einem Unternehmen Auskunft über die Daten verlangen, die von ihr oder ihm gespeichert sind. Du hast einmal bei Facebook nachgefragt, was man dort über dich weiß. Was war die Antwort?
Nach etwa sechs Wochen bekam ich 1222 PDF-Seiten. 1222 mit Informationen nur über mich! Und dazu muss man sagen, dass

ich nur sehr selten etwas poste und dass das nur die Daten von drei Jahren waren. Selbst Dinge, die ich gelöscht hatte, waren noch vorhanden: Statusmeldungen, Freundschaftsanfragen und private Nachrichten. Viel spannender war aber noch, dass auch viele Daten von Facebook selbst generiert wurden.

Was findest du denn so schlimm daran, wenn jemand weiß, welche Beiträge du geliked hast und mit wem du befreundet bist?
Die Dosis macht das Gift. Ein paar Klicks sind nicht das Thema – 1222 Seiten sind da schon etwas anderes. Das Problem ist vor allem, dass man aus Tausenden kleinen Informationskrümeln ein sehr genaues Bild über eine Person zusammenstellen kann. Je mehr die Wirtschaft über jemanden weiß, umso mehr kann sie ihn auch manipulieren, etwa mit Werbung. Oder: Unternehmen können berechnen, wo die Schmerzgrenze bei einem Kunden liegt, und damit bei Produkten den höchstmöglichen Preis verlangen. Anderes Beispiel: Versicherungen. Sie nehmen nur noch Leute, die kein Risiko für sie bedeuten, die anderen bekommen keinen Schutz mehr.

Welche Probleme siehst du noch?
Leute, die sich überwacht fühlen, agieren anders: Sie halten eher die Klappe. Gehen auf keine Demo. Sagen ihre Meinung nicht. Um frei zu sein, brauchen wir aber das Gefühl, uns privat austauschen zu können.

Was rätst du jungen Menschen im Umgang mit dem Netz?
Wie die meisten Leute, die sich mit Datenschutz beschäftigen, bin ich ja ein sehr technologiebegeisterter Mensch. Und gerade soziale Netzwerke sind eine total geile Technologie, mit der man mit wahnsinnig vielen Leuten Kontakt halten kann. Wir haben aber derzeit ein Monopol, an dem man nicht vorbeikommt. Natürlich könnte man alles löschen und offline gehen. Ich glaube aber, die Lösung muss sein, dass wir Dienste wie Facebook, Google & Co. dazu bekommen, Gesetze und Grundrechte zu respektieren – wie jedes andere Unternehmen auch. Das ist auch ein demokratisches Ziel: Es kann nicht sein, dass ein paar Großkonzerne sich über alle Gesetze hinwegsetzen und Milliarden Nutzer das ausbaden müssen.

Worauf achtest du, wenn du etwas in einem sozialen Netzwerk postest?

Generell ist man natürlich selbst schuld, wenn man Dinge postet, die einem auf die Füße fallen könnten. Hier muss man einfach aufpassen. Ich frage mich immer, ob ich ein Posting auch in zehn Jahren als Chef einer Firma noch vertreten kann, ohne dass mir jemand ans Bein pinkeln kann. Das ist meine rote Linie.

ONLINESHOPPING

Es ist bequem, man muss nicht Schlange stehen und kriegt sogar um zwei Uhr nachts noch etwas. Onlineshopping ist praktisch – nur leider versuchen auch immer wieder Betrüger, davon zu profitieren. Einige Sicherheitsexperten empfehlen deshalb, Web-Einkäufe ausschließlich von einem eigens dafür bestimmten Computer zu tätigen. Nun ja, nicht jeder Tipp ist praktikabel. Hier eine Übersicht zu Vorsichtsmaßnahmen, die sich leichter umsetzen lassen und weniger kosten als ein Extra-PC.

KURZ & KNAPP

So shoppt ihr sicher im Netz:

» Legt euch eine E-Mail-Adresse an, die ihr nur für solche Zwecke nutzt. Dann nerven auch die unvermeidlichen Werbemails später nicht so.

» Onlineshopping in öffentlichen WLAN-Netzen nur mit eingeschaltetem VPN!

» Idealerweise nutzt ihr einen Onlineshop, auf dessen Seite eines der folgenden Gütesiegel prangt:

1.) Trusted Shops
2.) S@fer Shopping TÜV Süd
3.) EHI Geprüfter Onlineshop
4.) ips Internet Privacy Standards

» Kauft möglichst in Läden ein, die ihr bereits kennt. Sind sie euch neu, ruft, bevor ihr etwas kauft, einmal das Impressum auf, und schaut, ob eine vollständige Adresse sowie die Umsatzsteueridentifikationsnummer aufgeführt sind und es Möglichkeiten der Kontaktaufnahme (Telefon, E-Mail) gibt. Auch solltet ihr auf der Seite Angaben zum Widerrufs- und Rückgaberecht finden.

» Füllt bei Registrierungen immer nur die Pflichtfelder aus. Macht nie mehr Angaben als notwendig.

» Onlinehändler, die Wert auf Datensicherheit legen, erkennt ihr an der Bestellbestätigung: In dieser sollten zumindest einige Stellen eurer Bank- oder Kreditkartendaten durch »x« ersetzt sein.

» Achtet beim Bestell- und Bezahlvorgang auf das verschlüsselte Web-Protokoll: In der URL muss »https« stehen statt nur »http«.

- Überprüft vor Abschluss der Bestellung noch einmal alles. Nicht, dass ihr irgendetwas doppelt kauft oder das Häkchen bei einem unerwünschten Zusatzprodukt angeklickt ist. Bei Flugbuchungen zum Beispiel wird meist versucht, dem Kunden noch eine Reiserücktrittsversicherung (siehe Seite 65) anzudrehen.
- Bei Rücksendungen: Hebt den Einlieferungsbeleg der Post auf und kontrolliert regelmäßig eure Konto- bzw. Kreditkartenabrechnungen.
- Onlinehändler speichern in der Regel eure Daten und merken sich, welche Produkte ihr euch angesehen habt. Sie wissen also recht schnell, mit welcher Werbung sie euch erreichen können. Behaltet das im Hinterkopf.

Bezahlmethoden

Meist könnt ihr zwischen verschiedenen Bezahlmethoden wählen. Wichtig ist, dass ihr vorher herausfindet, welche Möglichkeiten einer Rückerstattung das jeweilige Verfahren bietet. Das ist oft von Shop zu Shop anders. Im Folgenden die gängigen Bezahlmethoden:

Eine **Überweisung** ist nicht zu empfehlen. Ihr gebt dabei eure Bankverbindung preis und müsst obendrein länger auf die bestellten Waren warten, denn der Verkäufer schickt die Sachen meist erst ab, wenn die Zahlung bei ihm eingegangen ist. Die größte Gefahr dabei: Betrug. Ihr überweist das Geld, bekommt aber die Waren nie zugeschickt.

Eine spezielle Überweisungsmethode wird von Betreibern wie Klarna (auch: »Sofortüberweisung«) und Giropay angeboten. Dabei gibt man als Käufer die Zugangsdaten seines Kontos auf der Webseite des Betreibers ein. Diese Daten werden dann weitergeleitet an die Bank, die das Geld dem Verkäufer zukommen lässt. Vorteile: Dem Händler gegenüber garantieren die Dienste die Zahlung, sodass die Ware sofort versandt werden kann, und vor allem erhalten sie eure Daten nicht. Ob diese Überweisungsdienste im Betrugsfall eine Rückerstattung des Geldes garantieren, ist bei jedem Anbieter unterschiedlich.

> **TIPP**
> Die Verbraucherzentrale hat hier sämtliche Fragen rund ums Thema »Onlineshopping« sehr übersichtlich gebündelt: www.verbraucherzentrale.de/wissen/digitale-welt/onlinehandel/meine-rechte-beim-onlineshopping-28123

TIPP

Im Versandhandel haben Käuferinnen und Käufer ein 14-tägiges Recht, ihre »Willenserklärung« zu widerrufen, also den Kauf rückgängig zu machen. Die Frist beginnt mit dem Erhalt der Ware. Für den Widerruf genügt es, wenn ihr das Produkt (unversehrt und unbenutzt) zurückschickt. Das Porto für die Rücksendung müsst ihr aber oftmals selbst berappen.

Eine **Lastschrift** ist ebenso wenig ratsam wie eine klassische Überweisung. Ihr solltet sie nur bei seriösen, bekannten Onlineshops zulassen. Denn hierbei erlaubt ihr dem Verkäufer den Zugriff auf euer Konto. Bucht ein Händler unberechtigterweise Geld ab, könnt ihr innerhalb von sechs Wochen gegenüber eurer Bank eine Rückbuchung des Betrags verlangen.

Bei der **Zahlung per Nachnahme** zahlt ihr erst, wenn die Ware geliefert wird. Es muss also jemand zu Hause sein und dem Paketdienst das Geld in die Hand drücken. In der Regel kommt man aber nicht dazu zu überprüfen, ob im Paket auch alles drin und nichts kaputt ist. Das heißt, unter Umständen gibt's dann doch wieder ein aufreibendes Hin und Her mit dem Verkäufer. Im Übrigen wird bei der Nachnahme in der Regel auch eine Gebühr erhoben.

Die Zahlung mit **Kreditkarte** bieten im Grunde alle Onlineshops an. Ihr müsst nur euren Namen, den der Kreditkartengesellschaft sowie die Karten- und Sicherheitsnummer eingeben, fertig. Zudem besteht die Möglichkeit, das Geld zurückbuchen zu lassen, wenn die Lieferung nicht kommt oder schadhaft ist. Ganz wichtig: Gebt die Kreditkarte nie aus der Hand, lasst niemanden draufschauen, und prüft die Abrechnung immer.

Auf Rechnung: Diese Variante wäre die sicherste für euch. Der Ware ist die Rechnung beigelegt, die ihr dann überweist, wenn ihr alles bekommen habt und behalten wollt. Leider verlangen einige Onlinehändler beim Kauf auf Rechnung eine Gebühr.

Nicht alle, aber doch viele Onlineshops bieten die Zahlung via **Prepaid-Karten** an. Ein Beispiel ist die »Paysafecard«. Man kann sie zum Beispiel an Tankstellen, in Supermärkten, Drogerien oder bei der Post kaufen und mit einem Betrag zwischen 25 und 150 Euro aufladen. Im Onlineshop bezahlt man dann durch die Eingabe eines auf der Karte aufgedruckten Pin-Codes. Das Ganze gilt als sehr sichere Variante, weil man keine Kontodaten preisgibt. Ihr solltet diese Variante aber nur nutzen, wenn der Kaufbetrag nicht über 150 Euro liegt und ihr sicher seid, dass ihr die Bestellung auch behalten werdet. Denn bei Rückerstattungen wird's oft kompliziert.

Bei einem **Bezahlsystem wie** »Paypal« ist das Prinzip Folgendes: Der Dienst hinterlegt eure Bank- oder Kreditkartendaten bei sich, und ihr müsst sie nicht bei jedem Web-Händler einzeln eingeben. Die Verkäufer haben keinen Einblick in eure Daten. Wichtig: Euer Passwort für dieses Bezahlsystem sollte ein sehr gutes sein (mehr zu sicheren Passwörtern auf Seite 232) und nicht in fremde Hände gelangen.

Mobile Payment: In immer mehr Onlineshops kann man zudem mit Google Pay und Apple Pay zahlen. Man klickt beim Bezahlen auf den entsprechenden Button. Dann wird das Geld von dem Konto, das bei dem jeweiligen Dienst hinterlegt ist, abgebucht. Mit dem mobilen Bezahlen vermeidet ihr es, einem Onlineshop eure Bankdaten preiszugeben.

Musik- und Videokäufe

Es ist verlockend, sich den neusten Kinofilm mit Jennifer Lawrence einfach auf irgendeiner ominösen Website anzuschauen oder den aktuellen Taylor-Swift-Hit aus einer Musik-Tauschbörse herunterzuladen. Aber ihr wisst es ja selbst: Solche Dienste sind in der Regel illegal. Nicht nur den Anbietern, sondern auch den Nutzern droht eine strafrechtliche Verfolgung samt hoher Geldbußen. Mal ganz abgesehen davon, dass die Künstlerinnen für ihre Arbeit auch Geld bekommen sollten. Und: Sicherer seid ihr bei legalen Kaufplattformen wie iTunes oder Amazon oder Streamingdiensten wie Spotify, Disney Plus oder Netflix auch unterwegs.

www.netzwelt.de/vergleich/musik-streaming-vergleich-besten-musikddienst-anbieter-test.html (Musik-Streamingdienste im Vergleich)
www.techbook.de/streamen/anbieter/uebersicht-online-streaming (Video-Streamingdienste im Vergleich)

Auktionen

Zum Ersten, zum Zweiten, zum Dritten! Online-Auktionen über eBay oder Kleinanzeigenportale sind oft Glückssache. Ganz wichtig zu wissen: Anders als bei normalen Internetkäufen gibt es bei einem Deal zwischen Privatpersonen kein Widerrufsrecht. Ihr könnt das Ganze also nicht rückgängig machen. Deshalb ist es hier besonders wichtig, das Angebot genau zu prüfen. Und nicht vergessen: Die Versandkosten zahlt ihr. Die kommen zu eurem Gebot also noch hinzu.

KURZ & KNAPP

Ein paar Sicherheitstipps:

» Prüft die Bewertungen, die eine Verkäuferin schon bekommen hat. Behaltet aber im Hinterkopf, dass diese gefälscht sein können.

» Seht euch die Produktdaten genau an und fragt bei Unklarheiten bei der Verkäuferin nach.

» Bei höherwertigen Produkten oder Neuwaren solltet ihr auf jeden Fall einen Kaufbeleg oder eine Garantie bekommen.

» Setzt euch beim Bieten ein Limit. Und bleibt dann auch dabei.

» Bei teuren Dingen: Schaut nach Angeboten in eurer Nähe, sodass ihr euch die Ware vorher anschauen könnt und nicht noch hohe Versandkosten zahlen müsst.

» Habt ihr etwas ersteigert, so überprüft vor dem Bezahlen, ob ihr die Adressdaten der Verkäuferin erhalten habt, und achtet bei der Überweisung darauf, dass Verkäuferin und Kontoinhaberin identisch sind. Vermeidet Überweisungen ins Ausland.

» Erscheint euch eine Anbieterin verdächtig, meldet dies dem Auktionsportal.

» Betrügerinnen und Betrüger verlangen mitunter eine Kopie des Personalausweises. Geht darauf nicht ein, brecht den Kontakt ab, und informiert das Auktionsportal.

www.verbraucherzentrale.de/wissen/digitale-welt/onlinehandel/virtuelle-schnaeppchenjagd-regeln-fuer-onlineauktionen-10417
(Regeln und Rechte bei Online-Auktionen)

ONLINEDATING

Online-Singlebörsen und Dating-Apps rangieren auf Platz 2 der häufigsten Kennenlern-Orte. Dienste wie Tinder, Badoo, Lovoo oder Parship zählten 2021 in Deutschland rund neun Millionen Nutzerinnen und Nutzer. Über 2500 solcher Services gibt es hierzulande. Um Menschen miteinander zu verkuppeln, nutzen sie Algorithmen, die Ähnlichkeiten auswerten und den Suchenden dann passende Treffer vorschlagen.

TIPP

Alle um euch herum sind in Beziehungen oder zumindest auf der Suche nach einer Partnerin bzw. einem Partner? Aber ihr? Ihr findet es eigentlich ganz gut, allein zu sein? Dann seid ihr damit nicht allein! Drei Buchtipps, die Mut machen, zum Single-Leben zu stehen: »Allein« von Daniel Schreiber, »Die singuläre Frau« von Katja Kullmann (beide im Verlag Hanser Berlin erschienen) sowie »Die Freiheit, allein zu sein« von Sarah Diehl (Arche Literatur Verlag).

Die Ausrichtung ist je nach App verschieden: Während Tinder vielen als App für den schnellen Sex gilt und man dort so viele Menschen pro Tag swipen kann, wie man will, erlaubt die App Once nur eine einzige Kontaktaufnahme binnen 24 Stunden. Und bei Bumble liegt es an der Frau, den ersten Schritt zu tun: Männer können dort keinen Kontakt mit Frauen aufnehmen. Die Frauen schreiben denjenigen an, der ihnen gefällt.

Wer ins Onlinedating einsteigen will, der sollte zunächst die richtige App für sich auswählen. Einige der Apps sind kostenlos; so kannst du einen ersten Eindruck gewinnen. Wenn ihr Fotos von euch hochladet, nehmt möglichst natürliche, die keine falschen Erwartungen wecken. Außerdem ratsam: Spielt mit offenen Karten, und sagt direkt, ob ihr an etwas Einmaligem oder etwas Festem interessiert seid. Und: Weil das oft passiert, müsst ihr auch mit Ghosting rechnen. Nehmt es nicht persönlich, wenn sich ein vielversprechender Kontakt plötzlich einfach nicht mehr meldet. Der- oder diejenige ist sehr wahrscheinlich zu faul oder feige, ehrlich zu sein.

Sicherheitstipps fürs erste Treffen mit einem Online-Flirt:

» Verabredet euch an einem belebten Ort, etwa einem Café, und in einer Gegend, die ihr kennt. Niemals in der Wohnung!
» Stellt sicher, dass ihr eigenständig zum Treffpunkt an- und abreisen könnt, ohne auf einen Chauffeurdienst eurer neuen Bekanntschaft angewiesen zu sein.
» Informiert immer eine Freundin oder einen Freund darüber, wann und wo ihr mit wem verabredet sein.
» Achtet darauf, dass euer Handy vollständig geladen ist.
» Wenn ihr ein ungutes Gefühl habt, hört auf eure Intuition, und geht.

© Benjamin Brüggemann

»Zeigt euch authentisch und ›ungeschönt‹!«

INTERVIEW MIT PIA KABITZSCH

Pia Kabitzsch ist Psychologin und Wissenschaftsjournalistin. Und: Sie hat viel Erfahrung mit Onlinedates. Was sie dabei so alles erlebt hat und welche Studien es zu dem Thema gibt, davon berichtet sie in dem Buch »It's a date! Tindern, Ghosting, große Gefühle. Was die Psychologie über Dating weiß«, erschienen bei Rowohlt.

Pia, wie ist denn deine Bilanz nach sehr vielen Onlinedates: Gab es mehr Rein- oder mehr Erfolgsfälle?
Das kommt darauf an, wie man »Erfolg« definiert. Ist es schon ein Erfolg, bei einem Date einfach eine gute Zeit zu haben, ohne dass es funkt? Oder ist ein Date erst erfolgreich, wenn sich eine Beziehung daraus ergibt? Für mich persönlich muss es bei einem Date nicht funken. Deswegen würde ich sagen: Meine Bilanz ist sehr positiv! Ich habe viele tolle Männer kennengelernt, und aus einigen Dates hat sich auch etwas Festeres entwickelt. Alles kann, nichts muss.

Wie hoch ist denn die Wahrscheinlichkeit, via Dating-App jemanden zu finden?
Relativ hoch! Ungefähr die Hälfte der Personen, die online daten, haben laut einer Umfrage schon mindestens einmal über eine Dating-App einen »erotischen Kontakt« und/oder eine Beziehung gefunden.

Sind Dating-Apps nicht total oberflächlich, weil man ja nur nach einem raschen Blick auf ein Foto entscheidet?
Wir Menschen fällen innerhalb von 0,1 Sekunden – das ist schneller als ein Wimpernschlag – ein Blitzurteil über eine andere Person, online wie offline. Innerhalb dieser 0,1 Sekunden entscheiden wir intuitiv, ob wir eine Person vertrauenswürdig, sympathisch und attraktiv finden. Von daher sind Dating-Apps nicht oberflächlicher, als jemanden zum ersten Mal an einer Bar zu entdecken.

Worauf sollte man beim Erstellen eines Profils achten?
Viele denken, man müsse sich so attraktiv wie möglich darstellen. Deshalb zeigen sie nur die schönsten, perfektesten Fotos von sich. Solche Bilder kommen aber häufig nicht echt, nicht authentisch rüber – obwohl das bei einem Dating-Profil aber am wichtigsten ist. Je vertrauenswürdiger ein Profil wirkt, desto eher wollen andere auch Kontakt mit einem aufnehmen. Mein Tipp also: Zeigt euch authentisch und »ungeschönt«!

In deinem Buch beschreibst du auch den sogenannten Dating-Burn-out. Was ist damit gemeint?
Dahinter versteckt sich das Gefühl der Überforderung aufgrund der großen Auswahl an potentiellen Partnerinnen und Partnern. Aus diesem riesigen Dating-Pool jemanden zu finden, der gut zu einem passt, kann ganz schön kräftezehrend sein.

Und wie schützt man sich davor?
Indem man sich vorher überlegt, was man sucht. Indem man nicht zu lange am Stück swipt. Und indem man immer wieder Pausen einlegt, »Dating-Detox« sozusagen. Außerdem kann es helfen, sich mit anderen über den Frust beim Onlinedating auszutauschen und so zu merken, dass man damit nicht allein ist.

DESINFORMATION UND VERSCHWÖRUNGSTHEORIEN

Die Erde ist eine Scheibe, Bill Gates will die totale Kontrolle über die Menschheit, und die Kondensstreifen von Flugzeugen sind eigentlich »Chemtrails«, bestehend aus Giften, die unsere Gedanken manipulieren.

Verschwörungstheorien und gezielt gestreute Desinformationen sind überall in Umlauf. Und nicht zuletzt die sozialen Medien sorgen dafür, dass sich für jede noch so abstruse Behauptung Abnehmerinnen und Abnehmer finden.

> **TIPP**
>
> Faktencheck: Die Nachrichtenagentur dpa listet ihre Faktenchecks unter https://dpa-factchecking.com/germany auf. Ähnliche Sammlungen gibt es bei der ARD (https://www.tagesschau.de/faktenfinder) und der spendenfinanzierten Recherche-Organisation Correctiv (https://correctiv.org/faktencheck). Auch die Seite www.mimikama.at klärt über aktuelle, gerade kursierende Fake News auf. Da Desinformationen häufig auch Sprachgrenzen überwinden, lohnen sich zudem internationale Webseiten. Wikipedia führt eine ausführliche Liste unter https://en.wikipedia.org/wiki/List_of_fact-checking_websites.

Falschnachrichten als solche zu entlarven ist alles andere als einfach. Es braucht dafür Erfahrung in Sachen Mediennutzung und nicht zuletzt viel gesunden Menschenverstand. Bei all den Meldungen, durch die ihr tagtäglich scrollt, solltet ihr euch immer wieder bewusst machen: Nur weil ein Beitrag millionenfach geteilt wird, ist dessen Inhalt noch lange nicht wahr.

Vielleicht habt ihr auch schon einmal von dem psychologischen Phänomen des **Confirmation Bias** gehört? Es wird auch »Bestätigungstendenz« genannt und besagt, dass wir Menschen dazu neigen, Informationen so auszuwählen und zu interpretieren, dass sie mit dem eigenen Weltbild übereinstimmen. Gegenteilige Informationen, die uns ins Wanken bringen könnten, werden ausgeblendet. In gewisser Weise stecken wir also alle fest in der Bubble unserer eigenen Vorstellungen. Gerade deshalb ist es wichtig, offen zu bleiben, sich wissenschaftlichen Fakten nicht zu verschließen und nicht überall organisierte böse Mächte zu wittern.

Wie ihr Falschmeldungen entlarven könnt:

» Lest regelmäßig etablierte Nachrichtenportale, beispielsweise www.zeit.de, www.spiegel.de, www.faz.net, www.tagesschau.de oder www.sueddeutsche.de. Natürlich passieren auch diesen Fehler, aber die werden in der Regel korrigiert.

» Seid skeptisch gegenüber Behauptungen, die von Leserinnen und Lesern in den Kommentarspalten unter den Artikeln von Nachrichtenportalen aufgestellt werden. Dass solche Kommentare nicht gelöscht werden, heißt nicht, dass die Behauptungen wahr sind. Dasselbe gilt für Beiträge in den sozialen Netzwerken.

» Konsultiert zu einem Thema auch andere Quellen, und vergleicht die Fakten. Vielleicht seht ihr, dass ein Thema aus dem Kontext gerissen wurde. Oder dass es sich um Übersetzungsfehler einer ursprünglich anderssprachigen Nachricht handelt.

» Erhaltet ihr eine Meldung über einen Messenger wie WhatsApp oder Telegram, checkt die Inhalte über eine Suchmaschine. Kopiert Teile der Nachricht ins Suchmaschinenfeld, und versucht, den Ursprung herauszufinden. Sucht auch nach Ergebnissen mit gegensätzlichen Aussagen.

» Checkt, ob die genannten Fakten plausibel sind. Werden Studien zitiert, könnt ihr in der Originalstudie nachsehen, ob die gemachten Angaben stimmen oder aus dem Zusammenhang gerissen wurden.

» Ist der Inhalt überhaupt aktuell? Nutzt Google News, um zu prüfen, ob die Inhalte bereits früher schon einmal kursierten.

» Oft gibt auch schon das Äußere einer Nachricht einen Hinweis auf ihre Glaubwürdigkeit: Ist sie reißerisch geschrieben, mit zahlreichen Ausrufezeichen gespickt und unter einer merkwürdigen URL-Adresse veröffentlicht, dann seid skeptisch!

» Ihr könnt auch den Namen des Verfassers mittels einer Suchmaschine überprüfen, um mehr über seinen (politischen) Hintergrund zu erfahren. Wenn keine Urheberin genannt wird und auch das Impressum einer Website fehlt, dann ist auch das ein Grund zur Vorsicht.

» Konsultiert Faktencheck-Seiten.

» Denkt außerdem daran: Auch Bilder können gestellt und bearbeitet sein oder aus einem anderen Kontext stammen. Mit Seiten wie www.tineye.com könnt ihr nach dem Ursprung suchen.

» Faktencheck-Seiten haben es sich zur Aufgabe gemacht, Falschinformationen richtigzustellen. Vor allem bei sehr populären »Fake News« besteht eine gute Chance, dass die Fakten-Checker sich ihrer schon angenommen haben.

» Wenn ihr überzeugt seid, eine Falschinformation in einem sozialen Netzwerk entdeckt zu haben, schaut, wie ihr diese dem Netzwerk melden könnt. Facebook, Instagram, Twitter & Co. überprüfen das dann maschinell und manuell. So könnt ihr der Wahrheit helfen.

www.planet-wissen.de/gesellschaft/psychologie/verschwoerungstheorien/index.html (was Verschwörungstheorien sind)
www.lmz-bw.de/medien-und-bildung/jugendmedienschutz/verschwoerungstheorien/warum-glauben-menschen-an-verschwoerungstheorien (warum viele an Verschwörungstheorien glauben)
www.schau-hin.info/sicherheit-risiken/fake-news-umgang-mit-falschmeldungen (Umgang mit »Fake News«)

Kapitel 4

Save the planet

TIPP

Die Beschäftigung mit dem Klimawandel kann einen ganz schön runterziehen. Inzwischen hat sich dafür sogar ein Begriff etabliert: »Klimaangst«. Wichtig ist es, die Sorgen nicht in sich hineinzufressen. Hilfe bekommt ihr bei der Telefonseelsorge unter der Nummer 0800-1110111 oder 0800-1110222. Für Leute, die sich im Umweltbereich engagieren und ausgebrannt fühlen, hat die Organisation Psychologists for Future einen Leitfaden zusammengestellt, abrufbar unter www.psychologistsforfuture.org/unterstuetzung-fuer-engagierte.

Die Welt wird wärmer, das arktische Meereis schmilzt, Ozeane versauern, Korallen verenden, immer mehr Tierarten sterben aus, Wetterextreme nehmen zu. Die Liste der Schäden, die wir Menschen auf dieser Erde anrichten, ist endlos. Der Teil dieses Buches, der »Früher an später denken« heißt, kann nicht enden, ohne auf dieses Thema einzugehen. Schließlich hat genau das die Klimakrise verursacht: dass die Generationen vor euch nicht **genug früher an später gedacht** und vor allem nicht früh genug gehandelt haben. Wenngleich Politik und Wirtschaft an den größten Hebeln sitzen, um das Schlimmste zu verhindern, so kann doch auch jede Einzelne, jeder Einzelne mit seinem Verhalten einen Beitrag zum Umweltschutz leisten.

GUTES TUN

Es liegt in den Händen von Politik und Wirtschaft, den Schalter umzulegen. Umfangreiche Systemänderungen können nur sie bewirken. Hier dennoch ein paar Umwelt- und Klimaschutz-Tipps für euren Alltag.

Tipps zum Klimaschutz:

» Nutzt öffentliche Verkehrsmittel. Fahrt mit dem Rad.

» Seht von Kurzstreckenflügen ab. Von Frankfurt nach Berlin kann man auch mit der Bahn fahren. Inzwischen gibt es zudem wieder viele interessante Nachtzug-Routen innerhalb Europas.

» Esst weniger Fleisch und Wurst. Nehmt regionale, saisonale Produkte.

- Kauft bewusst ein. Stärkt Anbieter, die umweltfreundlich und CO_2-neutral arbeiten, und boykottiert Produkte von Unternehmen, die nachweislich gegen Klimaschutzauflagen verstoßen.
- Am einfachsten: Kauft nur, was ihr wirklich braucht. Wenn möglich, nehmt Gebrauchtes. Nutzt Plattformen zum Teilen und Verleihen von Dingen.
- Vermeidet Food Waste. Brot vom Vortag lässt sich noch essen, vor zwei Tagen abgelaufener Joghurt auch.
- Vermeidet Plastik.
- Spart Strom, und wechselt auf einen Ökostrom-Anbieter. Besonders energieintensiv ist übrigens das Streamen von Musik und Videos. Besser ist es, Songs und Filme erst herunterzuladen und dann anzuschauen.
- Dreht die Heizung ein wenig runter, zieht einen Pulli mehr an.
- Wascht nicht jedes Kleidungsstück einzeln. Achtet darauf, dass die Maschine voll beladen ist. Und wascht die Sachen nicht zu heiß; das meiste wird auch bei 30 Grad sauber.
- Informiert euch! Damit euch niemand weismachen kann, es sei völlig normal und nicht so schlimm, dass es jetzt mal etwas wärmer werde. Es gibt zahlreiche sehr gute Bücher über den Klimawandel und seine Bekämpfung, und immer mehr Medien bauen spezielle Teams und Rubriken auf, um darüber zu berichten.
- Engagiert euch in Umweltschutzinitiativen.
- Überzeugt eure Eltern und Großeltern davon, dass sie jetzt mitziehen müssen, um euch eine sichere Zukunft zu ermöglichen.
- Lasst die Politik wissen, dass Klimaschutz bei ihren Entscheidungen Priorität haben sollte. Wahlen sind dafür nicht die einzige Gelegenheit. Ihr könnt eure Gemeinderäte, Landtags- und Bundestagsabgeordneten auch direkt kontaktieren. Lasst euch erklären, was sie in dieser Richtung bereits tun und wo es Schwierigkeiten gibt. So kriegen sie mit, was euch bewegt, und ihr versteht besser, wie es in der Politik läuft.

www.deutsches-klima-konsortium.de/basisfakten
(Basisfakten zum Klimawandel)
www.drawdown.org
(Website des »Project Drawdown«, einer Initiative, die Lösungen für den Klimawandel sammelt und auf ihre Wirksamkeit hin bewertet)
www.utopia.de (Portal für nachhaltiges Leben und Konsum)

© Fridays for Future Freiburg

»Meine größte Angst ist die vor der Untätigkeit.«

INTERVIEW MIT JULE PEHNT

Jule Pehnt, Jahrgang 2005, stammt aus Freiburg. Seit ihrem 15. Lebensjahr engagiert sie sich bei der Klimaschutzbewegung Fridays for Future (FFF). Anfangs hat sie an den Klimaprotesten von FFF »nur« teilgenommen, inzwischen organisiert sie diese mit, tritt als Pressesprecherin der Bewegung in Diskussionsrunden auf und bereitet politische Aktionen vor.

Jule, was hat dich dazu veranlasst, dich für den Klimaschutz zu engagieren?
Die Tatsache, dass jeden Moment Menschen ihr Leben verlieren in Dürren, Fluten und Bränden, die von der Klimakrise entfacht werden – und dass dies aber politisch ignoriert wird.

»Klimaangst« ist ja inzwischen ein etablierter Begriff. Was verbindest du damit?
Der Klimawandel wird unser Leben enorm beeinflussen. Er wird unsere Gesellschaft verändern. Die Vorstellung, wie viele Men-

schen darunter leiden werden und es in Ländern wie den Philippinen heute schon tun, die macht mir Angst. Meine größte Angst ist aber die vor der Untätigkeit: dass zu wenig dagegen unternommen wird, obwohl wir um die Folgen des Klimawandels wissen und dementsprechend handeln könnten.

Hängt dir das Thema denn auch manchmal zum Hals heraus?
Natürlich. Wenn es mir zu viel wird und ich merke, dass ich Abstand brauche, dann lese ich auch mal eine Zeit lang keine Nachrichten und probiere, den Kopf freizubekommen.

Woraus ziehst du die Motivation für dein Klimaschutz-Engagement? Du könntest doch auch sagen: »Es ist eh zu spät.«
Ich bin jung. Ich habe noch viel Zeit auf diesem Planeten vor mir. Den Kampf gegen den Klimawandel aufzugeben würde bedeuten, dass ich meine Lebensperspektive aufgebe. Außerdem ist es ja noch gar nicht zu spät. Wenn sich die Erderwärmung vielleicht nicht mehr auf 1,5 Grad eingrenzen lässt, dann aber auf zwei Grad. Zwei Grad sind immer noch besser als drei. Jede weitere Eskalation gilt es zu verhindern. Ich bin überzeugt, dass alle, die sich für den Klimaschutz einsetzen, die Macht haben, etwas zu bewegen.

Gibt es weitere Motivationsgründe?
Ja. Mit meinem Leben hier in Westeuropa, in Deutschland, bin ich in einer so privilegierten Lage, dass ich denke, es ist auch meine Verantwortung, etwas an die Welt zurückzugeben.

Noch zum Schluss: Neben deiner Arbeit für FFF, was tust du im Alltag für den Klimaschutz?
Ich gebe ungern kleine Alltagstipps oder rede Menschen in ihr Gewissen. Es ist gut und richtig, nachhaltig einzukaufen oder Bambuszahnbürsten zu benutzen. Aber letztlich werden wir die CO_2-Emissionen so nicht verringern. Das sind politische Entscheidungen, die getroffen werden müssen, und zwar in der Industrie, im Verkehr, der Immobilienbranche. Ein geändertes Konsumverhalten wird da nicht reichen. Deswegen müssen wir zusammen auf die Straße gehen!

BILDNACHWEISE

Seite 29: Bernhard Finkbeiner, Foto © Mona Weingart
Seite 42: Marie Pohl, Foto © Anna v. Stackelberg
Seite 57: Mirko Baier mit Familie, Foto © privat
Seite 70: Colin Towell, Foto © Sharon Towell
Seite 80: Carrie Schreiner, Foto © privat
Seite 106: Marcus Wiebusch, Foto © Andreas Hornoff
Seite 121: Sarah Wiener, Foto © Marc Boettcher
Seite 136: Tabea Mußgnug, Foto © Benjamin Bauer
Seite 155: Laura Wacker, Foto © Kendra Storm Rae
Seite 185: Lucas Halle, Foto © Uwe Halling
Seite 223: Anne E. Connelly, Foto © Foto Mohr
Seite 237: Maximilian Schrems, Foto © Georg Molterer
Seite 246: Pia Kabitzsch, Foto © Benjamin Brüggemann
Seite 254: Jule Pehnt, Foto © Fridays for Future Freiburg

ÜBER DIE AUTORIN

Katja Schönherr, Jahrgang 1982, ist in Dresden aufgewachsen. Sie hat Journalistik und Kulturwissenschaften in Leipzig studiert sowie Literarisches Schreiben an der Hochschule der Künste Bern. Sie lebt als Journalistin und Schriftstellerin in der Schweiz.